더 세일즈맨

누구나 하지만 아무나 할 수 없는 전문직
더 세일즈맨

초판 1쇄 2020년 8월 18일

지은이 데이비드 프리머(David Priemer)
옮긴이 김성아
발행인 최홍석

발행처 (주)프리렉
출판신고 2000년 3월 7일   제 13-634호
주소 경기도 부천시 원미구 길주로 77번길 19 세진프라자 201호
전화 032-326-7282(代)   **팩스** 032-326-5866
URL www.freelec.co.kr

편집 강신원 박영주
표지디자인 황인옥
본문디자인 박경옥

ISBN 978-89-6540-278-7

더 세일즈맨

누구나 하지만 아무나 할 수 없는 전문직

데이비드 프리머 지음 | 김성아 옮김

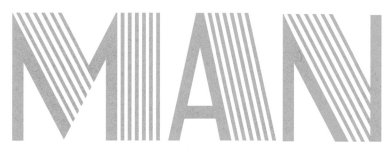

SELL THE WAY YOU BUY

프리렉

아내에게

　나의 단단한 땅이자 햇살 같은 사람. 대학 연구실에서 지내던 초창기 시절부터 영업팀과 스타트업 참호에서 부대끼던 나날들까지 당신이 보여준 변함없는 믿음과 정서적 지원, 사랑에 고마운 마음을 전합니다. 이 모든 것을 가능하게 만든 장본인은 바로 당신이에요.

세 딸에게

　영업에 대해서도 많은 것을 일깨워준 장본인들. 너희의 꿈과 호기심을 절대 잃지 마라. 그리고 항상 기억해라. 인생에서 가장 도움이 되는 기술은 배우는 법을 배우는 것이란다.

부모님께

　항상 배우고 열정을 좇으라고 격려해 주신 분들. 제가 어떤 일을 하며 먹고 사는지 정확히 이해하신 적은 없지만 두 분 모두 이 발견의 여정이 저를 아주 멋진 곳으로 이끌어 주리라 굳게 믿으며 항상 웃는 얼굴로 제 뒤를 지켜 주셨습니다.

차 례

우리는 어쩌다 이런
시대에 이르렀을까?

1

THE
SALES
MAN
SELL THE WAY YOU BUY

코브라 카이 패러독스

어렸을 때 내가 가장 좋아했던 영화는 1984년에 개봉한 고전, 〈베스트 키드〉였다. 이 작품은 여러 편의 후속작과 리메이크를 낳았으며, 유튜브 오리지널 시리즈로 제작되기도 했다. 영화에서 검은 머리의 이탈리아 소년 대니얼 라루소(랄프 마치오 분)는 뉴저지에 살다 새로운 삶을 찾아 홀어머니와 함께 금발 일색인 캘리포니아의 한 해안가로 이사를 온다. 안타깝게도 그는 새로운 환경에 잘 적응하지 못하고 이내 동네 가라데 도장인 코브라 카이의 여러 수련생에게 괴롭힘을 당한다. 코브라 카이 일당과 특히 난폭하게 충돌한 어느 날, 대니얼은 팻 미야기(팻 모리타 분)라는 일본인 노인과 친구가 된다. 온화하고 현명하며 이해심 많은 미야기는 대니얼을 슬하에 두고 보살핀다. 그는 대니얼이 자신감을 되찾을 수 있도록 옛 방식의 가라데를 가르치고, 인생의 중요한 교훈들도 아울러 전한다.

미야기의 철학은 코브라 카이의 사부인 존 크리스의 가르침과 극명하게 대조된다. 크리스는 베트남 전쟁에 미군 특수부대 대위로 참전했던 인물이다. 그는 무술에 있어서 잔인할 만큼 독단적인 규율과 경쟁을 강조하고 대결 상대에게 자비를 허락하지 않는다. 반면에 미야기는 자제, 연습 그리고 마음을 다한 수행에 중점을 둔다.

영화의 마지막 장면에서 대니얼은 크리스의 수제자이자 코브라 카이 일당의 리더 격인 조니 로렌스와 가라데 토너먼트 대회의 챔피언 자리를 두고 맞붙는다. 누가 봐도 약체인 대니얼은 조니의 비겁한 일격으로 다리에 부상까지 입지만, 이제는 유명해진 '크레인 킥(일명 학 차기)'으로 반격에 나서 최종 승점을 따내며 상대를 물리친다. 그러자 뜻밖의 각성이 일어난다. 이어지는 기념식에서 조니는 시상자가 들고 있던 우승 트로피를 뺏어 들더니 환호하는 관중을 뚫고 대니얼에게 다가간다. 크게 깨달음을 얻은 그는 울먹이는 눈으로 묵직한 트로피를 건네며, "잘 했어. 라루소!"라며 패배를 인정한다. 단순한 존경심을 넘어서는, 한 사람의 각성이었다.

조니와 코브라 카이 일당은 이 영화에서 악당들로 묘사되지만 이들을 무조건 나쁘다고만은 볼 수 없다. 독재자를 추종하는 다른 많은 사람들처럼 이들 역시 그들이 사부로 선택한 인물이 추구하는 사고방식과 접근법, 기술을 따랐을 뿐이다. 그들이 우러러본 사부의 경험과 관점은 존경할 만한 것이 못 되었지만, 그들은 다른 방법을 몰랐다. 무술계에는 국제적인 공인기관이나 보편적으로 인정되는 표준 훈련법이 없기 때문이다. 하지만 그들은 대니얼과 몇 번의 대결을 펼치고 미야기의 전술을 인정하게 되면서 무술에는 그들의 양심에 반하는 전술을 펼치지 않아도 되는 다른 길이 있다는 것을 깨닫게 됐다.

마찬가지로 영업 담당자들도 시대에 뒤떨어지고, 효과가 없어 보이며, 개인의 철학과도 일치하지 않는 영업 전술을 구사하면서 매일 윤리적, 실천적 딜레마에 빠진다. 가령 나는 최근 잠재 고객을 발견하려는 영업 담당자로부터 메시지를 하나 받았다. 그는 허술하고 실속 없는 영업 피칭pitching(남을 설득하기 위해 자신의 생각을 주장하거나 홍보하는 활동) 내용을 보낸 다음 15분 정도 같이 이야기를 나누자고 요청했다. 평소 같으면 그의 부탁을 무시해 버렸겠지만, 도와주고 싶은 마음에 대화를 수락했다. 나는 그가 택한 영업 방식이 과연 효과적이었는지 이것저것 따져 물은 다음, 나 같은 잠재 고객의 관심을 얻는 새로운 방법들을 제안했다. 상대의 반응이 놀라웠다. 그는 바로 판매자와 구매자라는 우리의 관계를 내려놓고 이렇게 썼다. "와, 저도 계속 배우면서 나아지려고 애쓰지만, 선생님 말씀은 제게 뼈 아픈 일침이 됐습니다! 아까 썼던 영업 문구는 제 상사가 작성한 거라서, 만약 제가 지금 작성하려는 문구를 본다면 분명 한 소리 할 겁니다. 선생님과 직접 영업 상담을 했더라도 좋았겠지만, 제게는 이 대화가 훨씬 더 유익했습니다!"

그렇다면, 왜 많은 판매자들이 아직도 낡고 구태의연한 전술들을 사용하는 걸까? 사람들의 구매를 유도하는 무의식적 요소들과 숨겨진 힘은 무엇일까? 또 현대의 판매자들은 현대의 구매자들과 연결되기 위해 어떤 혁신적인 전략들로 무장해야 할까? 이 책에서는 바로 그런 문제들을 탐색할 것이다.

인식의 전환, 각성의 순간

2016년 1월의 일이다. 1월은 당시 내가 일했던 세일즈포스 회계연도의 마지막 달이자 영업에서 가장 중요한 시기였다. 그때 세일즈포스는 영업직 직원만 수천 명에 연간 67억 달러의 매출을 올리는 소프트웨어의 절대 강자였다. 업계 선도 제품을 보유한 안정적인 우량기업이었고 그에 걸맞게 전년대비 매출 성장률이 24퍼센트나 됐다. 나는 회사에서 미국

동부의 중소기업 영업 부문을 책임지고 있었다. 70명의 젊고 재기 발랄하며 열정 가득한 영업 담당자들이 세 개 도시로 퍼져 나를 돕고 있었다. 그중 상당수는 연말 영업이라는 특수 상황을 처음으로 겪는 친구들이었다. 떠들썩하면서도 긴장감이 팽팽했고, 초조함 속에서도 영업인의 자질이 단단해지는 시기였다. 나는 지금의 혹독한 경험이 수년 후 그들이 관리자가 됐을 때 팀원들에게 감정을 섞어 가며 세세히 읊어줄 무용담이 되리라는 것을 알고 있었다. 판매자와 구매자, 경영진이 기한 내 달성할 매출 목표라는 용광로 속에 던져지면 으레 그러하듯이, 우리 회사도 감정적이고 예측할 수 없는 롤러코스터를 타고 있었다. 그리고 물론, 나를 포함한 모두의 앞에는 엠파이어스테이트 빌딩만큼 높은 연말 판매 목표가 할당돼 있었다.

내 팀원 중 몇몇은 그때까지 매년 최상의 실적을 올리며 회사가 영업왕들을 위해 마련하는 하와이 여행의 한 자리를 차지하곤 했었다. 하지만 대다수는 종료 휘슬이 울리기 전 마지막 며칠 동안 주요 할당량이라도 채우자며 자신을 다독이는 중이었다. 내 임무는 팀원들이 계속 차분히 집중력을 발휘해서, 전 직원이 한마음으로 쉬지 않고 추구해 온 회사 목표에 발맞출 수 있도록 하는 것이었다.

영업부 안에서는 "전화해! 전화하라고!"라는 말이 후렴구처럼 반복됐다. "연말까지 서두르면 할당량을 채울 시간이 아직 있어!"라든지 "젖먹던 힘까지 짜내 봐!", "2월 1일에 후회해 봤자 소용없어!" 같은 말들이 끊임없이 울려 퍼졌다. 어떻게 되었을까? 이런 구호들이 진부하게 들릴 수도 있겠지만, 실제로는 적중했다! 영업사원들은 모든 채널을 동원해

믿기지 않는 속도와 집중력으로 고객들과 접촉했고 가능한 모든 기회를 매출로 전환했다. 영업부 안에 찌릿찌릿 긴장감이 느껴질 정도였고, 월말에 가까워질수록 누적 매출액이 커지더니 그 누구도 상상하지 못했던 숫자를 돌파했다. '1월의 마법'은 그렇게 일어났다. 마법은 영업사원들을 슈퍼히어로로 만들었고, 모두에게 잊지 못할 경험으로 남았다.

하지만 문제가 있었다.

알고 보니 우리 회사 영업부 안에서 벌어졌던 일들이 다른 회사에서도 똑같이 벌어지고 있었던 것이다. 즉, 내가 팀원들과 함께 촌각을 다투며 죽기 살기로 고객들에게 들이밀기 전략을 구사하고 있을 때, 나 또한 우리와 똑같은 영업 방식으로 무장한 다른 판매자들의 전화를 쉴 새 없이 받고 있었다! 그러고 보니 나는 온갖 비즈니스 솔루션들의 주요 공략 대상이 될 법한 대형 B2B 기술 회사의 영업부사장이었다.

내 전화기는 매일 무언가를 팔려는 판매자와 헤드헌터의 러브콜로 끊임없이 울려 댔다. 그들은 모두 그 어느 때보다 매끈한 영업 피칭과 가치 제안value proposition, 교묘한 전술로 무장하고 있었다. 내 이메일 수신함도 밤낮없이 쇄도하는 비슷한 요청들로 넘쳐났으며, 링크드인 계정 또한 예외는 아니었다.

하지만 나는 쉽게 접근할 수 있는 사람이 아니었다.

일단 회사에서는 내선 번호로 오는 동료 전화이거나 내가 아는 번호가 아닌 한, 좀처럼 수화기를 들지 않았다. 집에서도 마찬가지였다. 누군가 무작정 보내는 광고성 이메일이나 본격적인 영업 활동에 나서기 전에 일차 방어막을 뚫으려고 보낸 게 뻔한 행사 초대장에는 절대 답하지 않았다. 나는 그런 잠재 고객 발견 활동에는 절대 뚫리지 않는 철옹성 같은 사람이었다.

내가 각성을 맞은 건 바로 그때였다.

나는 아주 유능한 판매자들로 구성된 팀을 이끌고, 목표를 향해 몰아붙이며, 나와 비슷한 구매자들을 대상으로 판매 활동을 하면서, 우리가 추구하는 목표를 위해 온갖 전술을 활용하도록 팀원들을 독려했다. 하지만 내가 전문적인 영업 관리자란 사실과는 상관없이, 내가 권한 접근법은 설령 그것이 윤리적이고, 타당하고, 어느 정도 효과가 있다 할지라도 내게만은 절대 통할 리가 없었다!

나는 내가 구매하는 방식으로 판매하고 있지 않았다.

"왜"라는 질문으로 시작된 여정

그렇다고 오해하지는 말길 바란다. 내 영업팀 직원들이 교활하거나 부정직하거나 해로운 방법을 썼다는 소리는 아니다. 또 내가 그들에게 영업적으로 아예 효과가 없는 접근법을 권한 것도 아니었다. 나는 고집과 끈기에 바탕을 둔 기본 영업 전술들이 고객의 마음을 바꾸고 판매 목표를 돌파하는 데 도움이 된다고 믿는다. 내가 수년간 수집하고 분석한 수천 건의 데이터만 봐도 전화를 더 많이 걸고 이메일을 더 많이 보낸 영업 담당자들이 판매 할당량을 더 잘 달성한다는 것을 알 수 있다. 내 상사이자 내가 존경해 마지않는 회사 경영진도 지적이고 유능하며 이해심이 높아서 한 가지 접근법을 절대 강요하거나 밀어붙이지 않았다. 깨달음을 얻은 이후, 내 사고방식의 변화는 그보다는 그간 결핍됐던 어떤 것에서 비롯된 것 같았다. 바로 "왜?"라는 질문에 대한 욕구였다.

왜, 나는 내게는 통하지 않을 기술을 남에게 부추겼던 것일까?

혹시 내 개인적 신념 체계를 고객에게 부당하게 투영했던 건 아닐까? 나는 내게 통하지 않는 전술은 그들에게도 통하지 않으리라는 것을 인식하고 있었을까? 더욱이 우리의 잠재적 구매자들은 메인 주부터 플로리다 주까지 동부 해안을 따라 넓게 퍼져 있었다. 같은 영업 전술을 구사하더라도 콧대 높은 뉴요커들은 남부 사람들과 다른 반응을 보일 게 분명했다.

아니면, 나는 내 마음속에 있는 좀 더 영리하고 우아하며 세련된 기법들을 팀원들이 알아서 찾아내길 은근히 바라고 있었을까? 어쩌면 그 기법들마저 낮은 수준의 판매자들에 의해 무분별하게 활용됨으로써 변질되었을지도 모른다. 하지만 분명 내 팀원들은 그들과는 다를 것이다.

또는 내가 설사 내게는 통하지 않아도 전통적인 기법들이 통계적으로는 어느 정도 효력이 입증됐다고 느꼈을 수도 있다. 영업 담당자들이 이렇게 많고, 문을 두드려 볼 고객들이 말 그대로 수천 명은 되는데 그 정도의 숫자 게임을 그대로 날려 버릴 이유가 있을까? 따지고 보면 가장 고결한 고객 중심의 영업 전략도 늘 효과를 낼 수는 없는데 말이다.

나는 이런 상충되는 감정을 해결하고자 최선을 다했다. 그러자 내 머릿속을 굴러다니던 질문들이 영업에 대한 새로운 인식을 촉발했다.

왜 어떤 전술은 특정 상황에서 효과를 내지만 다른 전술은 그러지 못할까?

왜 어떤 고객들은 동일한 전술에 남들과 다른 반응을 보일까?

왜 어떤 영업사원은 그런 전술로 성공하지만 다른 영업사원은 우왕 좌왕할까?

의문의 답을 깨닫기 시작하면서 나는 영업에서의 성공은 검증된 교 과서대로 이행한다고 이뤄지는 게 아니라는 사실을 알게 됐다. 또 하나 의 전술 세트만으로 꾸준히 구매를 이끌 수 있다는 믿음도 통하지 않았 다. 영업의 핵심은 호기심이었다. "왜?"라는 질문과 그에 대한 답을 통해 끊임없이 더 나은 접근법을 추구하는 것이 중요했다. 영업은 인간 행동 의 연구에 뿌리를 둔 접근법이자, 고객의 입장에 대한 진심 어린 이해를 바탕으로 한 접근법이었다. 전술을 어디에, 어떻게 사용하느냐가 그 전 술만큼 중요했다.

다시 말해 영업은, 본질적으로 과학, 공감, 실행이라는 핵심 원리들 이 조화를 이룬 접근법이었다.

현대의 영업 환경은 다르다… 하지만 영업은?

인터넷과 관련 기술들이 등장하면서 구매자들은 전례 없이 풍부한 정 보와 선택지라는 축복을 받게 되었다. 현대 기술들이 점점 더 저렴해져 서 솔루션 제공자들이 더 쉽게 접근할 수 있게 되자 시장은 기하급수 적으로 늘어나는 솔루션들로 넘쳐났다. 가령 마케팅 기술 분야만 해도 2011년에는 150개였던 관련 업체의 수가 2019년에는 7,040개로 늘어나 면서 지난 7년간 무려 47배나 증가했다.[1] 그리고 이렇게 넉넉한 선택지와 더불어 솔루션들에 대한 정보도 차고 넘쳤다. 소셜미디어부터 블로그, 사용자 리뷰 사이트 그리고 애널리스트와 당사자인 업체들까지 가세한 덕분에 구매자들이 소화할 정보와 견해가 부족한 경우는 드물다. 그러나 이런 환경은 지난 20년간 구매자 행동이 극단적으로 달라지는 원인이 됐다.

좋든 싫든 예전에는 판매자들이 구매에 관한 주요 정보원 노릇을 했다. 언변 좋은 판매자와 대면하고 싶지 않은 사람도 오디오 시스템이나 중고차를 사려면 다른 방법이 없었다. 하지만 요즘 구매자들에게는 접근할 수 있는 정보가 너무 많아서, 수준 이하의 판매자를 상대하며 겪는 고객의 불편함에 대해 안일하게 대처하면 자연선택의 세계에서 낙오되고 만다. 현대의 구매자들은 전화나 이메일에 응답하지 않아도, 또 말만 번지르르하고 자기 잇속만 챙기는 판매자와 대면하지 않아도 어느 때보다 큰 권한을 가지고, 이것저것 따져 보며, 자기들끼리 연대할 수 있게 됐다. 관례적인 영업 기술에 보이는 관용이 약해진 만큼 이들과 접촉하기란 과거 어느 때보다 더 어려워졌다.

시장 조사 업체인 포레스터Forrester에 따르면 구매자의 60퍼센트는 주요 정보원으로서 영업사원과 대면하는 일을 원치 않으며, 68퍼센트는 개인적으로 온라인에서 검색하는 방식을 선호한다. 또 62퍼센트는 이제 디지털 콘텐츠만으로도 상품 선정 기준을 정하거나 원하는 판매자 후보 명단을 완성할 수 있다고 답했다.[2] 그럼 이렇게 모든 정보에 접근할 수 있으니 구매 과정도 그만큼 간편해졌을까? 그렇게 생각한다면 오산이다!

가트너Gartner 보고에 따르면 요즘 고객의 65퍼센트는 판매자와 이야기할 준비를 하는 데만 과거 상품 하나를 구매하는 데 필요했던 시간 전부를 쓴다고 한다.[3] 그리고 B2B 구매자 600여 명을 대상으로 실시한 설문조사 결과, 이런 정보의 과잉 때문에 구매 용의성은 18퍼센트 감소하고 구매 상품에 대한 후회는 50퍼센트 증가했다. 요컨대 끝없이 쏟아지는 정보와 후기가 가득한 요즘 시대의 구매자들은 더 많은 시간을 써서 잘못된 결정을 내리게 됐다. 그리고 안타깝게도 판매자 쪽도 상황이 별반 나아 보이지 않는다.

CSO 인사이트CSO Insight가 2018년부터 2019년까지 조사한 세일즈 퍼포먼스 리포트Sales Performance Report에서는 영업인들이 일상적으로 하는 16개 활동(고객 발견 활동부터 잠재 고객에 대한 우선순위 설정, 교차판매 및 상향이동판매 등)을 분석했는데, 영업 관리자들은 현재 팀의 업무 효과가 5년 전과 비교했을 때 16개 활동 중 15개에서 더 떨어진다고 밝혔다.[4] 이렇게 보면, 할당된 판매 목표를 100퍼센트 달성하는 영업 담당자가 2011년 대비 2018년에 14퍼센트나 떨어진 것은 자연스러운 현상이다. 구매자의 행동과 기대 요인이 과거의 언제보다 복잡해진 시장에서 영업인들은 더 많은 고객을 지원하고 유인하는 방법에 있어 여러 모순에 부딪힌 게 분명하다.

불행히도 이런 불확실성과 혼란에 직면한 많은 판매자들이 케케묵은 전술로 퇴보하는 경향을 보인다. 그저 오랜 역사와 반복, 낡은 데이터에 뿌리를 두고 고객에 대한 공감 능력은 거의 보이지 않는 접근법에 의존하는 것이다. 나는 이를 '코브라 카이' 전술이라 부른다.

"당신은 영업 담당자와 이야기하는 것을 좋아하는가?"

영업 종사자로 가득한 공간을 어색한 침묵 속에 몰아넣고 싶다면 위의 질문을 해 보라. 사실 내가 직원 교육이나 대화를 시작할 때 애용하는 방법이다. 사람들이 이 질문에 당황하는 것도 이해가 간다. 대니얼 핑크 Daniel Pink 는 자신의 베스트셀러인《파는 것이 인간이다》에서 사람들에게 '세일즈'나 '영업'하면 가장 먼저 떠오르는 단어를 말해 달라는 간단한 조사를 했다.[5] 사람들이 가장 많이 언급한 단어 25개 중 80퍼센트가 부정적이었다.

영업에 대한 이런 강한 거부감은 대다수의 사람들이 과거에 겪은 불쾌한 경험(보통 이기적이고, 상대를 구워삶고, 실속은 없었던 영업사원에 대한 기억) 때문이다. 그들의 공격적인 전술 때문에 우리가 영업에 관심을 잃은 것은 분명하지만, 당신이 덮어 놓고 나쁘다고 여기는 영업 종사자 대부분이 실제로 나쁜 사람은 아니다. 그들에게도 친구와 애인이 있다. 그들도 업무가 끝나면 스포츠를 즐기고, 맛난 음식을 먹고, 휴가를 위해 저축도 하고, 좋은 부모가 되고자 최선을 다하는, 그저 우리 같은 사람이다.

그럼 대체 영업 담당자 중 일부는 왜 전화기를 들거나, 피칭할 상품이 있거나, 계약을 협상할 때만 되면 별안간 다른 사람이 되는 걸까? 영업 종사자조차 같은 종족 사람과는 말을 섞기 싫다고 인정하는 세상에서, 왜 그들은 스스로 납득할 만한 다른 접근법을 취하지 않는 걸까? 달리 말해, 왜 그들은 자신이 구매하는 방식대로 판매하지 않는 걸까?

그 답은 생각보다 간단할지도 모른다. 그들이 행동하기 전에 생각하지 않기 때문이다.

우리는 지식과 정보의 황금시대를 살고 있다. 책이든 블로그든 팟캐스트든 간에, 힘과 혼란을 동시에 얻을 수 있는 조언에 너무나 쉽게 접근할 수 있는 요즘 상황은, 현대의 영업인들이 고객을 확보하기 위한 모든 가능한 전술을 무분별하게 사용하도록 만들어 버렸다. 그냥 인터넷만 접속해도 접근 가능한 콘텐츠가 끝없이 펼쳐진다. 하루 중 이메일을 보낼 최적 타이밍이나 메일 오픈율을 극대화할 수 있는 제목에 대한 분석부터, 잠재고객에게 무작정 전화를 거는 콜드 콜^{cold call}(잠재 고객에게 영업 목적으로 일방적으로 연락하는 것)은 정말 더 이상 가망이 없는지에 대한 열띤 논쟁까지, 따라야 할 영업 처방이 차고 넘친다. 실제로 판매자들은 이런 콘텐츠를 밥줄 삼아 근근이 버틸 수 있고, 별 고민 없이 움직일 수도 있으며, 그래도 며칠 간 시도해 볼 전술들이 늘 존재한다.

하지만 문제가 있다. 이렇게 당혹스러울 만큼 풍성한 전술들로 인해 새로운 유형의 판매자, 즉 갖가지 영업 전술을 활용하면서도 그것이 왜 효과적인지, 혹은 효과적이지 않은지를 근본적으로 이해하지 못하는 이들이 탄생했기 때문이다. 나는 이들을 '무의식적 판매자'라고 칭한다. 그리고 코브라 카이 전술로 무장한 바로 이 무의식적 판매자들이야말로 영업이라는 직업에 대해 부정적인 정서가 팽배하게끔 만든 장본인들이다.

무의식적 판매자의 등장

1999년에 개봉한 〈매트릭스〉는 미래 디스토피아를 그린 SF 블록버스터다. 이 영화에서 네오(키아누 리브스 분)는 현대 사회로 꾸며진 가상 현실을 사는 컴퓨터 해커이다. 이 가상 세계는 너무나 정교하게 현실과 닮아 있어서, 네오와 다른 모든 사람은 인간을 기계의 부품으로 삼는 컴퓨터 프로그램 체제에 무의식적으로 참여하고 있으면서도 그 사실을 몰랐다. 그러다 반란군의 리더인 모피어스가 네오에게 인류의 구원자라는 본성을 일깨워 주면서 상황이 바뀐다.

진실을 알게 된 네오는 발견의 여정에 나선다. 먼저 그는 자신을 둘러싼 현실이 사실은 매트릭스 안이라는 것을 인식하고 그것을 지배하는 프로그램 규칙에 대해 알게 된다. 다음으로는 그 규칙과 상호작용하거나 조작하는 방법을 깊이 있게 터득한다. 그리고 마지막으로 새롭게 발견한 지식을 바탕으로 사악한 프로그램에 침투해서 그것을 해체한다.

네오의 여정은 여러 면에서 현대의 많은 판매자들이 경험하는 여정과 별반 다르지 않다. 예컨대 구매자가 "귀하의 제품이 마음에 들지만 너무 비쌉니다."라고 한다면 판매자는 어떻게 해야 할까? 개중에는 자기 솔루션의 가치를 옹호하거나 미리 준비된 반박을 줄줄 읊으면서 상투적이고 기계적인 대응법을 택하는 사람도 있을 것이다. 좀 더 현명한 판매자라면 탐색 모드에 돌입해서 문제를 해결할 방도를 결정하기 전에 구매자가 취한 전술적, 감정적 입장을 더 잘 이해하기 위한 질문들로 대응할 것이다.

오늘날의 영업인은 규칙, 원칙, 관행 등으로 둘러싸인 복잡한 구매 환경에 놓여 있다. 우리는 상품을 피칭하거나, 고객 이의를 처리하거나, 계약을 협상할 때마다 그런 환경 속에서 말투, 논리, 매체, 이성, 신념, 공감, 감정, 경험 같은 변수들을 적용하고 조정한다. 한편 테이블 맞은편에 있는 고객 또한 우리가 택한 변수들의 고유한 조합이 영업 활동에서 표현되는 방식을 바탕으로 반응한다.

예를 들어 당신이 판매한 상품에 바가지를 썼다며 항의하는 고객을 진정시켜야 한다고 상상해 보자. 이메일로도 고객의 강경한 어조가 그대로 느껴진다. "가격에 대해서는 저희 둘 다 분명히 짚고 넘어갔다고 생각했습니다만." 같은 말은 직접 만나 공감 어린 톤으로 말할 때와 이메일로 딱딱하게 전달됐을 때 180도 다른 결과를 낳고, 그에 따라 책임을 수용하는 태도도 달라질 수 있다. 또 같은 말이라도 다른 어조로 말하면 전혀 다른 감정을 낳기도 한다.

고객에게 절대 하면 안 되는 질문 하나

보편적이고 해롭지 않아 보이는 방식도 의도치 않은 결과를 낳을 수 있다. 가령 많은 판매자가 영업 상담이나 설명을 마치면 고객이 내용을 확실히 이해했는지 확인하기 위해 "이해가 되세요?"라고 묻는다. 말하자면 이런 식이다. "많은 고객께서 현금 유동성에 제약이 있다는 것을 저희도 알기 때문에, 고객 편의에 맞춰 분기와 월별 납기 옵션을 모두 제공하고 있습니다. 이해가 되시나요?"라든지, "고객들이 저희 솔루션에서 정말 만족하는 점 하나는 보안 알고리즘이 독특한 3중 구조로 되어 있어 네트워크가 공격받기 전에 먼저 위협을 감지한다는 겁니다. 이해되세요?"

상황을 확인하려는 이런 표현에 별다른 악의는 없겠지만 이 말을 듣는 사람들은 대개 열의를 잃으면서 심드렁해지게 된다(나도 그중 하나다). 왜냐하면 그 말은 무의식 중에 두 가지 부정적인 방식으로 해석될 수 있기 때문이다. 첫째, 이 표현은 자칫하면 고객의 지적 수준을 모욕하는 말로 인식될 수 있다. 즉, "이해가 되세요? 제가 이렇게 묻는 이유는 당신이 얼마나 똑똑한지도 모르겠고 이 개념이 제게는 꽤 분명하지만 당신의 보잘것없는 머리로는 이해할 수 없을 것 같아서 하는 말입니다." 식의 느낌이 들 수도 있다. 둘째, 이 말은 판매자가 설명을 제대로 못했다는 느낌을 줄 수 있다. "이해가 되세요? 제가 이렇게 묻는 이유는 제 설명 능력이 뛰어나지 않은 데다 제가 말하면 사람들이 종종 혼동하거나 당황하기 때문입니다. 그냥 고객님은 그렇지 않다는 걸 확인하고 싶었습니다."

최고의 영업인은 이런 결과가 나타나는 경로와 거기서 발생하는 복잡한 인과관계를 유심히 살펴보기 때문에 이런 오해의 소지를 안다. 그래서 끊임없이 진화하는 영업 세계에서 앞서 나갈 수 있다. 즉, 그들은 걸림돌을 예측하고 통념에 맞서 고객을 도울 수 있는 기회를 파악해서 영업의 '매트릭스'를 능수능란하게 헤쳐 나간다. 물론 그들이라고 모든 변수를 알고 있거나 볼 수는 없겠지만(영업은 결국 그럴 수밖에 없다!) 그들의 계약 성사율은 무리 중에 단연 돋보인다.

안타까운 사실은 이 정도의 **동조**^{attunement} 능력을 갖춘 사람이 극히 드물다는 점이다. 잠재 고객 발견부터 상품 피칭 방법, 그리고 '계약을 매듭짓는' 기술까지 대부분의 판매자는 특정 방식으로 일을 하는 데 익숙하다. 우리는 현대의 과학과 공감 능력보다 관행에 뿌리를 둔 접근법들을 이용한다. 그러다 보니 판매자는 종종 변수가 기묘하게 얽힌 탓에 일이 예측하지 못한 방식으로 전개되는 상황에 직면한다. 아쉽게도 이런 상황은 대개 기회의 중단, 비협조적인 고객, 판매 실패로 이어진다.

이 지점에서 우리에게 선택지가 주어진다. 주위에 놓인 단서들을 계속 눈치채지 못한 채 살든지, 아니면 모피어스 말대로 "토끼굴에 몸을 던져 매트릭스가 얼마나 깊은지 직접 확인하든지."

미션: "왜"를 떠올리기

다시 세일즈포스로 돌아가서, 한번은 나도 수화기 건너편에서 격노한 고객을 마주한 적이 있었다 그녀는 고객관계관리^{CRM} 솔루션에 투자할 방법을 모색하던 중에 마침 고객을 찾으려는 내 팀원으로부터 전화 한 통을 받았다고 했다. "당신네 영업사원이 제게 그만 꺼지고 마이크로소프트 제품이나 사라고 하더라고요! 어떻게 영업사원이 그러죠? 저랑은 사업하기 싫다는 거예요?" 흥분한 고객이 목소리를 높였다. 나는 가까스로 상황을 누그러뜨렸고, 이내 그녀가 영업사원과 대화 중에 자신이 세일즈포스와 마이크로소프트 양사의 솔루션을 동시에 고려하고 있다는 정보를 흘렸음을 알게 됐다. 문제는 그다음이었다. 고객이 자신은 세일즈포스가 더 좋지만 마이크로소프트의 솔루션이 훨씬 더 저렴하다고 하자, 우리 직원이 이렇게 대응한 것이다. "글쎄요. 그럼 마이크로소프트 제품을 구입하지 그러세요?" 나는 무슨 일이 벌어졌는지 즉시 이해했다.

그 영업사원은 **역심리** reverse psychology 전술이라는 과학적으로 검증된 표준 기법을 사용했던 것으로 보인다. 회사가 가르친 내용이기도 했다. 그 전제는 이렇다. 고객이 경쟁사 솔루션으로 기우는 것 같으면 판매자가 고객을 압박해서 고객의 태도가 단지 가격을 낮추려는 속셈인지, 아니면 정말 경쟁사를 선택할 작정인지 판단하는 전술이다. 한번 세게 나가 봄으로써 말이다. 문제는 이때 판매자가 어떤 말투와 태도를 보이느냐에 따라 이 도전에 대한 고객의 해석이 완전히 달라질 수 있다는 것이다.

한 고객이 자신의 니즈에 부합할 것 같은 두 제품 사이에서 고민하고 있다. 제품 A가 자신이 원하는 조건에는 더 맞아 보이지만 가격이 제품 B보다 더 비싸다. 그는 제품 A의 판매 담당자와 상담을 하던 중에 이렇게 말한다. "당신네 제품이 더 마음에 들지만 B보다 훨씬 비싸네요." 이런 발언에 대응하는 방법은 다양하겠지만 담당자는 고객의 결심이 어느 정도 확고한지 확인하기 위해 역심리 전술을 사용하기로 한다. "좋아요! 그럼 뭐 B로 하시죠?" 같은 말을 재빨리 툭 내뱉는 사람도 있을 것이다. 한편으로는 좀 더 신중한 반응을 보이는 경우도 있을 것이다. "맞습니다. 저희 제품의 원가가 B보다 높아서 그렇습니다. 또 제품 B에 상당히 만족하시는 분들도 많습니다. 저희 제품이 누구에게나 적합한 것은 아니니까요. 실례가 안된다면, 왜 제품 B를 바로 구매하시지 않는 건지 여쭤 봐도 될까요?"

첫 번째 접근법은 말투가 퉁명스럽고 적대적이라 고객의 분노를 살 수 있다. 두 번째 접근법은 상냥하고 호기심과 배려심이 엿보인다. 또 회사 리더들이 권장하는 대응법에도 잘 부합한다. 그럼 앞서 언급한 사례에서 내 팀원은 왜 다소 공격적인 첫 번째 접근법을 택했을까? 계산된 행동이었을까? 아니면 고객의 적대적인 태도로 말미암아 나타난 단순한 반응이었을까? 그 동기를 제대로 이해하기 위해 나는 그에게 직접 이유를 물었다. 그랬더니 이런 대답이 나왔다. "저는 그냥 배운 대로 했는데요?"

두 가지 사실만은 분명했다.

1. 우리가 가르친 역심리 전술은 상황에 적절했지만, 회사가 영업 담당자들에게 그 전술을 효과적으로 활용하는 방법까지는 꼼꼼하게 알려주지 않았다는 점이다. 그들에게 어떤 방식이 '좋게' 보이고 들리는지는 제시하지 않았다.

2. 영업 담당자들은 스스로 효과가 있다고 여기는 전술들을 사용한다. 하지만 실제로 효과가 있든 없든, 실행에 앞서 그 이유를 고민해 보는 사람은 거의 없다.

이런 현상이 단지 효과가 없는 전술에만 나타나는 것은 아니었다. 대부분의 영업 담당자는 어떤 결과를 초래하는 일련의 사건에 대해 원인을 따져 보지 않았고, 이런 태도는 그들이 바라는 결과가 나올 때도 마찬가지였다!

이를테면 공급망 관리 소프트웨어를 판매하는 직원이 구매 과정이 막 시작되는 시기에 고객과 만나기 위해 뉴욕에서 덴버로 날아갔다고 생각해 보자. 한 시간가량 고객의 니즈를 파악하고, 솔루션을 소개하고, 회사의 이력을 들려주자 고객이 판매자에게 이렇게 말한다. "흠잡을 데가 없네요. 바로 구입하겠습니다!"

이게 무슨 상황일까?

고객이 일사천리로 구매를 결정한 이유가 영업 담당자가 상담을 하는 동안 구사한 특정 전술 때문이었을까? 그의 자신감 있고 상대를 배려하는 말투와 몸짓이 통했을까? 전화 대신 고객을 직접 만나 상담한 것이 성공의 결정적인 계기가 됐을까? 아니면 며칠 전에 그 회사의 CEO가 아주 중요한 사회적 쟁점에 대해 마침 자신의 철학과 일치하는 목소리를 냈기 때문이었을까? 표현은 안 했지만 시간에 쫓기고 있었고, 그래서 누가 됐든 상품만 괜찮으면 바로 거래하기로 작정했던 것은 아니었을까? 혹은 바로 전날 경쟁사 영업사원과 불쾌한 경험을 하진 않았을까? 그것도 아니면 다음날부터 2주간 떠날 휴가로 마냥 들뜨고 관대한 기분에 내린 결정이었을까?

상황이 어떠하든 우리는 고객과의 상호작용에서 어떤 결과를 초래한 과학, 기술, 전략, 감정의 섬세한 균형을 헤아리기 위해 행동을 멈추고 생각하는 경우가 드물다. 우리는 "왜?"라고 묻지 않는다. 게다가 대부분은 질문이 필요하다는 사실조차 인식하지 못한다!

문제는 거기에 있다. 현대의 판매자로서 성공하고 싶다면, 판매의 이유를 이해하고 정복해야 무궁한 기회를 누릴 수 있다. 이는 영업 담당자의 실적과 목표 달성에만 적용되지 않고 영업이라는 직종의 성장, 신뢰성, 인식에도 영향을 준다. "왜?"라는 질문으로 영업 결과를 더 많이 점검할수록, 다양한 상황에서 구매자와 연결되는 데 필요한 과학과 기술의 조화를 더 잘 이해할 수 있다.

내 경우에는 이유를 따져 묻는 것이 오랜 습관을 통해 DNA의 일부로 자리 잡았다. 지난 20년간 판매목표를 목에 달고 사는 영업 관리자 역할을 수행해 왔지만 나의 직업적 여정은 아주 색다른 계기로 시작됐고, 그때 내 유일한 목적은 "왜?"를 묻는 것이었다.

한 세일즈맨의 탄생

대부분 영업인이 그렇듯 나도 내가 영업을 하게 되리라고는 전혀 예상하지 못했었다. 우연히 의사, 회계사, 엔지니어가 되는 사람들은 별로 없겠지만 영업 종사자는 어쩌다 보니 영업을 하게 된 경우가 많다. 나도 마찬가지였다.

어렸을 때 나는 항상 대상의 근본 원리에 강한 호기심을 가졌다. 어찌 보면 학습 중독자라 부를 수도 있겠다. 나는 모형 비행기와 자동차를 즐겨 만들었고, 라디오부터 진공청소기까지 손에 잡히는 것을 종종 분해했다. 나는 결과를 만들어 내는 일련의 작동 방식을 이해할 때 엄청난 환희와 뿌듯함을 느꼈다. 어린 시절의 호기심이 나를 시험관과 미적분의 세계로 이끌었다 해도 과언이 아닐 것이다.

학부에서 화학과 대기과학을 공부하고 공인 기상학자가 된 후(기상학자들의 예측 정확도를 비웃는 농담은 접어 두자.) 나는 대학원에서 화학공학을 공부하기로 했다. 그리고 토론토 대학에서 도시의 독성 오염물질 움직임에 대한 컴퓨터 모델을 개발했다. 나는 과학 학술지에 논문 두 편을 발표했고 계속 연구해서 박사 학위도 받았다.

그런데 졸업하기 몇 달 전, 진로의 갈림길에 서게 됐다. 학계에서 계속 연구 활동을 할 것인가, 아니면 다른 분야로 방향을 틀 것인가? 그런 와중에 경영컨설팅으로 진로를 변경해 맥킨지McKinsey&Company에 들어간 대학원 선배 한 명이 취업 설명회를 열었다. 공학자로서의 호기심을 비즈니스 세계에 적용한다는 그의 이야기에 나는 깊이 동화됐다. 이후 취업박람회나 취업상담, 면접에 몇 번 참여했고 즉석에서 두 회사로부터 일자리를 제안받았다. 그중 하나는 액센추어(당시에는 앤더슨 컨설팅으로 불렸지만)의 컨설턴트 자리였고, 또 하나는 IBM 소프트웨어 사업부의 세일즈 엔지니어 자리였다. 두 회사에 모두 관심이 갔지만 당시는 닷컴 붐이 한창이던 1999년이었던지라 내 마음은 기술 쪽으로 기울어 결국 '빅블루Big Blue(IBM을 업계에서 부르는 별칭)'에 합류했다.

가슴이 벅차올랐다! 세계 최대의 기술 기업 중 한 곳에서 일하면서 급성장 중인 인터넷과 전자상거래 분야의 경험을 쌓을 수 있는 절호의 기회였다. 또 "그래서, 화학공학 학위로 뭘 할 수 있니?" 같은 질문을 받아온 사람으로서 내 학문적 경력도 어느 정도 검증받은 셈이었다. 하지만 IBM 입사 예정일을 불과 몇 주 앞두고 일이 벌어졌다.

입사하기 몇 달 전, 나는 워크브레인Workbrain이라는 지역 소프트웨어 회사의 설립을 도운 젊은 사업가 한 명을 소개받은 적이 있었다. 워크브레인은 시장에서 빠르게 입지를 형성하고 있었지만 당시에는 그야말로 스타트업에 불과했다. 회사에는 재능 있고 유능한 젊은 직원들이 스무 명 남짓 있었고, 최신 기술을 바탕으로 당장이라도 기존 시장을 갈아엎을 만큼 탄탄한 제품에, 세계적 수준에 준하는 사업을 밤낮없이 고민하는 똑똑하고 노련하며 야심 가득한 CEO가 있었다. 학습 중독자인 내게 사업적으로 시험해 보고 확인할 요소들이 차고 넘치는 조직의 일원이 된다는 것은 엄청나게 구미가 당기는 일이었다. 그래서 IBM에 전화를 걸어 비보를 전했다. 그렇게 나는 스타트업 영업이라는 세계로 여정을 시작했다.

3년 후 워크브레인은 기업공개IPO를 했고 4년 후에는 1억 달러 규모의 회사로 성장해 다른 기업에 인수됐다. 과학계를 떠나고 20년 동안 나는 총 네 곳의 뛰어난 스타트업에서 영업 관리자 역할을 맡는 행운을 누렸다. 그중 세 곳은 대기업에 인수됐다. 한 곳은 (얄궂게도) IBM에 인수됐고 또 다른 곳은 세일즈포스에 인수됐으며 그 일로 나 또한 그곳에서 일하게 됐다. 그 과정에서 나는 아주 근사한 영업인, 영업 리더, 기업가들과 일할 기회를 얻었고 크고 작은 기업에서 성공하는 데 필요한 요소들을 배울 수 있었다.

나는 강한 성장 동력을 가진 기업들이 그들의 가치 제안과 전술, 사업 및 보상 모델을 어떻게 지속적으로 발전시키고, 고객과의 관계 형성 과정에서 그것들을 어떻게 더 깊이 있게 고려하는지 지켜봤다. 나는 수백 명의 영업사원을 고용하고 조직에 연착륙시켰으며, 그들이 구매자와 신뢰를 쌓는 여정을 함께 하며 많은 지름길과 함정들을 목격했다. 또한 판매 과정의 각 단계에서 감정과 느낌이 얼마나 큰 힘을 발휘하는지도 확인했다. 메시지 개발과 고객 발견부터 이의 처리와 협상까지, 지금의 판매 과정은 아주 엄격한 올림픽 경기만큼 도전적이고, 보람이 있으며, 궁극적으로 아름다운 분야이다.

하지만 영업을 이 같은 기술과 과학의 섬세한 균형을 직업적으로 수행하는 사람들에게만 국한된 활동이라고 여긴다면 다시 생각하라! 영업은 비즈니스는 물론 우리 사생활의 거의 모든 영역들과 결부된 활동이기 때문이다.

모두가 영업 중

미국 노동통계국 데이터를 보면 현대 고용 시장에는 엄청나게 다양한 직업들이 존재한다. 그럼에도 2018년을 기준으로 상품 및 서비스를 재화로 바꾸는 핵심 기술인 영업을 공식적으로 담당하는 미국인이 전체의 11퍼센트나 된다(9명 중 1명꼴).[6] 이 통계에 놀라는 사람도 있겠지만, 《파는 것이 인간이다》에서 대니얼 핑크는 영업이 사람들이 생각하는 것보다 훨씬 더 보편적인 활동이라는 사실을 보여주는 흥미로운 연구 결과를 제시한다. 대니얼 핑크는 분석 내용을 다루면서 '**비판매 세일즈**non-sales selling'라는 행위를 언급하는데, 이는 "직접적인 구매가 발생하지는 않는 상황에서 남을 설득하고, 영향을 미치고, 납득시키는 범주의 행동들"을 말한다.[7]

가령 회사에서 제품 관리자들이 한데 모여 신제품을 출시하면서 어떤 기능을 제일 부각시킬지 의논하는 상황이 있다. 또 뭔가 특수한 상황에 있는 고객에게 상품을 팔기 위해 회사의 표준 계약 조건을 완화하고자 입에 발린 말로 사내 법무팀을 설득하는 영업 담당자도 이에 속한다. 아니면 긴급 프로젝트를 완수하기 위해 팀원에게 주말에도 나와 일을 하라고 일대일로 설득하는 팀장도 마찬가지다. 이런 행동들은 솔루션을 재화로 바꾸는 것과는 상관없지만, 상대를 '움직이는' 행위로 간주된다. 즉, 당신이 가진 가치에 대한 보답으로 상대가 가치 있게 여기는 무언가를 내주게 만드는 행위를 말한다. 아이디어, 믿음, 시간, 관심 같은 것들 모두 비판매 세일즈에서는 구매라는 방정식의 변수가 된다.

대니얼 핑크가 응답자들에게 전체 시간의 몇 퍼센트를 이런 종류의 활동을 하는 데 쓰냐고 물었을 때 평균 수치는 41퍼센트였고, 특정 응답자 집단에서는 70~80퍼센트까지 달했다.[8] 이 통계는 오늘날 우리 대다수가 영업이라는 게임에 참여하고 있을 뿐 아니라 세상에는 무의식적 판매자로 이루어진 거대한 집단이 존재한다는 사실을 반영한다.

현대적 영업 기술에 부여되는 이런 중요성과 관련성을 인식한다면 고등교육 과정에도 영업이 기본 프로그램으로 들어가 있으리라 생각하기 쉬울 것이다. 하지만 현실은 그렇지 않다.

영업교육재단Sales Education Foundation에 따르면, 미국 대학 졸업자의 50퍼센트 이상은 어떤 핵심 역량을 갖고 있든 간에 경제활동을 하는 동안 적어도 어느 시점에는 영업에 종사할 가능성이 높다.[9] 하지만 미국에 있는 4,000여 곳의 대학 중 2016년 기준으로 영업 관련 학과나 수업이 있는 대학은 100곳이 채 안 됐다. 더 실망스러운 점은 매년 MBA 학위를 취득하는 17만 명의 미국 학생 중 영업에 대해 조금이라도 배운 사람이 극히 일부라는 점이다.

이제는 바꿔야 할 때다!

앞으로 가야 할 길

이 책에서 우리는 현대의 영업인들이 고객의 관심과 매출을 높이려는 경쟁에서 마스터해야 할 주요 기술을 살펴볼 것이다. 당신이 파는 것이 소프트웨어든, 자동차든, 개인용 교육 자료든, 아니면 단순한 개념이든 그건 중요하지 않다. 우리가 영업을 하며 취하는 움직임이 우리 자신이 무언가를 구매하는 방식과 부합하게 하는 전술을 도입하고 발전시키고 자 한다면 그게 어떤 전술이든 다음 세 가지 요소를 생각해야 한다.

1. 과학
2. 공감
3. 실행

과학

행동과학에서 신경과학까지, 또 사회심리학에서 설득이론까지, 이제 우리는 사람들의 구매 행동에 영향을 주는 힘들에 대해 아주 많은 것들을 알게 됐다. 그러나 안타깝게도 많은 영업인들이 여전히 빈약한 토대와 구시대적 통념에 바탕을 둔 전술들을 쓰고 있다. 리넷 라이얼스Lynette Ryals와 이안 데이비스Iain Davies 교수는 성과에 대해 연구하면서 다양한 영업 회의에 참석해 800명의 영업 담당자들을 현장에서 직접 관찰했다.[10] 그 결과 전체의 37퍼센트만이 영업이라는 직무를 '효과적'으로 수행했으며, 나머지 63퍼센트가 보인 행동 중에는 오히려 성과를 해치는 것도 있었다.

고맙게도 행동에 관한 연구가 확산되고 영업과 마케팅 기술이 그 어느 때보다 정교해지면서 현대의 판매자들은 각 접근법이 미치는 효과를 훨씬 더 명확히 이해할 수 있게 됐다. 가령 대화형 분석 소프트웨어 플랫폼인 공닷아이오Gong.io는 판매자가 고객에게 최초로 거는 콜드 콜 9,000건 이상을 분석해서 어떤 말로 대화를 시작했을 때 상담 예약 전환율을 가장 높일 수 있는지 파악했다.[11]

보통 영업 담당자들은 이런 식으로 통화를 시작한다. "안녕하세요? 메리 씨 맞으시죠? 저는 아무개 사의 데이비드라고 합니다. 혹시 저와 짧게 이야기할 시간 있으세요?" 그러고는 고객이 대화를 수락하기를 기다린다. 영업 담당자들은 시간이 흐를수록 이런 통화에서 고객에게 긍정적인 반응을 얻기가 힘들다는 것을 깨닫는다. 구매자가 이런 상황에서, 특히 콜드 콜을 받은 상황에서 "네, 좋아요."라고 답을 하는 것은 갑작스럽게 약속을 잡는 것과 같기 때문이다. 그래서 콜드 콜 대본은 이와 반대 방향으로 발전했다.

"안녕하세요? 메리 씨 맞으시죠? 저는 아무개 사의 데이비드라고 합니다. 혹시 제가 통화하기 곤란할 때 전화 드린 건 아닌가요?" 이런 도입부가 더 효과적이라고 여긴 이유는 이 말은 전화를 건 사람이 고객의 시간을 존중한다는 점을 부각하기 때문이다. 또 이 말은 고객으로부터 "아니요."라는 응답을 듣도록 설계돼 있으므로 고객을 더 안전하고 편안한 감정 상태로 만든다. 하지만 분석 결과 공교롭게도 이런 식으로 시작된 대화는 상담 예약 전환율을 40퍼센트나 더 낮춘다는 것을 알게 됐다!

그러면 어떤 접근법이 가장 효과적이었을까? 흥미롭게도, "요즘 어떻게 지내세요 How have you been?"라는 인사말로 전화를 시작했을 때 기준치보다 영업 상담 전환율이 6.6배나 높아졌다! 말하자면 "여보세요? 메리 씨 맞으시죠? 저는 아무개 사의 데이비드라고 합니다. 요즘 어떻게 지내세요?" 같은 식이다. 이 단순하고 반직관적인 방법이 효과적인 데에는 몇 가지 이유가 있다. 먼저, 이 말은 일반적인 패턴을 깬다. 즉 고객의 심리상태에 변화를 줄 수 있는 뭔가 거슬리는 발언이다. 그 배후에는 **자기지각이론** self-perception theory이라는 또 다른 강력한 과학적 원리가 존재한다. 이는 행동과학자인 데릴 벰 Daryl Bem이 1970년대 초반에 소개한 개념으로, 사람들은 자신이 공개적으로 한 발언이나 행동과 일치하게끔 자신을 유지하려는 경향이 있다는 것이다. 콜드 콜을 받은 고객이 요즘 어떻게 지내느냐는 질문을 받고 그에 대해 긍정적인 대답을 하면(대부분의 사람이 습관적으로 그렇게 한다), 그 말이 그들의 감정에 영향을 준다. 그리고 긍정적인 감정이 순간적으로 상승하면 대화를 계속 이어가려는 판매자에게 더 쉽게 순응하게 된다.

여기서 "잠깐만요! 그런데 그 기술이 저에게는 절대 통하지 않을 것 같은데요."라는 독자도 있을 것이다. 하지만 걱정 마시라. 과학과 연구로 입증된 전술이라도 모든 상황에 적절한 것은 아니기 때문이다. 어떤 전술의 효과가 단순히 단어나 문구 하나 때문에 일어나지는 않는다. 곧 밝히겠지만 성공을 이끄는 미묘한 차이는 그 전술을 실행하는 방법에 크게 좌우된다. 그러나 이 책 전반에서 알 수 있는 것처럼 우리가 구매자로서 보이는 행동 반응은 대부분 무의식적으로 일어나서 스스로 자각하지 못할 때가 많다.

　이런 원리들을 본인에게 유리하게 활용하려면 그 원리들을 공부하고, 인식하고, 다양한 상황에서 어떻게 전개되는지 탐구해야 한다. 그런 다음 데이터와 조사에 기반하여 최선의 접근법을 선정하고 판매 과정의 적절한 단계에서 영업 활동에 녹여내야 한다.

공감

평범해 보이는 사람이 운전대만 잡으면 180도 달라지는 경우를 본 적 있는가? 그들은 약 1,300킬로그램의 강철과 유리로 된 물건을 모는 순간, 마치 본인에게 인내심과 인간 존엄성의 기준치를 낮출 수 있는 권한이 부여된다고 여기는 것 같다. 안타깝게도 다수의 전통적인 판매자들이 비슷한 경향을 보인다. 잠재 고객과 교류하기 위해 (그리고 종종 귀찮게 하기 위해) 사용하는 기술들이 '영업'이라는 가치 아래 활용될 때는 완전히 용인된다고 믿는다. 그들은 고객을 판에 박히고 가치도 없는 이메일, 시시한 솔루션 피칭 후에 보내는 의뭉스러운 소셜미디어 초대장, 별 준비 없이 건 게 뻔한 콜드 콜로 융단폭격한다. 하지만 구매자의 입장에 섰을 때는 대다수가 이런 전술에 강한 반감을 갖는다.

이 질문을 한번 생각해 보자. 당신은 어떤 텔레마케터에게 콜드 콜을 받았을 때, 그들이 미리 준비된 일반적인 매뉴얼을 읽고 있다는 것을 얼마나 빨리 알아차리고 대화에 흥미를 잃는가? 이 질문을 받은 고객 대부분이 3초 이내라고 대답했다. 거의 전화를 받자마자 알아챈다는 사람들도 많았다. 이런 고루한 판매자들은 실제로 자신이 구매하는 방식으로 판매하지 않는 게 확실하다.

현대의 시장에서 모든 영업인은 고객의 감정을 이해하고, 공감하고, 인정할 줄 알아야 한다. 결국 효과적인 판매자가 되려면 고객의 입장에 설 줄 알아야 하고, 왜 자신이 고객에게 강매를 종용한다는 느낌을 주는지 자문할 필요가 있다. 실적이 우수한 영업 담당자 중 90퍼센트가 강한 공감 능력을 갖추고 있고 감정적 인지 능력이 뛰어나다는 것은 뜻밖의 사실이 아니다.[12]

나는 지금까지 총 세 번 소프트웨어 공룡인 세일즈포스의 고객으로 있었다. 그리고 세일즈포스가 내가 몸담았던 세 번째 스타트업을 인수한 후에는 직원으로 아주 멋진 5년을 보내며 그 회사가 정말 탁월한 조직이라는 사실을 몸소 알게 됐다. 그곳에 있는 동안 나는 많은 영업사원을 직접 고용했고 그들에게 강한 고객 공감 능력을 주입하려고 부단히 애썼다. 내게 주어지는 엄청난 판매 할당량과 늘 촉박한 시간에 쫓겼지만 한 가지 사상만은 확실했다. "고객은 당신의 솔루션이나 판매 과정, 판매 할당량 따위를 전혀 신경 쓰지 않는다. 그들이 관심을 두는 것은 오직 한 가지다. 바로 그들의 사업 성장이다!" 영업은 이 세상에 존재하는 가장 신나고, 가장 경쟁적이고, 매력적인 직업 중 하나지만 영업에서의 성공은 고객의 니즈에 철저히 집중하고 당신이 아닌 그들의 입장에 섰을 때 가능하다는 점을 명심해야 한다.

이를 잘 보여주는 사례가 있다. 거대 화장품 기업인 로레알에서 남들보다 돋보이는 공감 능력으로 고용된 영업사원들은 입사한 첫 해 말에 동료들보다 평균 9만 1,370달러 더 높은 판매 실적을 보였다.[13] 또 미국의 한 보험회사에서는 공감 능력 같은 감정 기술이 탁월한 영업 담당자들이 평범한 직원들보다 두 배 이상 높은 보험계약을 따냈다. 문제는 타인의 감정에 지속적으로 적절히 대응하는 영업 담당자가 전체의 36퍼센트밖에 안 된다는 점이다.

이 책에서 우리는 현대의 영업 전술들로 도구함을 재구성할 것이다. 따라서 앞으로 이어질 장들에서 논의할 접근법에 대해서는 아주 중요하지만 간단한 렌즈 하나를 써 볼 것이다. 렌즈는 이것이다. 당신이 구매자의 입장이라면 그 방법이 과연 효과적일까?

실행

1976년에는 미국 성인의 15퍼센트가 비만이었다.[14] 2018년에 이 수치는 거의 40퍼센트로 치솟았다. 이 통계는 무엇을 의미할까? 건강한 라이프스타일을 유지하기 위해 이용 가능한 정보의 양이 줄어들었다는 것일까? 아니면 미국인들이 건강한 체중 유지에 필요한 식단과 운동의 적절한 병행 방법을 잊었기 때문일까? 둘 다 아닐 것이다.

스탠퍼드 대학 경영학과 교수인 제프리 페퍼 Jeffrey Pfeffer와 로버트 서튼Robert Sutton은 《생각의 속도로 실행하라》에서 나와 비슷한 렌즈로 기업계를 바라봤다. 그들은 "너무나 많은 교육, 훈련, 경영 컨설팅, 조직 연구 활동이 진행되고 관련 책과 기사들이 쏟아지는데도 실제 경영 방식은 크게 바뀌지 않는 이유가 궁금한 적 없었는가?"라고 반문한다.[15] 그 이유는 분야와 역량을 막론하고 우리가 이해할 수 있는 개념과 우리가 성공적으로 실행할 수 있는 개념 간에 차이가 있기 때문이다. 이런 원리는 영업 세계에도 똑같이 적용된다.

앞서 언급했던 역심리 전술이 완벽한 예다. 고객은 우리 팀 영업사원에게 세일즈포스 솔루션이 경쟁사 것보다 비싼 이유를 따져 물었다. 영업사원은 대응 방법으로 과학적으로 타당한 기술을 선택했고, 고객과의 상호작용 중 적절한 시점에 그 기술을 적용했다. 그런데도 역효과가 난 것은 그 기술이 잘못 실행됐기 때문이었다. 단어 및 어조에 있어서 그가 미숙한 선택을 한 것이다.

지금부터 확인하겠지만 당신이 구매하는 방식으로 판매한다는 것이 말처럼 쉬운 일은 아니다. 결국 영업은 학문의 영역이 아니기 때문이다. 이 전술은 제대로 습득한 후에, 제대로 실행해야만 의도한 결과를 낳는다.

따라서 영업을 마스터하는 비밀이 당신이 구매하는 방식대로 판매하는 데 있다면, 현대적인 구매 행동을 주도하는 체계와 의사결정 경로를 본격적으로 다루기에 앞서 해야 할 일이 있다. 영업이라는 상호작용이 일어나는 조건을, 다시 말해, 고객의 눈길을 끌기 위해 극복해야 하는 도전과제들을 먼저 이해해야 하는 것이다.

2

고객의 관심을
끌기 위한 싸움

THE
SALES MAN
SELL THE WAY YOU BUY

관성: 영업의 적

1687년 7월 5일에 영국의 물리학자 겸 수학자인 아이작 뉴턴 경은 자신의 중대한 연구 결과를 정리한 <자연철학의 수학적 원리^{Mathematical Principles of Natural Philosophy}>라는 논문을 발표했다. 이 논문은 지금은 유명해진 세 가지 운동법칙을 설명한다. 그중 첫 번째 법칙은 관성이라 알려진 모든 물질의 물리적 속성이다.

관성이란, 움직이는 물체가 외부에서 충분히 큰 힘이 방해하지 않는 한 움직이는 상태를 유지하려 하는 것을 가리킨다. 즉, 변화를 거부하는 힘인 셈이다. 가령 총신에서 발사된 총알은 벽 같은 장벽이 가로막지 않는 한 전방으로 쭉 날아갈 것이다. 이 개념은 멈춰 있는 대상에 대해서도 적용된다. 말하자면 관성은, 여유로운 일요일 아침에 눈은 떴지만 이불 속을 계속 뒹굴고 싶은 당신의 마음도 설명해 준다.

그로부터 300여 년이 흐르자, 행동과학은 이와 비슷한 원리가 현대의 의사결정에도 적용된다는 사실을 발견했다.

1989년, 캐나다의 경제학자 겸 경영학 교수인 잭 크네치^{Jack Knetsch}는 **현상 유지 편향**^{status quo bias}이라 알려지게 될, 새롭게 체계화한 원리를 증명하는 실험을 했다.[1] 그는 실험에 참여한 학생들을 세 그룹으로 나눴다. 첫 번째 그룹에는 멋진 커피 머그잔과 큼직하고 달콤한 스위스 초콜릿 중 하나가 사은품으로 주어졌다. 이 그룹의 피실험자 중 56퍼센트가 머그잔을 선택했고 나머지 44퍼센트는 초콜릿을 선택해서 두 사은품에 대해 전반적으로 균형 잡힌 선호도를 보였다. 하지만 크네치는 변화에 대한 개인의 성향이 시간이 흐르면서 선택에 미치는 영향을 확인하고 싶었다. 그래서 두 번째 그룹의 피실험자들에게는 처음에 머그잔을 준 다음, 잠시 후 머그잔을 초콜릿과 바꾸고 싶은지 물었다. 마지막으로 세 번째 그룹에서는 스위스 초콜릿을 준 다음 한참 있다 초콜릿을 머그잔(초콜릿을 아직 먹지 않았을 경우)과 바꾸고 싶은지 물었다.

첫 번째 그룹에서 두 가지 사은품에 대한 선호도가 거의 비슷했기 때문에, 다른 사은품으로 바꿀 수 있는 옵션이 있어도 머그잔을 받은 학생의 약 절반 정도만 초콜릿으로 바꿀 것이며 세 번째 그룹도 비슷할 거라는 게 일반인들의 생각일 것이다. 그러나 결과는 그렇지 않았다. 처음에 머그잔을 받은 학생의 11퍼센트, 초콜릿을 받은 학생의 10퍼센트만 교환을 원했다. 이는 약 90퍼센트의 피실험자가 원래 갖고 있던 물건의 가치를 다른 대체물의 가치보다 더 높게 뒀다는 의미였다. 바꿔 말하면, 변화를 유도하기에는 현재 상태에서 벗어나는 두려움이 너무 컸던 것이다. 같은 맥락으로 진행된 추가 실험에서도 시간이 지날수록 현상 유지 편향의 정서가 더 강해지는 것으로 확인됐다. 경우에 따라서는 2~4배에 달하기도 했다.[2]

더 놀라운 사실은 현상 유지 편향을 겪는 사람들이 자신의 그런 성향을 알게 되면 보통 방어적인 자세로 스스로를 합리화한다는 것이었다. 가령 처음에 머그잔을 선택했던 참가자는 머그잔의 아름다움과 재활용 가치를 극찬하며 그것을 초콜릿 대신 계속 갖고 있으려는 자신의 선택을 합리화했다.

하지만 이런 결과가 대다수의 독자에게 그리 특별할 게 없는 이유는 이런 원리가 개인의 삶에서도 실제로 자주 벌어지기 때문이다. 예를 들어 당신의 침실 옷장 안을 생각해 봐라. 누군가 더 이상 입지 않으니 좀 버리라고 부추기는 것들이 있지 않은가? 혹은 계속 유지하면 안 된다는 사실을 자신도 알고 남들도 아는 (그리고 당신에게 그런 조언도 했을) 지지 부진한 인간관계나 일을 계속 붙들고 있었던 적은 없는가? 만약 그렇다면, 당신도 현상 유지 편향을 경험했다고 볼 수 있다. 스스로 고려해 봄 직한 다른 많은 옵션과 기회를 외면한 채 그 상태로 계속 나아가려는 관성을 따른 것이다.

우리 스스로 구매하는 방식대로 판매하려면 고객의 마음속에 이런 강력하고 보편적인 힘들이 존재한다는 사실을 알아야 한다. 그리고 단언컨대 그런 힘들이 당신의 판매 능력에 주요 걸림돌이 될 것이다.

현상 유지 편향 발견하기

많은 판매자들은 마치 고객이 그들이 솔루션을 가지고 문을 두드려 주기만을 앉아서 기다릴 것처럼 행동한다. 하지만 당연하게도 그렇지 않다. 현상 유지 편향, 혹은 구매자가 늘 하던 대로 계속하려는 성향은 현대적 판매 과정의 어느 때에나 존재하며 구두적, 비구두적 형태로 뚜렷이 나타난다.

가장 흔한 **비구두적 현상 유지 편향**은 당신의 첫 번째 영업 시도에 반응하기까지 아주 많은 접촉을 요하는 구매자의 태도에서 명확히 드러난다. 그러니까 당신이 전화나 이메일, 사회적 영업활동 등을 대담하게 이것저것 시도하는데도 구매자는 철옹성 같은 문 뒤에 꿈쩍 않고 앉아 그게 뭐가 됐든 현재 상태에 만족한다는 듯이 당신과 당신의 솔루션을 계속 무시하는 것이다.

브리지그룹Bridge Group의 조사 결과는 이런 현상을 입증한다. 이 회사가 2018년에 434개의 B2B 기업들을 분석한 결과 영업인들은 잠재 고객과 연결되기 위해 평균적으로 9.1번 접촉을 시도했으며 이는 2010년 평균인 4.7번의 거의 2배였다![3] 이어지는 내용에서 우리는 이런 구매자들에게 주목받을 수 있는 현대적 접근법에 대해 논할 것이다.

그럼에도 다행히 그런 잠재 고객들의 관심을 얻어 영업 관련 대화를 하는 데 성공했다면, 이제 당신은 **구두적 현상 유지 편향**을 가진 사람을 상대해야 할 수도 있다. 가령 이런 식의 대화가 진행될 것이다.

- "귀사의 제품을 구매하는 것은 현재 저희의 우선순위가 아닙니다."
- "지금은 그 제품을 살 만한 돈이 없습니다."
- "현재 사용하는 게 완벽하진 않더라도 쓰는 데 문제는 없거든요."
- "귀사의 제품은 저희와 안 맞을 것 같습니다."
- "6개월 뒤에 전화하세요."

이런 반응 모두 기업과 사람들이 가진 관성을 분명히 보여준다.

믿거나 말거나, 회사의 CRM 시스템 등의 데이터로 판매 과정에 대한 통계 수치만 들여다봐도 현상 유지 편향을 쉽게 발견할 수 있다. 이 사실

2 고객의 관심을 끌기 위한 싸움

을 당신에게 증명할 수 있는 방법이 있다. 회사 CRM 시스템에서 1년 또는 그 이상의 유의미한 기간을 정해 당신 본인이나 당신의 팀이 판매에 실패한 거래를 전부 찾아보라. 그리고 각 거래가 성사되지 못한 이유까지 전부 파악한 다음(이유를 찾아내야 한다!), 경쟁사나 경쟁 솔루션에 뺏긴 매출액을 구매자가 '결정을 내리지 못함no-decision', 혹은 '더 이상 관심이 없었음'과 같은 이유로 놓친 매출액과 비교하라. 내가 영업 조직을 관리할 때 직접 분석해 보니, '결정을 내리지 못함'으로 발생한 손실이 경쟁사에게 뺏긴 손실보다 7배 이상 많았다. 당신도 아마 비슷한 결과를 발견할 것이다.

CRM은 놀라운 경향을 하나 더 보여줬다. 우리 팀 영업사원들이 판매에 성공한 거래보다 구매자들이 '결정을 내리지 못해' 놓친 거래에 평균적으로 3배 더 많은 시간을 쓴다는 사실이었다. 즉, 현상 유지 편향으로 인해 영업 담당자들이 성공적인 거래보다 실패한 거래에 더 많은 시간을 소모한 것이다! (이 내용은 6장에서 더 다룬다.)

흥미로운 사실은 현상 유지 편향을 타파할 때 두 가지 요소가 성공 여부에 큰 영향을 미친다는 것이다. 첫째는 고객이 당신의 솔루션에 두는 가치이다. 그리고 둘째는 고객에게 접촉하기 위해 당신이 선택하는 접근법이나 매체이다. 일단 접근법이나 매체는 차치하고, 고객의 관심을 얻는 능력에 작용하는 솔루션의 가치를 파악하는 비밀은 바로 수학에 있다.

가치와 주목도는 반비례한다

나는 판매업체들이 목표로 둔 구매자들의 관심과 시선을 끌기 위해 사용하는 다양한 접근법, 공식, 메시지, 전술에 늘 흥미가 있었다. 그리고 한 명의 구매자로서 아주 설득력 있는 사례도 접했지만 아주 형편없는 예도 몇 번 목격했다. 그간의 경험을 통해 나는 두 가지 중요한 요소 사이의 흥미로운 수학 관계를 발견했다. 그중 하나는 바로 솔루션의 알려진 가치이고, 다른 하나는 표적 고객이 당신의 상품으로 변경하거나 또는 조금이라도 관심을 갖게 하는 데 필요한 주목도이다. 현대의 판매자나 마케팅 담당자라면 이 둘의 관계를 알아야만 좋은 성과로 이어지는 기술과 활동에 집중할 수 있다. 지금부터 차근차근 살펴보자.

우리 주위에는 독특하고 혁신적이며 놀라운 제품이나 서비스가 있다. 그런 제품의 가치 제안은 아주 설득력 있고 명확하다. 예를 들면 아이폰과 테슬라 자동차가 그렇다. 하지만 운동화나 평면 TV 같은 많은 제품들은 차별화되지 않은 비슷한 솔루션들이 주류 시장을 형성한다. 영업 및 마케팅 조직 중에도 구매자의 상상력을 자극하고 마음을 사로잡는 데 탁월한 조직이 있다. 하지만 나머지 조직들은 우리의 감탄을 자아내는 경우가 거의 없다.

이런 관계를 설명하는 첫 번째 도구가 바로 다음과 같은 간단한 역함수 그래프이다.

2 고객의 관심을 끌기 위한 싸움

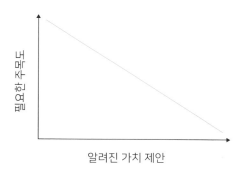

이 그래프의 원리는 어떤 제품의 알려진 가치가 증가할수록 고객이 그 제품을 알아차리는 데 필요한 주목도나 **마인드셰어**mindshare(어떤 제품이나 대상에 대한 고객의 인지도나 인기의 정도)가 줄어든다는 것이다. 가령 애플은 신제품 출시에 맞춰 시장 분위기를 고조시키기 위해 떠들썩한 마케팅을 하지 않아도 된다. 그들은 보통 다음 신제품이 언제 공식적으로 발표될지 대중들에게 알리는 보도자료 정보만 낸다. 그러면 전 세계 수천 개의 뉴스 매체들이 곧 출시될 애플 기기의 세부 특징을 추측하기 위해 어디선가 유출된 사양이나 단서와 같은 산발적인 데이터를 향해서 곧바로 달려들기 시작한다. 애플 제품들은 대표적인 엘리트 유형의 게임 체인저game changer라 할 수 있다. 그래서 고객의 눈에 띄기 위한 주목도나 마인드셰어가 거의 필요 없다.

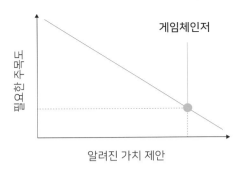

반면에 맥도날드가 새롭게 출시한 햄버거를 소비자가 알아보려면 그전에 제품을 알리는 TV 광고, 옥외 광고, 버스 광고를 수십 번(수백 번은 아니더라도)은 접해야 할 것이다. 즉, 상품의 알려진 가치가 높으면 주목도가 낮아도 되지만 알려진 가치가 낮으면 높은 주목도가 필요하다.

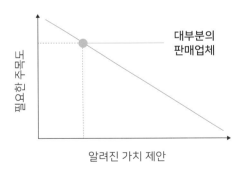

불행히도, 아이폰이나 테슬라 정도의 명성이 없는 대부분의 판매업체들은 그들의 가치 제안을 시장에 알리는 데 상당한 수준의 고객 주목도가 필요하다. 다음은 B2B 기술과 자주 결부되는 가치 제안을 열거한 것

2 고객의 관심을 끌기 위한 싸움

이다. 현대 시장에서 거래되는 대부분의 솔루션들이 이런 일을 돕는다.

- 줄인다: 비용, 리스크, 노출, 실수
- 개선한다: 효율성, 보유율, 브랜드 인지도
- 확장한다: 도달 능력, 통찰력, 자동화 역량
- 성장시킨다: 수익, 고객 기반, 브랜드 충성도 등

당신이 속한 기업도 앞서 열거한 핵심 가치 제안 중 하나나 그 이상을 표방하지 않는가? 그렇다면 당신의 상품은 고만고만한 솔루션들의 바다에서 표류할 가능성이 높다. 물론 대다수의 기업은 솔루션의 가치가 고객에게 빨리 이해되고 내재화되는 목표를 갖고 있다. 따라서 당신의 제품이 이 그래프의 어디에 위치하는지 반드시 파악해야 한다. 그래야 당신의 접근법을 어떻게 조정해야 할지 더 쉽게 알 수 있다.

앞에서 본 역함수 그래프를 사분면 형태로 바꾸면 이 내용을 더 명확하고 깊이 있게 이해할 수 있다.

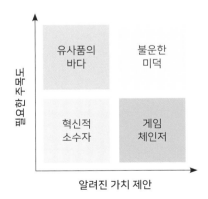

게임체인저(Game Changers)

게임체인저의 경우에는 구매자들이 그들의 제품뿐 아니라 그것이 시장에 부여하는 혁신성에도 높은 가치를 둔다. 게임체인저들이 광고비를 많이 쓸 수도 있겠지만, 이들은 솔루션 제공자가 넘쳐 나는 와중에도 제대로 차별화되어 있어서 구매자의 관심을 끌기 위해 많은 노력을 투입하지 않아도 된다. 애플은 휴대폰, 소형 전자기기, 부속품만 파는 게 아니라 뛰어난 디자인, 사용자 중심 기능, 공학적 우수성도 판매한다. 테슬라는 전기차만 파는 게 아니라 지구의 미래에 대한 비전을 판매한다. 게다가 이들의 접근법은 효과적이다. 테슬라의 보급형 전기차인 모델 3^{Model 3}는 별다른 광고 없이 출시한 지 한 분기 만에 약 50만 건의 주문을 받았다.[4]

다른 유형의 게임체인저를 예로 들어 보겠다. 토론토 대학의 잘 알려지지 않은 작은 생명과학 연구소가 몇 년간 피나는 연구 끝에 암 완치제를 발견했다고 가정해 보자. 광고에 한 푼 들이기는커녕 별도의 마케팅 계획도 없을 것이지만 이 소식은 전 세계 각종 매체를 통해 삽시간에 전파될 것이다. 수많은 대중이 하던 일을 멈추고 이 뉴스에 귀를 기울일 것이다. 이것이 바로 게임체인저의 파급력이다.

게임체인저는 대부분 어떤 사명에 따라 움직이며 이들에게는 신봉자에 가까운 팬들이 있다. 만약 당신의 솔루션이 잠재적으로 이 엘리트 그룹에 속할 수 있다면 당신의 신뢰 체계(그 제품으로 이 세상에 어떤 발자취를 새기려 하는지)를 잘 보여주는 시장 침투^{GOM: go-to-market} 계획으로 전략을 주도해야 한다. 이에 대한 자세한 내용은 6장에서 다룬다.

유사품의 바다(Sea of Sameness)

애석하게도 패스트푸드점, 은행, 문구 제조사 등 대부분의 제품 및 서비스 공급업체가 '유사품의 바다' 범주에 속한다. 이런 조직들의 알려진 가치와 차별화 정도는 표면적으로 낮다. 따라서 표적 고객의 눈길을 끌려면 더 많이 노력하고 독창성을 개발해야 한다.

1장에서 말한 것처럼 2011년부터 2019년까지 마케팅 기술 분야에 속한 회사의 수는 150개에서 7,000여 개로 증가했다. 이런 회사들의 솔루션(혹은 기존 제품의 새로운 기능)은 혁신적이기보다는 기존 솔루션을 좀 변경했거나 개선한 경우가 많다. 이런 원리는 부동산 중개사, 텔레비전, 개인 상해 전문 변호사, 잔디 깎기 기계, 심지어 은행에도 똑같이 적용될 수 있다. 그렇다고 이런 제품이나 서비스, 관련 종사자에게는 게임체인저가 되거나 특출하게 차별화될 가능성이 아예 없다는 것은 아니다. 하지만 이들은 겉보기에 다들 비슷해 보여서 구매자로선 관심을 가지고 살펴볼 마음이 잘 생기지 않는다.

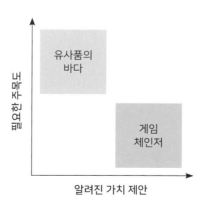

유사품의 바다에서 밀려드는 솔루션들과 마주치면 앞서 설명한 관성이 우리의 집중력을 보호하는 방어 기제로 작동한다. 관성은 잠재 고객이 당신의 솔루션은 인지하지 못한 채 기존의 유사품이나 수단, 관행 등을 만족스러워하며 계속 쓰게 만든다. 전시회나 박람회에 가 본 적이 있다면 이 말이 이해될 것이다. 그런 행사에 가면 수십 개의 업체들이 똑같은 광고판이나 배너를 붙여 놓고 있다. "사업 성공률을 X% 높이세요.", "관리비를 Y% 절감하세요.", "고객만족도를 Z% 높이세요." 혁신적인 전술이나 메시지 없이 이런 회사들의 영업이나 마케팅팀이 사람들의 방어벽을 뚫고 유의미한 관심을 끌기는 힘들다.

솔루션 제공업체들이 궁지에 몰리는 곳이 바로 이 범주다. 만약 당신이나 당신 조직이 유사품의 바다에 속해 있는 것 같다면 당신의 목표는 최대한 빠르게 거기서 빠져나오는 것이 되어야 한다.

불운한 미덕(Unlucky Virtuous)

시장에는 다수의 합리적인 구매자들에게 유용하고 투자할 만하다고 여겨지지만, 그럼에도 방어벽을 뚫으려면 상당한 노력이 필요한 제품과 서비스가 있다. 만약 오트밀, 섬유질, 일상 운동, 규칙적인 휴식 같은 것이 솔루션이라면 바로 이 유형에 속할 것이다.

이 유형은 네 가지 범주 중 가장 수가 적지만, 그럼에도 뛰어난 솔루션이 여기에 속한다면 매우 애석한 일이 된다. 불운한 미덕 그룹은 다른 범주의 솔루션들에 비해 구매자들을 적극적으로 공략해야 하기 때문이다. 좀 더 특징적인 표적 고객을 설정하고, 그들에게 영향을 줄 만한 활동을 수행할수록 고객에게 접근하는 데 필요한 주목도가 낮아질 것이다.

일례로 독감 예방접종이나 건강 및 웰빙 프로그램, 헌혈 서비스를 하는 조직들은 구매자 마찰을 줄이기 위해 종종 기업 현장을 직접 방문한다. 이 범주에 속하는 업체들(유사품의 바다 범주를 포함해서)은 온라인 리타기팅re-targeting 기법을 사용해도 좋다. 즉, 여러 디지털 자산을 아울러 예전에 자신들을 검색했던 잠재 고객에게 그 제품이 다시 드러나게 해서 전환율을 높이는 것이다.

혁신적 소수자(Innovative Minority)

마지막으로 다룰 범주는 대부분의 업체들이 염원하는 혁신적 소수자이다. 과학과 공감에 견고히 뿌리를 둔 주류의 가치 제안과 영향력 높은 전달 메커니즘이 황금 조합을 이룬 '딱 좋은' 상태라 할 수 있다.

혁신적 소수자는 어떻게 방해 요소를 차단하는지 터득한 조직이다. 보통 게임체인저로 인식되지는 않지만, 그들은 독특하고 영리한 영업과 마케팅 전략 덕분에 구매자들에게 확실한 눈도장이 찍힌다. 예를 들어 2014년, 전 세계가 아이폰 6 같은 혁신 기술과 셀카봉에 정신이 팔려 있을 때, 수십 년 된 매트리스 산업에 그런 파괴적 혁신이 불어 닥칠 것을 예상한 사람은 거의 없었다. 하지만 압축포장배송mattress-in-a-box으로 상징되는 온라인 매트리스 사업의 선구자인 캐스퍼Casper가 그렇게 했다. 이 회사는 소비자에게 직접 제품을 판매하는 DTCDirect-to-Consumer 사업 모델과 영리한 소셜미디어 마케팅 그리고 많은 유명인 고객을 앞세워 온라인화가 힘들어 보였던 매트리스 산업에서 강자로 빠르게 부상했다. 2019년 4월 기준으로 캐스퍼는 투자자들로부터 총 3억 4,000만 달러를 끌어 모았고 11억 달러의 기업 가치를 인정받았다.[5]

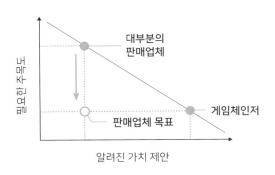

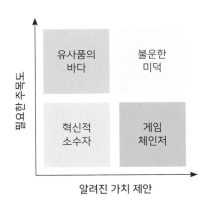

이런 독특한 조합 때문에 혁신적 소수자에 속하는 기업은 그렇게 태어나기보다는 만들어지는 경우가 많다. 이는 희소식이다. 유사품의 바다나 불운한 미덕 범주에 내몰린 회사들도 앞으로 이 책에서 설명할 접근

2 고객의 관심을 끌기 위한 싸움

법을 상황에 맞게 적용하면 혁신적 소수자 대열에 낄 수 있으니 말이다.

엄격한 데드라인, 제한된 접근 경로, 각종 솔루션이 범람하는 요즘 시대에 많은 기업은 가치 제안에 대한 집중력이 떨어지고 인내심도 더 낮아진 새로운 유형의 고객과 대면하고 있다. 솔루션의 알려진 가치와 표적 고객이 그 솔루션을 인지하기 위해 필요한 주목도의 관계는 모든 판매자에게 영향을 미친다. 당신의 조직이 현재 이 매트릭스의 어디에 속하든 데이터에 입각한 객관적인 접근법으로 그 위치를 측정하고 최소의 노력으로 최선의 결과를 창출할 수 있는 전술들을 채택하는 것을 목표로 삼아야 한다.

고객이 모르는 니즈를 찾아내는 처방의 힘

다수의 판매자가 쉽게 빠지는 큰 오해 중 하나는 현상 유지 편향을 극복하고 신제품을 적극적으로 탐색하는 고객들은 자신이 무엇을 원하는지 정확히 알고 있다는 것이다. 즉, 우리는 제품이나 서비스를 구하려고 시장을 찾은 고객이 자신이 지닌 문제와 그것을 해결할 수 있는 여러 잠재적 솔루션을 명확히 알고 있다고 여긴다. 가령 내가 가족여행 상품을 찾는 고객이라고 가정해 보자. 그러면 사람들은 내가 가고자 하는 목적지 유형과 그와 관련된 여행 옵션, 우리 가족이 좋아할 만한 액티비티 등을 대략 파악하고 있으리라 믿는다. 그래서 그런 조건에 부합하는 여행사가 레이더망에 걸릴 정도로 인지도만 형성하면 내가 즉시 그 여행사의 상품을 고려할 것으로 여긴다. 하지만 그런 경우는 드물다.

2019년에 아마존의 설립자이자 최고경영자인 제프 베조스^{Jeff Bezos}가 회사 주주들에게 보낸 편지에는 회사의 스마트 홈 기기인 아마존 에코 ^{Amazon Echo}의 성공담이 짤막하게 언급돼 있었다. 베조스는 고객들의 구매 여정을 이끄는 데 리더의 역할이 얼마나 중요한지 강조하며 이렇게 썼다.

> 시장 조사는 도움이 안 됩니다. 만약 우리가 2013년으로 돌아가 그 시절 고객에게 "당신은 주방에 놓인 프링글스 캔 정도 크기의 검은 색 원통형 기기가 항상 '온(On)' 상태로 켜져 있어서 당신이 말을 걸거나 질문을 하고 집 안 조명을 켜거나 음악을 재생할 수 있다면 갖고 싶으세요?"라고 묻는다면 어떨까요? 장담하건대 상대는 기이한 표정으로 당신을 쳐다본 다음 "아니요. 전 사양하겠습니다."라고 답할 겁니다.[6]

솔루션의 인지도를 형성하는 것은 구매자들의 관심을 끄는 데 아주 중요하다. 그러나 그만큼 중요한 것은 고객의 여정과 니즈, 요구 사항을 구체적으로 밝힌 다음 고객이 그 솔루션과 조우하게 만드는 것이다.

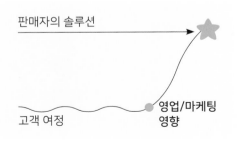

판매자의 솔루션

고객 여정

영업/마케팅 영향

또 다른 사례도 살펴보자. 2008년 후반에 내가 세 번째로 몸담았던 스타트업인 라이플Rypple에서는 직장에서 피드백과 코칭, 포상을 하는 데 도움을 줄 수 있는 소프트웨어 플랫폼을 만들었다. 그 소프트웨어는 한 가지 전제를 가지고 개발됐다. 직원들이(특히 직장에서 비중이 커지는 밀레니얼 세대가) 자신의 직무 능력 및 업무 상태에 대한 피드백을 그때그때 받고 싶어하며 정례적인 연말 평가를 싫어한다는 점이었다(이 내용은 뒤에서 더 다룬다!). 직장 내 성과에 대한 라이플의 진보적인 접근법이 시장에 알려지면서 우리는 비슷한 생각을 가진 기업들로부터 주목을 받게 됐다. 대다수가 꾸준한 피드백을 갈망하는 새로운 유형의 직원과의 관계에서 어려움을 겪는 곳이었다. 부족한 피드백으로 인해 직원들의 참여도와 생산성이 떨어지고 있었고, 이는 궁극적으로 퇴사율 및 이직 비용을 높였다.

이런 문제로 힘들어하던 기업들은 직원 피드백과 조직 내 직원 참여도를 높이려는 자신들의 니즈에 우리 솔루션이 어떻게 부합할지 관심을 보였다.

많은 기업들이 "연례 고과 평가를 더 잘 운영하는 데 귀하의 솔루션이 어떤 도움을 줄 수 있나요?"라든지 "귀사의 서비스는 직무 수행에 필요한 역량과 기술을 기준으로 직원을 평가할 때 어떤 도움이 되나요?" 같은 질문을 했다. 문제는 이런 질문에 내포된 니즈에 대해서는 우리가 할 수 있는 게 전혀 없다는 것이었다. 사실 우리 회사 제품은 기업들이 대개 고과 관리 솔루션에 원하는 여러 조건에 부합하지 않았다. 사실 그런 기능들은 우리의 솔루션이 사명감을 가지고 구축하려던 현대적 피드백 행위에 완전히 반하는 특징들이었다. 더 좋은 고과 평가 시스템을 개발하는 것은 라이플의 주된 관심사가 아니었던 것이다. 그런데 고객사는 그런 조건을 우리에게 요구하고 있었다.

그게 고객의 잘못은 아니었다. 그들은 더 나은 방법을 몰랐을 뿐이었다. 가진 게 망치밖에 없으면 이 세상 문제가 죄다 못으로 보인다는 옛말은 틀린 게 없었다. 아쉽게도 라이플의 독특하고 혁신적인 접근법에도 불구하고 시장에 이미 고착된 관점(즉 시장의 현상 유지 편향) 때문에 그 가치가 제대로 전달되지 않았다.

우리는 라이플의 솔루션이 시장에서 성공하려면 고객의 요구사항을 완전히 재편해야 한다는 것을 깨달았다. 자신의 문제는 일반적인 솔루션으로 해결될 수 없다는 사실을 고객이 진심으로 납득하게끔 해야 했다. 기존의 것들과 다른 우리의 접근법이 그들에게 필요한 해법이라는 사실을 직접 보여줘야 했다. 즉, 그들이 현재 겪고 있는 증상과 사업적 난관에서 출발해서 궁극적으로 우리의 솔루션으로 이어질 수 있는 좀 더 **처방적인**prescriptive 경로로 우리가 그들을 직접 인도해야 했다.

선택의 역설: 더 잘하려다 더 못하게 된다!

조사 결과나 리뷰, 정보를 어디서나 쉽게 접할 수 있고 선택 가능한 제품과 서비스가 넘쳐나는 시대에는 구매자가 본인에게 맞는 최적의 솔루션을 더 쉽게 고를 수 있을까? 그렇게 생각한다면 잘못된 판단이다.

2000년에 콜롬비아 대학과 스탠퍼드 대학 연구원들이 의사결정에서 선택지의 다양성이 미치는 영향력을 밝히기 위해 일련의 행동과학 연구를 실시했다.[7] 그중 한 실험에서 연구원들은 슈퍼마켓에 맛 좋은 프리미엄 잼들을 진열했다. 진열된 잼 모두 같은 제조사가 만든 제품들로 매장을 찾은 고객들이 지나가면서 샘플을 맛볼 수 있었다. 연구원들은 선택지의 영향력을 조사하기 위해 판매하는 맛의 숫자를 다양하게 바꿨다. 가령 한 실험에서는 6가지 맛의 잼을 선보였고, 또 다른 실험에서는 무려 24가지 맛의 잼들이 진열됐다. 결과는 어땠을까? 24가지 다른 맛을 접한 고객 중에는 단 3퍼센트만 제품을 구매했다. 하지만 6가지 맛으로 선택이 제한된 실험에서는 구매자 수가 그 10배인 30퍼센트로 증가했다.

또 다른 실험에서 소비재 시장의 글로벌 선도 기업인 프록터 앤 갬블 P&G: Procter & Gamble 은 자사의 인기 제품인 헤드앤숄더 샴푸의 제품 버전을 26개에서 15개로 줄였고, 그러자 오히려 매출액이 10퍼센트 증가한 것을 발견했다.[8] 일반적으로는 선택의 가짓수가 많을수록 좋을 것 같지만 선택의 폭이 너무 넓으면 고객은 당황하게 된다. 그러면 평가 과정에서 고객의 집중력이 떨어지고, 그 결과 현대의 판매자에게 너무나 익숙하고 두려운 '결정을 내리지 못함'이라는 상황에 이른다.

이런 사실은 가트너 보고로도 확인됐다.[9] 고객이 선택이라는 부담 속에서 질문과 난제를 가지고 솔루션 제공자에게 접근할 때는(즉 수동적 판매 상황에서는) 구매 용이성이 줄어든다는 것이다. 또 선택 후에도 고객은 자신이 옳은 선택을 했는지, 혹은 다른 솔루션이 자신과 더 잘 맞지 않을지 고민하는 등 훨씬 더 많이 후회하는 모습을 보였다.

고객의 반응

+50%
후회

-18%
구매 용이성

　예를 들어 앞에서 언급한 것처럼 당신이 열심히 일해서 번 돈으로 귀중한 가족여행을 예약한다고 생각해 보자. 인터넷에 접속한 당신은 수백 개의 여행지와 관광 및 액티비티 옵션을 찾는다. 머리를 쥐어뜯으며 몇 날 며칠을 검색한 끝에 꽤 적합해 보이는 최종 후보 몇 곳으로 선택지가 좁혀졌지만 아직도 확신이 서지 않는다. 그래서 각 후보지를 좀 더 깊이 있고 생생하게 파악할 수 있도록 여행자 리뷰를 찾기 시작한다. 그중에는 아이오와 주 데스 모인즈 출신의 베티라는 여성이 아주 근사한 풀 옵션 리조트에 대해 남긴 리뷰도 있다. 당신은 궁금할 것이다. "베티도 나처럼 아이가 셋일까?" "그녀도 나처럼 허리케인이 자주 발생하는 시기에 여름 휴가를 갔을까?" "혹시 그녀가 휴가를 가지 않을 때는 소파에 앉아 뜨개질이나 하며 시간을 보내는 은퇴한 사서는 아닐까?" 하지만 누가 알겠는가? 추가 정보를 찾고자 여기저기 더 많은 리뷰를 보지만 당신이 원하는 명쾌한 판단은 절대 내릴 수 없다. 게다가 수많은 옵션과 리뷰들로 피로감만 더 쌓인다. 결국 추가 검색을 포기한 당신은 그중 한 곳을 예약한 후 그곳이 최선의 여행지가 되길 빈다. 하지만 여전히 그게 올바른 결정인지 모르겠고 슬금슬금 후회되기 시작한다.

그러나 고객이 유사품의 바다를 헤치고 구매 결정에 이르게 하는 것
은 보람 있는 일이다. 그렇게 판매자가 고객에게 제품 및 서비스를 평가
하고 구매하는 방법을 제시하는 좀 더 처방적인 접근법을 취하면, 앞선
통계에 급반전이 생긴다. 구매 용이성이 86퍼센트 증가하고 후회가 37퍼
센트 감소하기 때문이다.[10]

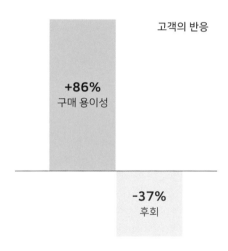

이번에는 휴가지를 선정하려고 번거롭게 온라인 검색을 몇 시간씩
하는 것이 아니라 성수기 가족여행 상품을 전문으로 취급하는 여행사
에 연락한다고 상상해 보자. 여행사 직원은 당신의 니즈와 바람, 제한 조
건을 신중히 듣고는 금세 아주 멋진 여행지 세 곳을 추천한다. 그뿐 아니
라 당신 자녀와 같은 학교에 다니는 아이의 가족이 당신의 계획한 것과

같은 계절에 그중 한 곳에 다녀왔으며 만족도가 아주 높았다는 얘기까지 들려준다. 간편하고 가뿐한 구매 과정에 감탄하고 있던 당신은 정말 탁월한 선택이라 확신하며 당장 그곳을 예약한다.

이런 **처방적 판매자**는 확신을 가지고 솔루션을 판매한다. 그들은 고객에게 명확하고 통찰력 있는 상품을 추천하고 구매 과정에서 다양한 방식으로 사람을 매료시키며 확신을 준다. 또한 고객에게 미래를 제시하고 그들의 구매 과정을 간편하게 만들어 준다. 내가 일했던 세 번째 스타트업인 라이플의 경우에 이는 곧 고객들로 하여금 우리의 솔루션뿐 아니라 그것을 평가하는 과정에 대해서도 이전과는 다르게 생각하도록 만들어야 한다는 것을 의미했다.

앞서 언급한 연례 고과 평가 프로세스와 비슷한 문제로 우리 솔루션을 찾은 고객사가 또 있었다. 그들도 직원들의 업무 참여 문제로 골치를 앓고 있었다. 역설적이게도 고객사는 인적 자원을 아웃소싱하는 회사로 직원들이 직장에서 더 많은 피드백과 코칭 기회를 받을 수 있는 현대적 솔루션을 찾고 있었다. 다만 그들은 전화와 미팅을 통해 솔루션 판매업체를 평가하는 일반적인 방법 대신 제안요청서RFP: Request For Proposal 프로세스를 거쳐 업체를 선정한다고 했다.

용어가 익숙하지 않은 독자들을 위해 설명하자면, 제안요청서 프로세스란 고객사가 구매할 솔루션에서 원하는 일련의 요건들을 서면으로 작성하면 후보 판매업체가 그에 대한 세부 제안서를 고객사에 제출하는 것을 말한다. 이 프로세스는 철저히 계획에 따라 진행되며, 판매업체는 보통 고객의 자원에 접근하기 어렵고, 고객은 특정 업체에 특혜를 주지 않도록 모든 참여업체와 거리를 둔다. 이쯤 되면 다들 충분히 상상할 수 있겠지만, 제안요청서 프로세스는 이것저것 처리할 게 많고 시간 소모도 커서, 판매업체는 보통 제안요청서를 통해 일하기를 꺼린다. 특히 판매업체 사이에서 논쟁거리가 되는 것은 솔루션이 갖춰야 할 일련의 요건들로, 이는 종종 고객사가 제안요청서 양식을 개발할 때 자문을 구하는 특정 업체나 전문가의 영향을 많이 받는다. 이 때문에 한 업체가 부당하게 이득을 보는 경우가 흔히 생긴다. 우리를 찾은 고객사의 제안요청서도 다를 게 없었다.

고객사가 솔루션에서 원하는 요건들은 구식 고과 평가 솔루션의 매뉴얼과 비슷했다. 그 점이 놀라웠던 이유는 고객사와 만난 초기에 짧게나마 나눈 대화에서 그들은 직원들의 참여를 유도하는 이전보다 훨씬 더 혁신적인 접근법을 찾고 있다고 말했기 때문이었다. 뭔가 앞뒤가 맞지 않았다.

제안요청서에 줄줄이 나열된 구식 기능들에 대한 니즈가 어디서 나왔든 간에, 현재의 양식에 그대로 맞춰 RFP 답변서를 제출하는 것은 우리 회사에 맞는 옵션이 아니었다. 우리 소프트웨어는 그들의 요구사항 중 충족할 만한 게 별로 없었고, 그 이유가 얼마나 타당하든 고객사가 원하는 조건은 우리가 추구하는 혁신적인 원칙에 여러모로 위배됐다. 무엇보다 그들이 요구하는 조건에 맞춘다면 그들이 애초에 우리를 찾게 된 사업상 문제는 해결하지 못할 게 뻔했다. 만약 우리가 수동적인 태도로 고객사가 명시한 요구 조건에 최대한 맞춰 대응한다고 해도 어차피 거래를 성사시키지 못할 게 확실했다. 그래서 우리는 그들이 잘못된 방

향으로 계속 나아가게 내버려 두는 대신 강한 확신을 주는 처방적 접근
법을 쓰기로 했다.

일단 우리는 고객사에 우리가 처음 나눴던 대화와 직원의 적극적 참
여라는 난제를 해결하려던 우리의 공통된 바람을 상기시켰다. 그 지점
에서 우리는 외부 대행사가 수행한 조사결과를 근거로 그들이 겪고 있
는 현대적인 문제는 전통적인 솔루션으로 해결하기 힘들다는 사실을 보
여줬다. 무엇보다 고객사의 골칫거리가 그들에게 익숙한 기존의 접근법
으로 간단히 해결될 수 있는 것이었다면, 이미 해결됐어야 했다! 그들
자신도 현대적인 고과 솔루션이 어떤 것인지 잘 몰랐기 때문에 우리가
해야 할 다음 조치는 그들에게 그런 솔루션의 핵심 요소들을 정중하게,
그러나 강한 확신을 가지고 설명하는 것이었다. 그럼으로써 그들이 현재
수행하는 평가 프로세스와의 간극을 직접 확인하게 해야 했다.

나는 고객사와 나눈 대화에서 내가 한 말을 아직도 생생히 기억한
다. "희소식은 귀사가 겪는 문제를 저희가 확실히 해결할 수 있고 기꺼이
돕고 싶다는 점입니다! 저희가 생각하는 진짜 문제는 귀사가 제안요청서
에 명시한 솔루션 조건들로는 그런 쟁점을 해결할 수 없다는 겁니다. 반
면에 우리는 귀사가 제안요청서로 요구하지는 않았지만 꼭 필요한 솔루
션의 핵심 사양을 알고 있습니다." 그 고객사는 자신들을 돕고자 하는
우리의 진정성을 느꼈고 우리에게 기회를 줬다.

그제야 우리는 이미 라이플의 솔루션을 쓰고 있는 페이스북과 픽사
같은 진보적 고객들을 소개했고 그런 기업들이 우리 솔루션으로 똑같은
난관을 어떻게 해결했는지 강조했다. 이윽고 고객사는 계약을 맺기 위해

2 고객의 관심을 끌기 위한 싸움

우리를 다시 찾았다! 그들의 생각은 이제 우리의 철학과 완전히 일치했고, 솔루션 요건을 우리의 현대적 접근방식에 맞게 조정하는 데 동의했다. 우리는 결국 계약을 따냈고 그 회사는 어느새 라이플을 옹호하는 가장 든든한 지원군이 됐다. 모든 건 우리가 그들의 관성과 현상 유지 편향을 무너뜨린 덕분이었다. 우리는 고객이 원하는 솔루션 요건을 재구성해서 유사품의 바다를 헤쳐 나갈 수 있었고, 그럼으로써 바로 혁신적 소수자 영역에 진입할 수 있었다. 처방적 전술의 위력을 입증하는 사례였다.

고객을 현명하게 이끌려면

지금까지 우리는 현대 경제에서 구매자와 판매자 양쪽 모두에 영향을 주는 패러다임을 탐색했다. 또 신세대 구매자들은 강력한 관성과 현상 유지 편향에 따라 행동한다는 사실을 확인했다. 그들은 자신의 구매 여정이 한참 진행되기 전에는 영업 담당자와 마주치고 싶어하지 않는다. 한편, 거의 모든 시장이 수많은 상품 옵션으로 넘쳐나면서 솔루션 제공자들이 유사품의 바다 속에서 길을 잃고 고객의 관심을 얻고자 고군분투하고 있다는 것도 알게 됐다. 이 상황은 현대적 판매 조직들이 성공하려면 고객의 구매 여정 전반에서 고객을 이끌어야 한다는 것을 의미한다.

그렇다고 구매자에게 우리의 솔루션이 그들에게 안성맞춤이라고 설득하거나 확신시키는 장사꾼 특유의 접근법을 쓰라는 뜻은 아니다. 이는 곧 현대의 구매자들이 어떻게 구매를 결정하는지 그 미묘한 차이들을 이해하고 그에 맞게 전술을 사용해야 한다는 뜻이다.

다시 말해, 현대의 판매자가 자신이 구매하는 방식대로 제품을 판매하려면 현대의 구매자가 상품을 구입하는 논리적이고 감정적이고 기능적인 경로를 아주 세세히 파악해야 한다. 다음 장에서는 바로 이런 내용을 탐색할 것이다.

3

구매자의
마음속으로

마법의 질문

내가 정식으로 영업 교육을 받은 것은 사회생활을 막 시작했을 때였다. 그 교육은 B2B 영업에 초점을 맞춘 3일짜리 프로그램으로, 판매 과정이 길고 복잡한 대형 거래 중심의 영업 활동을 주로 다뤘다. 당시 나는 세일즈 엔지니어였다. 솔루션에 대한 기능적, 기술적 전문가로서 우리 솔루션이 시장에서 가장 우수하고 강력하다는 사실을 잠재 고객들이 확인할 수 있도록 돕는 것이 내 역할이었다. 강사는 현명하고 경험이 풍부한 백발의 영업 전문가로 여러 기업과 다양한 판매 상황을 넘나들며 멋진 사례들과 통찰력을 전해줬다. 나는 그 모든 것을 열정적으로 배우고 흡수하고 싶었다.

둘째 날 아침에 강사는 수강생들에게 질문 하나를 했는데, 그 말을 듣는 순간 영업이라는 세계에 대한 내 시각이 송두리째 바뀌고 말았다 (영화 <매트릭스>의 네오가 그랬던 것처럼). 실제로 그 질문과 수강생들의 대답이 너무 인상적이고 통찰이 깊어서 나는 요즘도 내 영업 교육에 참여하는 모든 조직을 대상으로 같은 질문을 던지곤 한다.

"고객이 여러 솔루션을 평가한 후 그중 하나를 구매했을 때, 실제로 그들에게 정말 최선인 솔루션을 구매하는 경우가 얼마나 된다고 생각하세요?"

이 말에 담긴 의미를 독자들이 음미할 수 있도록 질문을 풀어서 써 보겠다.

제품이나 솔루션을 찾는 구매자의 간단한 예를 들어 보자. 보통 구매자는 어느 정도 조사와 검색을 하고(사람에 따라서는 엄격한 선정 과정을 거치기도 하지만), 다음 세 가지 중 하나를 선택한다.

1. 아무것도 하지 않고, 그냥 이전에 하던 대로 한다(현상 유지).
2. 당신의 제품이나 서비스를 구입한다.
3. 경쟁사의 제품이나 서비스를 구입한다.

이번에는 당신이 KPMG나 딜로이트 같은 회계법인에 고용되어 어떤 고객이 내린 결정을 검증한다고 가정해 보자. 당신은 그 고객이나 솔루션 공급업체에 특별한 애착이나 이해관계가 없다. 누가 사업을 따내든 상관없고 고객의 장기적 성공에 투자하지도 않았다. 당신의 임무는 그저 고객이 내린 결정이 정말 그에게 최선이었는지 객관적으로 판단하는 것이다.

그의 결정은 비용과 수익 면에서 적절한 균형을 이뤘는가? 구입한 솔루션이 현재와 가까운 미래에 그에게 필요할 기능적 요건을 모두 갖추고 있는가? 그가 고른 업체는 약속한 결과를 전달할 만한 조직 역량을 갖추고 있는가? 그리고 이 모든 요소를 그에 따른 리스크와 비교한다면 어떤가?

이런 진단을 했을 때, 고객이 당신의 솔루션을 선택했든 아니든, 본인에게 '최선의' 선택을 한 것으로 결론이 나는 경우가 얼마나 될 것 같은가?

이는 속임수성 질문이 아니다!

"정답은 100퍼센트입니다. 왜냐하면 고객은 어떤 솔루션을 구입하든 항상 자신을 위해 최선의 결정을 내리기 때문이죠."와 같은 대답을 듣자고 설계한 질문이 아니라는 뜻이다. 그건 거짓말이니까! 물론 고객은 스스로를 위해 최선의 결정을 했다고 여길지도 모른다. 결국 결정한 건 자신이지 않은가? 하지만 고객이 어떻게 느끼는지는 당신이 신경 쓸 사안이 아니다. 당신의 임무는 객관성을 갖는 것이다. 사실을 말하자면, 사람들은 객관적으로 좋은 결정을 내릴 때도 있고 그렇지 않을 때도 있다.

그렇다면 고객은 얼마나 자주 최선의 선택을 할까? 우리는 이런 일을 처리하는 데 얼마나 많은 시간을 보낼 것 같은가?

답을 고민해 보되 똑같은 질문을 다른 각도에서 생각해 보자. 지난 한 달간 당신이 점심으로 먹었던 모든 음식을 생각해 보라. 푸드 코트에서 순간적으로 내린 결정부터, 아침에 싼 도시락, 그리고 주말에 여유롭게 즐겼던 브런치까지 모두. 그리고 이번에는 환자의 건강과 활력을 돕는 의사 입장에서 생각해 보자. 당신이 지난 한 달간 먹었던 모든 점심 메뉴를 솔직하게 정리한 목록을 당신의 주치의에게 보여준다면 의사는 전체의 몇 퍼센트 정도가 당신에게 최선의 음식이었다고 말할 것 같은가 (여기서 '최선의 음식'이란 식품군, 영양, 칼로리 면에서 올바른 균형을 갖춘 식사를 말한다)?

몇 퍼센트라고?

재밌지 않은가? 또 다른 예를 원하는가? 좋다. 당신의 지인 중 누군가와 진지한 관계에 있는 사람들을 모두 떠올려 보라. 그중에는 상대를 바로 얼마 전에 만난 사람도 있고, 결혼생활을 한 지 수년이 된 사람도 있을 것이다. 그건 중요치 않다. 그들의 관계를 떠올리면서 각각의 지인이 과거에 파트너로 삼을 수 있었던 다른 모든 사람을 생각해 보라. 그리고 스스로에게 질문해 보라. 자신에게 천생배필인 최고의 파트너를 선택한 비율은 얼마나 될까?

나는 이 질문(특히 첫 번째 질문)을 지난 몇 년간 내 강의를 듣는 수백의 영업인에게 했다. 이 질문이 강력한 훈련이 되는 이유는 판매자가 철저히 구매자의 입장에서 그들이 내린 결정을 검토하고, 구매 결정에 작용하는 여러 요인을 고려해서 결과를 납득할 수 있기 때문이다. 놀라겠지만, 이 질문에 그들은 보통 20~40퍼센트 정도의 답을 내놓는다!

이것은 객관적으로 말해서 구매자 대부분이 구매 결정을 할 때 자신을 위한 최선의 결정을 내리지 않는다는 것을 의미한다. 더 놀라운 사실은 이 결과가 구매자가 당신의 솔루션을 선택한 경우에도 똑같이 적용된다는 점이다!

그럼 자연스레 이런 질문이 나올 것이다. 우리가 대부분 자신을 위해 객관적으로 '최선'의 결정을 내리지 않는다면 우리는 대관절 무엇을 근거로 결정을 내리는 걸까? 우리는 허황된 약속과 거짓 정보를 바탕으로 결정을 하는 걸까? 아니면 그저 가용할 수 있는 한정된 정보를 가지고 '최선의 추측'을 하고 있을 뿐일까?

알려진 바에 따르면, 인간은 주로 한 가지를 토대로 결정을 내린다.

바로 감정이다.

인간이 가진 편향들

인간으로서 우리가 내리는 결정은 우리 마음속 경로에 단단히 자리 잡은 감정을 바탕으로 이뤄진다. 교통량이 많은 길에 패인 홈처럼 이런 감정의 경로는 학습된 행동, 생각, 경험을 통해 형성된다. 그리고 시간이 지나면서 우리가 무엇인가를 더 빨리 결정할 수 있게 한다. 안타까운 일은 이런 감정의 경로가 비논리적이고 비합리적인 결론을 내는 지름길이 되기도 한다는 것이다(게다가 자주 그렇다). 말하자면 우리 모두는 가용할 수 있는 정보와 의견을 바탕으로 결정한다. 하지만 각자가 지닌 경로가 다르기에, 우리가 정보를 해석하는 방법은 사람마다 다르다. 이렇게 고도로 개인화된 해석을 **인지 편향**cognitive bias이라 하는데, 똑같은 현실을 사람마다 다르게 해석하는 이유도 이 때문이다. 그리고 이런 인지 편향으로 인해 우리가 내리는 결정은 종종 논리와 이성을 벗어난다.

가령 매년 열리는 아카데미 시상식에서 배우들은 세계 최고의 디자이너들이 그들의 몸을 손수 재고, 입혀 보고, 특별히 제작한 고급 오트 쿠튀르 패션을 차려 입고 우아하게 레드카펫에 등장한다. 하나같이 업계 최고의 전문가들에게 헤어와 메이크업을 받고는 자신의 모습이 아주 근사하리라 믿으며 행사장으로 향한다. 저마다 무도회의 주인공이라도 된 듯 끝내 주는 모습이다. 그렇게 각고의 노력을 기울였지만, 다음날 아침이 되면 많은 스타들이 '최악의 아카데미 패션' 명단에서 자신의 이름을 발견한다! 완벽한 레드카펫 패션을 연출하기 위해 시간과 노력, 관심, 돈까지 쏟아부었는데, 어떻게 그렇게 상반된 결과를 낼 수 있을까?

현대의 상거래 세상에는 이런 엇갈린 현실을 만드는 다양한 인지 편향이 말 그대로 수십 가지는 존재한다. 그리고 앞으로 이어질 장에서 우리는 다양한 편향들을 살펴볼 것이다. 예컨대 **확증 편향**confirmation bias은 자신의 선입견을 확인하는 방식으로 정보를 검색하고, 해석하고, 집중하고, 기억하려는 경향을 말한다. **최신 편향**recency bias은 오래전에 일어난 일보다 최근 일어난 일을 지나치게 중요시하는 현상이다. **밴드왜건 효과**bandwagon effect는 다른 사람들이 하는 행동이나 믿음을 그대로 따라하려는 경향을 설명한다. 그리고 앞서 2장에서 관성을 다루면서 설명한 **현상 유지 편향**status quo bias은 비교적 같은 것을 그대로 유지하려는 성향을 말한다. 예를 들자면 고장 나지 않는 한 고치지 않는다는 식이다.

이런 편향들이 보통 어떻게 나타나는지 알고 싶다면 사람들이 매년 독감철에 바이러스 백신을 맞을 것인지를 두고 내리는 결정을 생각해보자. 공중보건 단체들은 인플루엔자로 인한 합병증이 특히 노인이나 어린아이에게 심각할 수 있다는 점에서 백신을 접종하라고 권한다. 부작용도 거의 없고 비용도 얼마 안 드는 데다 미국 질병 통제 예방센터에 따르면 독감에 걸릴 확률을 40~60퍼센트나 낮출 수 있다고 하는데도 왜 백신 접종을 하지 않는 사람이 생기는 걸까?[1] 게다가 미국인의 절반 정도가 그런 선택을 한다.

백신 접종을 하지 않는 사람들은 갖은 방식으로 자신의 결정을 합리화한다. 지난 몇 년간 오히려 백신을 통해 독감에 옮지 않을까 걱정을 했다거나, 지난 주에 친구의 친구 옆집 사람에게 때맞춰 일어난 '이야기'를 걸고 넘어가는 식이다[최신+확증 편향]. 또 자기 주위에는 독감 백신을 맞는 사람이 없어서 자기도 맞지 않았다고 하는 사람도 있을 것이다[밴드왜건 효과]. 그리고 지난 30년간 독감 백신을 맞지 않고도 한 번도 독감에 걸리지 않았는데 이제 와서 굳이 왜 접종을 하겠느냐는 말로 백신에 대한 관심 부족을 정당화할 수도 있다[현상 유지 편향].

인간의 마음속에 이런 심리적 지름길들이 놓여 있음에도, 때로는 입력되는 정보들을 객관적으로 고려해서 논리적이고 합리적인 결정에 이를 때도 있다. 그렇다 할지라도 우리가 내리는 결정은 입력되는 정보를 우리가 어떤 감정을 갖고 어떻게 해석하느냐에 좌우된다.

가령 영업 담당자인 당신이 직장에서 굉장히 길고 힘든 하루를 보냈다고 가정해 보자. 월말이 코앞인데 아직 이번 달 판매목표를 채우지 못했고, 상사는 가능한 모든 거래를 성사시키라며 당신을 압박하지만 안타깝게도 당신 앞에는 초라한 거래 실적이 놓여 있다. 퇴근한 당신은 혼자서 이렇게 중얼거린다.

"와, 정말 힘든 하루였어! 이런 날에는 (   ) 정도는 누려도 되잖아!"

당신이라면 빈칸을 무엇으로 채우겠는가?

샐러드? 요가 수업? 아니면 마음의 평화를 찾아 주는 30분짜리 명상? 대부분 이보다는 더 달콤한 무언가를 넣었으리라 믿어 의심치 않는다. 예를 들면 맥주나 와인 한 잔, 아니면 맛있는 피자나 치즈 버거 같은. 왜 그럴까? 술이나 피자 같은 것들은 엄밀히 말해 생리학적으로 그렇게 유익한 선택이 아니다. 하지만 역사적으로 스트레스 가득한 하루가 초래한 정서적 불균형을 바로잡는 데는 그런 자기 탐닉적인 선택이 효과가 더 좋은 것으로 입증되어 왔다. 그래서 의사결정 경로도 그렇게 형성된 것이다. 모든 유형의 감정과 편향을 우선하고 강화하는 경로이자 논리적 타당성과 상관없이 당신이 재빨리 기억하고 행동으로 옮기는 경로 말이다.

다행히 구매자로 가득한 세상에서, 현대 행동과학의 발전은 이런 의사결정 경로들을 해석하고 그 결과에 맞춰 우리의 판매 활동을 조정하는 데 도움을 준다. 이제 매트릭스가 모습을 드러내기 시작한다!

의사결정의 과학

2002년 노벨경제학상 수상자이자 작가인 대니얼 카너먼Daniel Kahneman은 자신의 베스트셀러인 《생각에 관한 생각》에서 판단을 형성하고 결정을 내리는 두 가지 사고 시스템을 개괄적으로 설명한다. 첫 번째는 '빠른' 시스템으로 자동적이고 본능적인 판단이 특징이다. 2+2의 답을 계산하거나, 갑자기 들리는 소리의 출처를 찾거나, 외국에 있을 때는 한밤중에 낯선 동네의 어두운 골목을 걷지 않는 것 모두 '**빠르게 생각하기**fast thinking'의 예이다.

두 번째 시스템은 느리고 신중하다. 좀 더 복잡하고 집중력이 필요하다. 이 시스템은 지각과 통제력을 바탕으로 내려지는 결정을 관할한다. 이런 선택들은 논리와 이성에 근거하고 개인의 성격을 참작해서 내려진다. 예를 들어 연말정산 양식을 채울 때, 놀이터에서 놀고 있는 많은 아이들 중 당신의 자녀를 찾을 때, 혹은 배우자의 상사를 만난 자리에서 행동을 조심하는 것은 모두 '**느리게 생각하기**slow thinking'를 통해 내려지는 결정이다.

　우리의 생각과 행동을 지배하는 것은 고도로 진화된 시스템 2라고 여기기 쉽지만, 사실 우리의 일상생활을 지배하는 것은 시스템 1이다! 이는 우리의 두뇌가 지름길을 좋아하기 때문이다. 정신적 에너지를 아끼고 스스로 안전을 보장받기 위해 재빨리 답을 얻도록 돕는 지름길 말이다. 시스템 1은 주인의 다리를 발랄하게 뛰어오르는 치와와처럼 자동적으로 실행되며 시스템 2에게 제안할 의견들을 끊임없이 내놓는다. 카너먼이 책에서 설명했듯이 인상, 직관, 의도, 감정이 퍼부어지는 셈이다. 시스템 1은 끊임없이 궁금해한다. "이게 괜찮을까? 이게 정상이야? 이건 좀 더 제대로 살펴봐야 하는 거 아냐? 내가 여기에 더 신경 써야 하나, 아니면 이대로도 괜찮아?" 가끔 시스템 1이 솔루션으로 가는 길을 쉽게 찾지 못할 때 비로소 시스템 2가 출동한다. 가령 2+2는 대부분 아무 노력 없이 구할 수 있지만 17×23처럼 좀 더 복잡한 곱셈이 주어지면 대다수 사람들의 시스템 1이 그 임무를 완수하지 못할 것이다.

　다행히 일이 순조롭게 흘러가는 대부분의 시간에는 시스템 2가 주의를 기울이지 않아도 된다. 그런 상황에서 시스템 2는 시스템 1이 제안하는 것을 거의, 혹은 전혀 개입하지 않고 채택하고 지지한다. 실제로 시스템 2는 게을러서 가능한 노력을 적게 하면서 옆에서 구경하는 쪽을 선호한다. 시간이 흐르면서 시스템 1이 경험을 쌓아 채운 자료실이 확장되어, 더욱 빠르게 결정을 내리고 판단하는 데 도움을 준다. 인간 행동의 효율성을 높여주는 셈이다. 하지만 그와 동시에 흥미로운 현상이 발생한다. 시스템 1에서 논리적이지도 않고 객관적인 현실을 반영하지도 않는 경로가 하나씩, 그것도 꽤 자주 생겨나서는, 우리의 결정이나 행동이 별다른 검토 없이 슬쩍 관문을 통과하는 것이다! 물론 그 경로들이 특별히 해롭거나 파괴적인 경우는 거의 없다. 하지만 이런 경로들은 우리 안에 단단히 자리 잡고, 사적인 영역이든 비즈니스 영역이든 간에 적절한 주의와 관심을 가지고 결정을 검토하는 인간의 능력을 변형시킨다.

예를 들어 당신이 자주 다니는 도로의 제한 속도가 시속 55마일인데, 그간 시속 70마일로 수백 번이나 안전하게 운전해 왔다고 치자. 그러다 당신의 차에 처음으로 동승한 누군가가, 당신이 제한 속도보다 너무 빨리 달린다며 속도를 좀 줄이라고 권한다. 이런 일을 겪어도 나중에 그 도로를 다시 달리게 되면 당신은 곧바로 예전 습관으로 돌아가 이미 몸에 밴 운전 속도로 달릴 가능성이 크다.

고정관념도 정확히 같은 방식으로 작용한다. 의미상 고정관념은 일반화를 말하지만 이는 사실 정확한 정의가 아니다. 예컨대 모든 남성은 스포츠 관람을 좋아한다는 고정관념을 생각해 보자. 사실 많은 남성들이 스포츠 경기를 즐겨 보지만 모든 남성이 그런 것은 아니다. 아니면 1장에 나왔던 사례를 다시 한번 들어 보자. 대부분의 구매자들이, 판매자는 상대를 너무 몰아붙이고 자기 잇속만 챙긴다는 인식 때문에 그들과 대화하기를 꺼린다고 했었다. 물론 모든 판매자가 그렇지는 않을 것이다(당신도 그렇지 않기를 바란다!). 하지만 그런 일반적인 감정은 수년간 그런 인식의 경로를 형성한 이야기, 사례, 행동에 기인한다. 시스템 1은 자동으로 작동하고 작동 버튼이 절대 꺼지지 않으므로, 사실상 결함이 있을지라도 우리의 행동을 지배하는 감정과 결정을 종종 일으킬 것이다.

이런 사실이 현대의 구매 세상에서는 무엇을 의미할까? 솔루션을 알리는 메시지 개발부터 발견, 고객의 이의 처리 그리고 협상에 이르기까지 우리의 두뇌는 실제로는 감정과 충동으로써 정해진 패턴에 의해 추진되는 결정들이 논리적으로 보이도록 우리를 속인다. 이전 단락에서 의사결정의 타당성을 검증하는 일을 다뤘을 때, 우리가 대부분의 경우에 자기 자신이나 회사를 위해 '최선'의 결정을 내리지 않는 것도 바로 이 때문이다('최선'이 가장 논리적이고 통계적으로 유익하다고 정의했을 때). 그리고 놀랍지만 우리는 보통 그런 결정이 불행하다고 느끼거나 후회하지 않는다. 예를 들어 어떤 비즈니스 문제에 대한 일련의 솔루션이 제시됐을 때, 우리는 상황에 더 잘 맞는 이상적인 솔루션이 있는데도 가장 값비싸거나 가장 유명한 회사의 상품을 구매했을 때 더 안심하게 된다.

이는 우리의 목표가 더 많은 잠재 고객을 가능한 마찰 없이 고객으로 전환하려는 것이라고 할 때, 먼저 구매자의 마음속에 있는 가장 보편적이고 자동적인 의사결정 경로를 살펴봐야 한다는 것을 의미한다. 그래야 영업 활동을 고객이 실제로 구매하는 방식에 더 잘 맞출 수 있다.

당신이 알고 있던 가치는 전부 잊어라

라스베이거스 한복판에 위치한 파리스 호텔Paris hotel의 르 버거 브래서리Le Burger Brasserie라는 레스토랑은 프랑스식 햄버거, 특히 777 버거로 유명하다. 이곳을 찾는 고객들은 777달러라는 '할인가'에 고베산 쇠고기 패티에 판체타 베이컨, 염소치즈, 구운 푸아그라, 루콜라, 메인산 바닷가재, 100년 된 발사믹 식초, 그리고 돔 페리뇽 샴페인 한 병을 즐길 수 있다. 어떤 식으로 봐도 이 메뉴는 터무니없으며, 특히 이 식당이 777달러보다 98퍼센트나 저렴한 14달러짜리 일반 햄버거를 판매한다는 점에서 777 버거는 메뉴에서 없애는 게 타당하다.

그럼에도 불구하고 이 메뉴는 존재한다. 그리고 손님들이 실제로 주문도 한다.

이 사실이 당혹스러운 이유 중 하나는 비즈니스 세계에서 모든 가치 있는 투자는 그에 걸맞고 측정 가능한 재무적 보상을 기대하기 때문이다. 만약 그렇다면 777 버거는 정신이 제대로 박힌 사람이 주문할 만한 어떤 측정 가능한 보상이 있는 걸까? 이 질문은 판매자들이 자신의 솔루션을 포지셔닝할 때 저지르는 가장 큰 실수 하나를 보여준다. 바로 **투자자본수익률**ROI: return on investment과 가치를 서로 혼동한다는 점이다!

투자자본수익률(이하 ROI)은 어떤 결정의 금전적 효율성을 보여주는 통계 지표이다. 상품이나 서비스를 구매할 때 ROI를 계산하는 목적은 거기에 투입된 비용에 대한 투자 수익을 직접 측정하기 위해서다. 가령 내가 1만 달러를 주고 구입한 소프트웨어 솔루션이 1년에 2만 달러씩 비용을 절감시켜 준다면 그 솔루션은 ROI가 높다고 할 수 있지만, 비슷한 가격의 솔루션이 1년에 1,000달러의 절감 효과만 있다면 대부분 ROI가 낮다고 할 것이다.

구매자와 판매자는 ROI가 구매 결정의 가치를 평가하는 확실한 방법이라고 믿기 때문에 자연스레 ROI를 자주 논한다. 영업인도 고객 상담을 할 때면, 최고 수준의 고객이 누리는 수익과 혜택을 보여주는 이야기와 수치로 무장한다. 보통 이런 대화는 비용 절감과 수익 개선에 초점을 맞춘다. 고객들도 해당 솔루션을 구매하는 게 과연 합리적인 행위인지 확인하고자 판매자가 하는 ROI 설명을 열심히 듣고 검증한다.

그런데 문제가 있다. 앞장에서 확인했듯이 사실 우리는 상품을 이런 식으로 구매하지 않는다! 실제로 보면, 구매자로서 우리는 우리가 비용을 지불하고 구입하는 상품이나 서비스의 모든 측면을(상품에서 얻는 현금성 수익과는 전혀 관계없는 것들을 포함해서) 가치 있게 여긴다.

믿지 못하겠는가? 그럼 당신이 힘들게 번 여윳돈으로 무언가를 구입했을 때를 떠올려 보자. 근사한 식당에서 저녁식사를 했거나, 비디오게임을 샀거나, 귀한 우표를 수집용으로 구입했을 수도 있다. 또 최신 전자기기나 전자제품을 구입한 사람도 있을 것이다. 아니면 여행이나 콘서트, 퍼포먼스 감상 같은 경험에 돈을 아끼지 않는 유형도 있을 것이다. 그 구매 결정에 따른 ROI를 말해 줄 수 있는가? 아마 어려울 것이다! 솔직히 말해 그런 식의 투자에도 ROI가 있다는 것을 당신이 믿을지 모르지만, 어느 정도는 사실이다. 예를 들어 당신이 신용카드로 구입한 최신 스마트폰은 더 큰 메모리와 더 빠른 프로세서가 장착돼 있어 당신의 업무 역량을 더 높여줄 수 있다. 그리고 추운 겨울에 카리브해로 크루즈 관광을 떠나면 스트레스가 확 풀리면서 창의성과 건강에 도움이 될 수도 있다. 그러나 구매자들이 설령 높은 ROI에 가치를 느낀다 할지라도 그런 이유가 상품을 구매하는 결정적인 동기가 되는 경우는 드물다.

가치

ROI

당신이 최신 스마트폰을 구입하는 이유는 최첨단 기술을 사용할 때 드는 기분에 가치를 두기 때문이다. 카리브해로 크루즈 관광을 떠나는 이유도 당신이 가족과 보내는 시간에 가치를 느끼지만, 일이 바빠 그런 시간이 충분하지 않다는 것을 알기 때문이다. 일부 중년 남성들이 스포츠카를 구입하는 것은 쿨하고 젊은 느낌에 가치를 부여하기 때문이다. 그리고 생명보험에 가입하는 것은 자신에게 무슨 일이 생기면 가족이 보험금을 받을 수 있다는 사실에서 느껴지는 안전함에 가치를 두기 때문이다. 사실상 이런 대다수의 결정을 유도하는 것은 객관적인 ROI가 아니라 구매 가치를 둘러싼 주관적인 감정들이다.

이런 구매자들의 행동을 해석하기 위해 시장 조사 회사인 모티스타 Motista의 연구원들은 고객이 어떤 회사에 대해 갖는 잠재적 친밀감을 나타내는 중요한 지표가 되는 '**정서적 동인**emotional motivators'들을 발견했다.[2] 실제로 가치에 대한 지표가 되는 이런 정서적 동인들은 브랜드 인지도와 고객 만족도 같은 **핵심 구매 감정**key buying sentiment을 끌어내는 데 무엇보다도 강하게 작용했다. 고객의 행동을 유도하는 정서적 동인은 수백 개가 있다고 알려져 있지만, 해당 연구에서는 조사한 모든 상품 범주에 걸쳐 고객 가치를 가장 많이 높이는 동인을 다음 10가지로 정리했다.

정서적 동인	브랜드가 각 동인을 통해 고객을 끄는 방법
군중 속에서 돋보이기	독특한 사회적 정체성을 투영하라. 특별한 존재로 보이게 하라.
미래에 대한 자신감 갖기	미래가 과거보다 낫다는 인식을 심어 줘라. 다가올 것들에 긍정적 이미지를 갖게 하라.
행복감 누리기	기대에 부응하며 균형을 이뤘다는 느낌을 부여하라. 갈등이나 위협이 배제된 스트레스가 없는 상태를 추구하라.
자유로움 느끼기	책임감이나 제약 없이 독립적으로 행동하게 하라.
스릴감 느끼기	본능적이고 압도적인 즐거움, 흥분을 경험하게 하라. 흥미롭고 즐거운 행사에 초대하라.
소속감 느끼기	관심이 있거나 닮고 싶어하는 사람들과 교류하게 하라. 그들과 같은 집단의 일부라고 느끼게 하라.
환경 보호하기	환경이 신성하다는 믿음을 가져라. 주위 환경을 개선하는 조치를 취하라.
이상적인 사람 되기	자기계발에 대한 욕구를 지속적으로 충족시켜라. 이상적인 자아상을 위해 노력하게 하라.
안전감 느끼기	오늘 가진 것이 내일도 그곳에 있다는 것을 믿게 하라. 아무 걱정 없이 목표와 꿈을 추구하게 하라.
성공적인 삶 일구기	의미 있는 삶을 살고 있다고 느끼게 하라. 재무적, 사회경제적 척도 이상의 가치를 찾게 하라.

연구는 한 대형 은행의 사례를 드는데, 그들은 밀레니얼 세대 고객층과 정서적 유대를 형성하기 위해 신용카드를 도입했다. 표적 고객의 가치와 연계한 은행의 노력으로 밀레니얼 고객의 은행 이용률은 70퍼센트, 신규 계좌 개설률은 40퍼센트나 증가했다. 소비재 영역에서는 유명 가정용 세제 제조사가 고객과 정서적 유대를 극대화하기 위해 기획한

제품 광고 캠페인을 시작하자 고꾸라졌던 시장점유율이 1년 만에 뒤집힌 것은 물론 매출 성장률이 두 자릿수대로 진입했다. 또 전국에 판매망을 가진 한 의류 소매업체는 정서적 유대감을 중시하는 고객 집단에 초점을 맞춰 새로운 구매 경험을 제공했고, 그러자 점포별 매출 성장률이 3배 이상 치솟았다.

따라서 매출과 수익성을 높이고 싶다면 영업 담당자와 기업 모두 이런 정서적 동인들을 인식하고 영업과 마케팅 활동에 반드시 활용해야 한다.

감정이 논리를 속이는 방법

이런 인상적인 성과는 잠시 접어 두고, 우리가 ROI가 아니라 가치 있는 감정들을 바탕으로 구매를 하거나 결정을 내린다는 이야기로 돌아가 보자. 그렇다고 객관적인 ROI가 우리의 구매 결정에 아무 역할을 하지 않는다는 뜻은 아니다. 당연히 영향을 미친다. 그러나 당신의 예상과는 다른 방식으로 그 역할을 수행한다. 우리 뇌의 의사결정 과정이 객관적인 ROI보다 주관적인 가치를 우선시하는 것은, 시스템 1과 시스템 2의 경로가 교차하는 지점에서 작용하는 온갖 인지 편향 때문이다.

예컨대 당신이 몇 년간 신중하게 계획하고, 예산을 짜고, 분별력 있는 경제 생활을 한 끝에 줄곧 꿈꿔왔던 근사한 유럽 여행을 떠날 만큼 돈을 모았다고 생각해 보자. 당신은 휴가 몇 달 전부터 부지런히 예약하기로 하고, 파리 왕복 항공권에 예산 800달러를 할당해 놨다. 출발 날짜에 가까워질수록 항공권 가격이 치솟는다는 것을 알기 때문이다. 검색하다 보니 파리 왕복 일등석 항공권은 무려 3,800달러나 된다. 일등석에서 하늘을 나는 기분이야 당연히 환상적이겠지만 그런 큰돈은 당신의 여행 예산에서 한참 벗어나 있다.

그런데 여행을 떠나기 며칠 전 당신에게 마법 같은 일이 벌어진다. 항공사로부터 600달러만 더 내면 이코노미석을 일등석으로 업그레이드할 수 있는 특별한 기회를 선사하겠다는 이메일을 받은 것이다. 180도로 펼쳐지는 침대에 고급스러운 리넨 침구, 개인 슬리퍼에 도톰한 잠옷, 게다가 고급 요리에 엄선된 와인과 샴페인, 큼직한 개인용 TV 스크린에 노이즈 캔슬링 기능을 갖춘 헤드폰까지, 이 모든 최상의 경험을 파리를 오가면서 두 번이나 누릴 수 있다.

당신이라면 어쩌겠는가? 사실 당신의 여행 예산에 그 정도의 추가 경비는 없었다. 하지만 대서양을 횡단하는 길고 고단한 비행 여정의 일등석 항공권이라니!

당신의 머릿속에서는 두 시스템이 아마 이런 식의 교류를 할 것이다.

시스템 1 모든 건 경험이 전부라고. 국제선 비행기 일등석에 타는 것만큼 근사한 여행이 어딨겠어! 이 정도의 대박 업그레이드는 인생에 남을 추억이 될 거야. 문제는 원래 예산보다 600달러를 더 써야 한다는 건데… 시스템 2, 네 생각은어때?

시스템 2 그러게. 생각했던 예산을 훌쩍 넘어가지만 네가 정말 원하잖잖아? 그리고 그 정도 비용은 여행 이후에 좀 더 허리띠를 졸

라매거나 여행 중에 계획했던 액티비티에서 비용을 좀 줄이면 어느 정도 메꿀 수 있을 거야.

시스템 1   정말? 그거 좋은 생각이네!

시스템 2   원래 항공권을 예약하려 했을 때 일등석 가격이 3,800달러였어. 그렇게 보면 1,400달러라는 큰돈을 할인받는 셈이야. 이렇게 좋은 조건이 어딨겠어? 네가 좋아하는 특가 아니야?

시스템 1   들을수록 말이 되네. 이건 놓치는 놈이 바보야. 일등석으로 결정하자고!

업그레이드가 결정됐다.

방금 무슨 일이 벌어졌는지 눈치챘는가? 시스템 1이 자동으로 반응하며 결정에 크게 활약했다. 시스템 2도 의도적으로 관여했지만 논리가 편향에 부딪혔고, 이내 시스템 1의 영향을 받았다. 시스템 1은 업그레이드 소식에 신나 자신의 결정을 정당화하는 방향으로 시스템 2의 논리를 유도했다. 하지만 그 논리에는 결함이 있었고 강한 확증 편향이 작용했다. 구매자는 나중에 더 절약하면 된다는 생각으로 현재 수중에 없는 돈을 쓰는 부담을 덜었는데, 이는 원래는 훨씬 더 비싼 상품을 상당한 할인가에 제공받는다는 느낌도 마찬가지다. 실제로 현대의 판매 세계에서 많은 구매자들은 상품의 실제 가격이 얼마인지 충분히 고려하지 않고 무조건 할인을 통해 구입하면 '좋은 거래'라고 인식하며 가치를 느낀다. 이런 구매자를 보통 '할인 추종자bargain hunter'라고 부른다.

이 이야기가 낯설지 않고 남일 같지 않다고 해도 겸연쩍어 할 필요는 없다. 이게 당신의 구매 방식이다! 받아들여라! 사실 대다수의 사람이 이런 식으로 상품을 구입한다.

ROI 패러독스

내가 세 번째 스타트업에 들어간 초창기, 회사 고객 중에는 당시 빠른 성장세를 보이던 대형 소프트웨어 회사의 인사팀 임원이 있었다. 그녀는 1년에 한 번씩 하는 고과 평가 프로세스가 조직의 주축인 밀레니얼 세대 직원들이 원하는 지속적인 피드백과 코칭에 부응하지 못한다는 사실을 알게 됐다. 그녀는 직원들의 참여와 성과를 자발적으로 높이는 우리 회사의 새로운 접근방식을 굉장히 좋아했고, 계약을 서둘렀다. 하지만 풀어야 할 숙제가 있었다. 바로 회사의 CEO였다. 그는 여러 사업체를 키우고 매각한 경험이 있는 베테랑 기업가였다. 그에게는 숫자가 중요했고 그만큼 투자에 매우 신중했다. 그녀는 CEO를 설득하려면 빈틈없는 비즈니스 사례가 필요하다며 우리에게 도움을 요청했다.

"완벽하군!" 우리는 생각했다. 우리 회사의 솔루션이야말로 오랫동안 여러 기업이 지속해 온 오래된 연말 고과 평가라는 과정에 대한 새롭고 혁신적인 대안이었으므로, 앞으로 더 많은 기업과 경영진이 우리에게 ROI에 기반한 비즈니스 사례를 제시해 달라고 요청할 것이 확실했다. 그래서 우리는 이 기회에 엑셀로 완벽한 ROI 계산 모델을 만들고, 더불어 우리 솔루션을 통해 회사가 누릴 기회들을 맥락에 맞게 정리한 근사한 보고서 하나를 만들어 놓기로 했다. 단순한 설득 자료가 아니라 철저하고 종합적인 분석을 바탕으로 한 비즈니스 사례 말이다. 상황은 분명했다. 이런 툴에는 시간과 자원을 투자해도 분명 보상이 있을 것이라 믿었다.

우리는 인터넷을 샅샅이 훑어 회사 솔루션의 가치를 입증하는 연구 결과와 데이터, 업계 통계 자료를 구했다. 그리고 확실히 거래를 따낼 수 있게 자신감 넘치고 전문적인 수십 장짜리 보고서를 만들었다. 또 고객사 담당자를 통해서도 보고서에 실린 숫자와 가정을 검증하면서 우리의 ROI 모델을 신중하게 조정해 나갔다. 그 결과 회사 솔루션의 ROI를 담은 빛나는 기념비가 탄생했다! 어떻게 됐을까? 고객사의 CEO는 우리 솔루션의 구입을 승인했고 마침내 거래가 성사됐다. 하지만 우리의 승리는 비즈니스 사례에 담긴 자료와 내용 때문이 아니었다.

물론 사례 자체는 탄탄했지만 ROI 분석에 들어간 참고 자료나 가정이 전혀 나무랄 데 없다고 자신하기는 어려웠을 것이다. 사실 고객사 CEO를 설득하는 데 결정적 역할을 한 것은 비즈니스 사례를 만드는 과정에서 우리가 보여준 자신감과 확신이었다. 즉, CEO는 우리의 접근방식을 보면서 우리와 함께 해도 좋겠다는 긍정적인 느낌을 받았고, 그래서 거래가 성사됐던 것이다. 놀랄 일도 아니다. 이미 확인했듯이 우리의 구매 결정도 정확히 이런 식으로 이뤄진다.

알다시피, 원시 두뇌의 주된 목적은 우리를 보호하고, 우리를 안전하게 하고, 고통과 위험을 피하는 결정을 내리는 것이다. 제아무리 탄탄한 ROI 계산과 비즈니스 사례를 들이밀어도 고위 경영진의 의사결정 경로 또한 이런 식으로 움직인다. 결정은 대개 합격/불합격이라는 이분법을 따른다. 즉 데이터, 가정, 비용, 복잡한 분석, 증거, 포지셔닝 모두가 다음 한 가지 질문으로 귀결되는 것이다. 고객이 이걸 어떻게 느낄까? 결국 고객의 시스템 1이 그 결정이 가장 안전한 것 같다는 것을 확인해 주기만 하면(고객이 본인에게 객관적으로 '최선'인 솔루션을 구입하는 경우가 드물다는 사실을 기억하라), 모든 노력은 성공으로 이어진다. 그렇지 않으면 기회를 잃거나 당신의 적합성을 검증하려는 더 많은 이의와 시도에 부딪친다. 여기서 하나 이상을 실패하는 순간 당신에 대한 고객의 신뢰는 투자라는 결정에서 미끄러져 무너지기 시작한다.

이해를 돕기 위해 묘사하자면, 그 CEO의 마음속에서는 두 시스템이 아마 이런 식의 상호작용을 했을 것이다.

시스템 1 나는 재무적으로 타당하지 않은 무언가를 구매하는 게 싫어. 시스템 2, 여기 좀 봐. 이 숫자들이 말이 되나?

시스템 2 글쎄, 이 업체가 조사를 꽤 한 것 같긴 하군. 참고한 데이터도 믿을 만한 곳에서 인용한 것 같거든. 우리 회사 임원들과 얘기를 나눈 다음에 우리 회사에 맞는 지표와 가정을 가지고 상당히 방대한 엑셀 모델과 사례 자료를 준비했더군.

시스템 1 예전에 당연한 과제도 제대로 안 해서 우리를 분통 터지게 한 업체들을 생각하면, 이 내용은 아주 그럴싸해! 여기 제시된 투자 회수 기간은 자네 생각에 합리적인가?

시스템 2 그럭저럭. 이 사람들은 8개월 후면 ROI가 나올 거라고 하는군. 좀 공격적으로 보이긴 하지만… 16개월 후에 ROI를 달성한다고 해도 괜찮지 뭐.

시스템 1 그렇다면 승인하겠네!

이후 6년 동안 우리는 거의 동일한 솔루션을 비슷한 고객사 수백 곳에 팔았다. 그럼 우리의 근사한 ROI 툴은 몇 번이나 더 사용됐는지 아는가? 단 한 번이었다! 사례를 뒷받침하는 연구자료, 데이터, 증거들도 타당했지만 그런 경험을 처음 한 이후로는 새로운 고객을 얻는 데 필요한 자신감과 확신을 제공해 주는 효과적인 서사를 지속적으로 활용할 수 있었기 때문이다.

확실히 하자. ROI 통계와 비즈니스 사례의 중요성이 현대의 판매 세계에서 눈요깃거리나 겉치레 수준으로 줄었다는 말이 아니다. 솔루션의 사업적 가치를 빈틈없이 전달하고 방어할 수 있는 능력은 분명 중요하다. 실제로 많은 대기업이 구매 프로세스에 이런 절차를 엄격하게 요구한다. 하지만 이보다 더 눈여겨볼 점은 이런 툴의 일차적이고 중요한 역할은 어떻게든 수익성을 증명하는 것보다 믿을 만한 자신감과 확신을 전달하는 데 있다는 사실이다. 고객이 그런 비즈니스 사례를 꼼꼼히 살피고 관련 지표나 의견이 타당한지 따져 봐야 하는 것도 그런 이유에서다. 만약 그렇지 않다면 시스템 2는 시스템 1에게 '불합격' 판결을 내릴 테고, 그것으로 당신의 판매 과정은 중단될 것이다.

5장에서 메시지의 효과를 높이는 방법을 논의할 때 확인하겠지만, 확신은 고객의 관성을 타파하는 데 큰 설득력을 발휘한다.

ROI에 대한 참고사항:
"하나만…" 식의 비즈니스 사례 피하기

많은 판매업체가 고객이 투자한 것에 대해 하나라도 보상을 받으면 투자 가치가 있다는 생각으로 비즈니스 사례를 전망한다. 가령 자신의 솔루션에 대한 구매 결정을 합리화하기 위해 이런 말을 하는 업체가 있다. "만일 저희 솔루션을 통해…

아주 유능한 인재를 한 명만 고용할 수 있으면,

퇴직하려는 직원을 한 명만 막을 수 있다면,

고객을 한 명만 더 확보할 수 있다면,

구독을 취소하려던 고객을 한 명이라도 막을 수 있다면,

보안 침해 행위를 한 건만이라도 방지할 수 있다면,

… 투자할 가치가 있을 겁니다."

이런 접근법의 기본 취지는 모든 변수 및 검토 사항을 고객이 쉽게 이해할 만한 핵심 영역 하나로 좁혀서 비즈니스 케이스를 단순하게 만드는 것이다. 상대가 바로 이해할 수 있도록 말이다.

인간의 뇌는 지름길을 선호한다고 했으니 이는 언뜻 보면 아주 훌륭한 전략 같다. 문제는 이런 접근법이 유효할지라도 효과를 내려면 결국 고객이 그 주장을 믿어야 한다는 것이다. 게다가 안타깝게도 너무나 많은 업체들이 이런 두루뭉술한 '하나만' 전술로 구매를 종용하므로 비슷한 주장들 속에서 차별화되기가 어렵고, 결국 당신의 메시지는 유사품의 바다에서 표류하게 된다.

'하나만' 전술을 접한 고객의 시스템 1은 바로 이런 말로 반응할 것이다. "이전에도 들어 본 익숙한 말이군." 아니면 더 심한 반응이 나올 수도 있다. "실제로 일어나기에는 너무 꿈같은 소리군."

당신의 사례가 돋보이고 고객에게 강한 설득력을 발휘하려면, 그 결과가 아닌 당신의 가정과 변수를 믿게 만들어야 한다. 필요한 데이터와 정보가 복잡하거나 너무 번잡하면 안 되고, 시스템 2의 빠른 승인을 얻으려면 내용이 쉽게 이해되고, 빈틈없고, 방어할 수 있어야 한다.

전화로 보는 ROI 패러독스

흥미로운 사실은 이분법으로 작동하는 ROI 패러독스도 역사적 요인에 영향을 받는다는 점이다. 이는 가치의 경로들이 시간이 흐르면서 사회가 집단적으로 공유하는 시스템 1에 뚜렷이 각인될 수 있기 때문이다.컴퓨터와 인터넷이 등장하기 전, 영업의 황금기였던 30~60년 전을 떠올려 보라. 그때는 고객과의 상호작용이 지금과는 본질적으로 달랐다. 영업 담당자들은 그저 고객 연락처와 상품 카탈로그, 종이 주문서 정도를 가지고 영업 활동에 나섰고 원격 교류의 주된 경로는 전화였다. 영업사원마다 사무실 책상에 유선전화가 설치돼 있었고 회사는 이를 기본적인 옵션으로 제공해야 했다.

그러다 1980년대 후반에서 1990년대로 접어들면서 휴대전화가 보급되기 시작했고 기업들은 결정을 내려야 했다. 영업사원들에게 유선전화 말고 휴대전화도 제공해야 할까? 아니면 둘 중 하나면 충분할까? 영업 담당자들이 직무를 효과적으로 수행하는 데 휴대전화가 정말 필요한지 문제가 제기됐고, 회사 재무팀 안에서는 이에 대한 ROI 얘기가 한창이었다. 회사에서 직원들의 휴대전화 비용을 내 줘야 할까? 만약 그렇다면 누구까지 지원해 줘야 할까? 경영진도 필요할까? 임원도? 현장 판매자까지?

이런 의문들은 캐나다의 기술 기업인 리서치인모션Research in Motion이 처음으로 블랙베리를 출시한 2000년대 초반에도 불거졌다. 이런 기기 덕분에 직장인들은 회사의 이메일이나 여러 생산성 프로그램에 처음으로 언제, 어디서나 접근할 수 있게 됐다. 기업들은 다시 한번 블랙베리를 누구에게, 어떻게 배분할 것인지를 두고 이런 도구의 가치에 대한 이견을 조정해야 했다. 이때까지도 만약 당신이 회사 CFO에게 가서 사무실 책상마다 놓여 있는 유선전화의 ROI를 따져 물으면 제정신이 아니라는 소리를 들었을 것이다.

그럼 다시 현재로 돌아와 보자. 전 세계 인구의 67퍼센트가 휴대전화를 갖고 있을 뿐 아니라 미국에서는 모든 기능이 장착된 스마트폰 보급률이 72퍼센트에 이른다(고객을 직접 대하는 직장인의 경우에 보급률은 100퍼센트에 가까울 것이다).[3] 이제는 많은 기업들이 최신 기술의 가치를 본질적으로 이해하므로 일선 판매자들에게도 스마트폰을 지원하고 개인 스마트폰의 이용 요금까지 매달 회사에 청구할 수 있게 한다. 기업들은 모바일 기술에 대한 비용을 분별력 있게 관리하려 애쓰지만 10년이나 20년 전처럼 그에 대한 ROI를 철저히 계산하는 곳은 거의 없다. 게다가 모바일-온리mobile-only 정책에 따라 전 세계 사무실 책상에서 유선전화가 빠르게 사라지고 있다.

사실 사회의 집단지성은 시간이 흐르면서 빠르게 변하고, 투자의 경우에는 한때 '정상'이라고 여겼던 것에 대한 허용치도 변하기 마련이다.

예전 같으면 철저한 검토 대상이었을 것들이 이제는 특별한 마찰 없이
검열을 통과하게 되었다.

사소한 일에도 정성을 다하라

정말 놀라운 것은 잠재 고객을 실제 고객으로 전환시키는 일에 관한 한,
우리의 영업 활동에서 아주 작고 사소해 보이는 것으로도 확신과 안전
감을 심어줄 수 있다는 점이다.

내가 근무했던 첫 번째 스타트업에서 성취감을 느꼈던 또 다른 사례
가 생생하게 떠오른다. 그곳은 당시 고속 성장 중이던 소프트웨어 회사였
고 우리는 직장인들이 근무 시간과 일정을 효율적으로 관리하도록 설계
된 솔루션을 판매하고 있었다. 당시 나는 판매 과정에서 회사 고객들이
우리 솔루션에 대해 갖는 모든 기능적, 기술적 니즈에 대응하는 세일즈
엔지니어 팀을 이끌고 있었다. 그러던 중 세계 최대의 제지 회사 한 곳과
계약을 맺기 위해 그들의 구매 과정에 참여하게 됐다. 고객사가 최종적으
로 솔루션 구매를 결정하려면 우리 솔루션이 본사 ERP 시스템에 통합되
는 데 문제가 없다는 IT 부서의 승인이 필요했다. 우리 솔루션은 과거에
도 비슷한 시스템들과 잘 통합된 적이 있었고 임무를 완료할 자신도 있었
지만, 어쨌든 특정 ERP 시스템과의 통합 여부는 아직 확인이 필요했다.
게다가 대기업의 IT 부서는 위험 부담을 보통 싫어하기 때문에 우리 회사
가 그들의 ERP 시스템에 익숙하지 않다는 인상을 주면 안 됐다. 그래서
고객이 시스템 통합성 여부를 물었을 때 우리는 가능하다고 답했다.

물론 구체적인 통합 방법은 고객사마다 요구사항이 다르므로 그에 따라 변할 수 있다는 점을 분명히 밝혔다. 고객사와 이 문제를 논의하면서 거래를 성사시키기 위해(전략을 짜기 위해 필요한 시간을 버는 것은 물론이고) 우리는 고객사 담당자에게 그쪽 시스템 통합팀과 일주일에 한 번씩 만나 세부 사항을 처리할 수 있게 해 달라고 요청했다. 덧붙여서 우리의 알고리즘이 해당 ERP 시스템에 어떻게 통합될 것인지 세부 내용을 요약한 자료를 보낼 예정이며 전화로 그것을 같이 검토하고 싶다고 말했다. 고객사는 우리의 접근법이 마음에 들었는지 그렇게 하자고 했다.

그렇게 확보한 시간에 나와 팀원들은 바쁘게 움직였다! 우리는 사내 기술팀과 그동안 다른 고객사의 시스템에 적용했던 우리의 통합 방법을 검토했고 두 시스템 간의 핵심 기능들을 어떻게 대응시키고 조정할 것인지 도표로 정리했다. 그런 다음 이번 경우에는 구체적으로 어떻게 시스템을 통합할 것인지 기술적, 기능적 내용을 자료로 정리해 나갔다. 자료는 완벽했고, 구성도 훌륭했으며, 고객사가 우리의 전략에 대해 궁금해할 만한 것은 모두 담고 있었다. 분량도 35페이지 정도로 꽤 길었다. 그것이 구매 과정의 최종 단계가 될 것을 기대하며 우리는 고객사와의 통화를 부지런히 준비했다. 고객사의 질문에 대비해서 우리가 가진 모든 기술 자원을 동원했고, 어설픈 여지는 남겨두지 않았다. 우리는 그 통화를 끝으로 거래를 완전히 매듭짓고 싶었다. 예정된 통화가 시작되기 한 시간 전에 우리는 마침내 자료를 이메일로 보냈다.

통화를 시작하고 짧게 안부 인사를 나눈 후 우리는 고객에게 보내준 자료를 살펴볼 기회가 있었는지 물었다. 그러자 이런 대답이 돌아왔다. "물론입니다. 35페이지나 되더라고요!" 이후 통화가 10분 정도 지속 됐고 우리는 고객이 던진 개괄적이면서 악의 없는 질문에 답을 했다. 물 론 내용도 흠잡을 데가 없었지만, 고객이 찾고 있던(ROI에 대한 비즈니스 사례를 준비했던 때와 마찬가지로) 확신은 자료의 분량과 완성도를 통해 전 달됐다. 우리는 결국 거래를 따냈다.

결국 핵심은 우리가 구매 결정을 내리는 복잡한 경로들을 이해하는 것이다. 그런 지식이 있으면 공감과 인간적인 방식을 동원해서 우리의 영 업 활동을 더 쉽게 조정함으로써 잠재 고객을 실제 고객으로 효율적으 로 전환할 수 있다. 그렇지 않으면, 우리의 선배 영업인들이 썼던 구태의 연하고 마찰이 잦은 기법을 반복할 수밖에 없다.

고객의 마인드셰어를 점령하기 위한 싸움에서는 감정이 솔루션을 이 긴다는 지식을 얻었으니, 이제는 감정이 구매자의 마음속에서 어떻게 작 용하는지, 또 판매 과정에서 그런 고객의 감정을 어떻게 다룰 수 있는지 좀 더 복잡한 사례들에 초점을 맞춰 보자. 다음 장에서는 고통, 이득, 위 험, 옹호 그리고 고객 경험이 하는 역할을 살펴볼 것이다.

4

구매 경험과 감정

지상낙원에서 발생한 문제

나는 세 아이를 둔 아빠다. 그래서 내가 초보 부모였을 무렵 알게 된 중요한 브랜드 중 하나가 디즈니였던 것은 자연스러운 일이었다. 역사상 디즈니만큼 마법과 경이로움을 브랜드의 토대로 신봉하면서, 그런 요소들을 사업 운영 전체에 속속들이 녹인 회사는 거의 없었다. 유명한 영화 시리즈 외에, 디즈니라는 브랜드의 주요 뼈대를 이루는 사업 중에는 매출의 3분의 1 이상을 차지하는 테마 파크가 있다. 이 매출은 플로리다 주, 올랜도에 있는 최대 규모의 월트 디즈니월드^{Walt Disney World}를 비롯해 디즈니가 전 세계에서 운영하는 6개의 리조트 산하 12개 테마 파크에서 창출된다.

올랜도에 있는 디즈니월드는 2만 7,258에이커(약 3337만 평)에 달하는데, 이는 샌프란시스코 전체 크기와 같고, 맨해튼의 두 배에 상응하는 면적이다. 내가 디즈니 직원에게 들은 바로는 이에 비해 디즈니랜드(1955년 캘리포니아에서 문을 연 디즈니 최초의 테마 파크)는 디즈니월드에 있는 매직 킹덤^{Magic Kingdom}의 주차장에 불과한 크기라고 한다!

디즈니월드는 사실상 단일 사업장으로선 미국 최대의 고용주로, 리조트 전체에 약 7만 명의 직원(디즈니에서는 직원 대신 '캐스트 멤버^{cast member}'라고 부른다)이 배치되어 이곳을 방문하는 연간 5,500만 명의 방문객에게 잊지 못할 시간을 선사한다. 매년 디즈니월드에서는 햄버거 1,000만 개, 핫도그 600만 개, 감자튀김 408만 킬로그램, 팝콘 136만 킬로그램, 칠면조 다리 160만 개가 판매된다. 그리고 하루 평균 25만 명의 방문객들이 회사 소유로 운영되는 486대의 셔틀버스와 12대의 모노레

일, 수상 택시와 보트로 구성된 맞춤형 교통 시스템을 통해 디즈니월드 곳곳에서 여러 호텔과 놀이 기구, 기타 관광지를 오간다.[1]

감사한 일이지만, 나도 어렸을 때 부모님, 형제들과 디즈니월드를 몇 번 다녀온 적이 있었다. 흥이 넘치는 호텔에 머물면서, 유명 관광지를 방문하고, 디즈니월드의 경이로운 광경들을 마주하는 일 모두 그야말로 황홀한 경험이었다. 이제는 내가 우리 아이들을 그 마법의 세상 속으로 이끌 차례였다.

2013년 1월, 나는 아내와 함께 각각 7세, 4세, 7개월이 된 아이들을 데리고 디즈니월드에 갔다. 몇 개월에 걸쳐 준비한 여행이었고 다양한 디즈니 캐릭터부터 신데렐라 성까지, 그 모든 것들 앞에서 녹아내릴 아이들의 표정을 한시라도 빨리 보고 싶었다. 인터넷으로 미리 사진과 동영상을 접한 아이들은 특히 날마다 메인 스트리트 USA를 따라 이뤄지는 진귀한 퍼레이드에 열광적인 반응을 보였다.

마침내 그날이 왔다! 유난히 아름답고 정신없던 여행 첫 날, 우리 가족은 어느덧 매직 킹덤에 와 있었다. 흥미진진한 오전을 보낸 후 우리는 일찌감치 좋은 자리를 맡기 위해 퍼레이드가 벌어질 길 한 곳으로 향했다. 하지만 퍼레이드 장소에 미리 도착한다는 것은 점심 식사가 늦어진다는 것이었고, 공연이 시작되기 전까지 플로리다의 뙤약볕을 참으며 기다려야 한다는 것이었으며, 그사이 내 아이들의 불안한 정신상태가 서서히 무너질 수 있음을 의미했다. 아니나 다를까 공연 시작이 7분 남짓 남았을 무렵 아이들의 칭얼거림이 절정에 다다랐다. 그러자 아내가 아이들을 보며 이렇게 외쳤다. "아빠가 사오는 아이스크림 먹고 싶은 사람!?" 식사에 앞서 디저트를 먹을 기회를 거부할 아이는 많지 않을 테고, 내 아이들 또한 엄마의 제안을 재빨리 받아들였다.

아내가 위기에서 구한 귀중한 몇 분을 최대한 활용하고자 나는 바로 아이스크림 가게를 향해 튀어 나갔다. 가게는 길 건너편 끝에 있었고 일반적인 상황이라면 1분 안에 갈 만한 거리였지만 불행히도 그때는 퍼레이드를 기다리는 인파로 발 디딜 틈이 없었고 어느새 나는 같은 목적지를 향하고 있는 흥분한 가족들의 물결 속을 헤치고 있었다. 가게에 도착하고 나서야 나는 어쩌면 디즈니 엄마들이 섬뜩한 집단지성을 공유하고 있을지도 모른다는 사실을 깨달았다. 아이스크림 가게는 손님들로 장사진을 이루고 있었다! 어쩔 수 없이 20초마다 초조하게 시계를 들여다보며 최대한의 인내심을 발휘해 기다렸다. 그날 우리 가족이 느낄 행복이 (그리고 여행 자체가) 오로지 내가 아이스크림을 사느냐 마느냐에 달렸다는 생각마저 들었다. 마침내 나는 공연이 시작되기 몇 초 전에 간신히 아이스크림을 손에 쥘 수 있었다. 빽빽한 군중 속에서 아이스크림을 떨어뜨리지 않으려고 최대한 요리조리 피하며 걷는 그 시간이 슬로 모션처럼 지나갔다.

플로리다의 열기에 좀 녹긴 했지만, 나는 아이스크림을 가지고 무사히 가족이 있는 곳까지 도착했고, 우리 여행의 영웅으로 짧은 환대도 받았다(아빠는 작은 승리도 감사할 줄 알아야 한다). 모든 것이 완벽했다! 그런데 잠시 후 무시무시한 일이 벌어졌다.

퍼레이드가 시작됐고 음악이 연주되면서 꽃마차들이 지나갔다. 그러던 중, 네 살배기 둘째가 딱 두 번 핥은 아이스크림이 콘에서 떨어져 나간 것이다! 달콤한 왕관 위에 얹혀 있던 아이스크림이 바닥에 떨어지는 것과 동시에 나는 우리 가족 사이로 마법이 스르르 빠져나가는 것을 느낄 수 있었다. 아이에게 아이스크림이 뜨거운 인도 위에 부딪힌다는 것은 어른으로 치자면 주식시장이 폭락하는 것과 같았고, 그런 충격적 현실이 내 딸아이를 덮친 것이다. 아이는 즉시 울음을 터뜨렸고 슈퍼맨 아빠였던 내 위상도 그와 함께 무너졌다.

하지만 지상낙원 속 아주 작은 조각을 차지하고 있던 우리 가족에게서 순식간에 빠져나간 마법과 기쁨은 그만큼 순식간에 다시 채워졌다! 말 그대로 사건 발생 후 정확히 3.5초 만에 마치 신성한 메신저처럼 디즈니 캐스트 한 명이 홀연히 우리에게 다가와 이렇게 말했다. "아이고, 저런! 제가 방금 벌어진 일을 다 봤거든요. 얼마나 속상하시겠어요. 괜찮으시면 제가 따님의 아이스크림을 새 걸로 바꿔드려도 될까요?" 믿을 수 없었다. 나는 완전히 어리둥절했다. 그래서 가까스로 한 말이라곤, "와… 정말요?!"였다. 그러자 그가 대답했다. "그럼요, 선생님. 당연히 그렇게 해 드려야죠. 저희는 늘 그렇게 한답니다!" 딸아이 손에는 금세 새 아이스크림이 들려 있었고 그날의 분위기는 180도 달라졌다. 하지만 거기서 끝이 아니었다.

그날 밤, 길고 고되지만 마법 같은 하루가 지나고 우리 가족은 호텔로 돌아가려고 디즈니 버스를 기다리고 있었다. 막내와 둘째는 각각 유모차 안에서 곯아떨어져 있었고, 일곱 살짜리 첫째도 하루 종일 이어진 흥분과 피로로 쓰러지기 일보 직전이었다. 그때 셔틀버스 정류장에서 형광색 조끼를 입고 교통정리를 하고 계시던 나이 지긋한 캐스트 한 분이 이 위급상황을 눈치채셨는지 우리 쪽으로 오셨다. 그러고는 첫째 딸아이 옆에 무릎을 꿇고 앉으시더니 주머니에서 디즈니 공주 모습이 새겨진 알록달록한 플라스틱 반지 몇 개를 꺼내셨다. "여기서 마음에 드는 거 하나 골라 볼래?" 그분이 말씀하셨다. 딸의 기분은 순식간에 고조됐다! 제일 마음에 드는 것을 고르기 위해 반지들을 만지작거리는 딸아이의 모습을 보던 어르신의 얼굴에 미소가 퍼졌다. 그러더니 "네 동생 것도 하나 더 고를까? 깨어나면 서운할 수도 있으니까."라고 덧붙이셨다. 내가 디즈니의 평생 팬이 된 순간이었다.

그날의 마법을 일으킨 장본인은 화려한 캐릭터나 신나는 놀이 기구도 아니었고 퍼레이드나 불꽃놀이도 아니었다. 진짜 마법은 모든 디즈니 캐스트가 오직 한 가지를 위해 열성적으로 헌신하는 모습이었다.

그 한 가지는 바로 방문객들의 경험이었다.

디즈니는 일생에 한 번뿐인 소중한 날에는 아주 사소한 문제 하나도 대재앙이 될 수 있다는 사실을 안다. 실제로 테마 파크 안에서 방문객의 차량이 갑자기 멈추면 디즈니는 그런 불운한 상황에서 생길 수 있는 마찰을 최대한 줄이기 위해 무료로 배터리를 충전해 주거나 가까운 서비스 센터로 차를 견인해 준다. 디즈니월드에 있는 휴지통은 전부 바닥이 지하 터널로 연결돼 있어 방문객들은 바닥에 널브러진 지저분한 쓰레기가 경관을 해치는 모습을 볼 일이 없다. 그리고 퍼레이드 중이나 집에 가는 길에 우리 딸처럼 아이가 떼를 쓰거나 발광하는 일이 생기면 당연히 그 가족의 휴가는 물론 디즈니 브랜드에 대한 전반적인 인상에도 영향을 미친다. 공짜 아이스크림이나 플라스틱 반지가 회사에는 비용이 되겠지만 디즈니는 그것이 가치 있는 투자라는 것을 안다. 그것은 충성스러운 고객들이 자신들의 브랜드를 온전히 즐기기 위해 힘들게 번 수천 달러를 쓴 것에 대한 보험 증서이기 때문이다.

디즈니는 제품이나 서비스, 솔루션 중심으로 움직이는 많은 기업들이 알아채지 못한 무언가를 오랫동안 인식해 왔다. 당신이 무엇을 파는지, 누구에게 파는지는 중요치 않으며, 고객이 당신의 브랜드를 통해 갖는 경험이 바로 당신의 제품이라는 사실이다.

경험이 곧 상품이다

고객 경험에 철저히 집중하는 회사가 디즈니 한 곳만은 아니다. 아마존, 포르쉐, 사우스웨스트 항공, 넷플릭스 모두 고객 경험에 큰 비중을 둔다. 이들의 모습을 보면 고객과 브랜드 사이에 강한 친밀감을 구축하는 것은 프리미엄 제품이나 명품 회사만의 전유물이 아니라는 것을 알 수 있다.

이제는 유명해진 일화 하나가 있다. 자즈 라마르라는 여성이 온라인 소매점인 자포스Zappos에서 구입한 신발을 반품하려고 했다. 하지만 그녀의 어머니가 돌아가시면서 반품에 신경 쓸 여유가 없었다. 얼마 후 자포스는 그녀에게 반품 기한이 끝났다는 알림을 보냈고, 그제야 라마르는 어머니가 돌아가셨다는 사정을 밝히면서 늦었지만 제품을 반품하고 싶다고 답장을 보냈다. 자포스로서는 그냥 환불 기간만 연장해 줬어도 꽤 괜찮은 고객 서비스가 됐을 것이다. 하지만 그들은 직접 운송업체를 그녀의 집으로 보내 신발을 수거해 갔을 뿐 아니라 예쁜 꽃다발과 함께 어머니를 여읜 라마르에게 위로의 메시지를 보냈다. 그녀는 쪽지를 읽는 순간 울음을 터뜨렸고, 그 순간 자포스는 수많은 고객 중 하나가 아니라, 평생 자신의 감정을 바칠 브랜드 옹호자를 한 명 얻었다.

애플의 아이패드 같은 제품을 생각해 보자. 같은 조립 라인에서 생산된 수천 개의 아이패드는 여러 형태의 소매점에서 판매된다. 하지만 만약 선택권이 주어진다면, 당신은 가까운 애플스토어와 대형 전자제품점 중 어디에서 아이패드를 구입하겠는가?

애플스토어를 골랐다면, 그런 선택을 한 사람이 당신 혼자만은 아닐 것이다. 두 곳 모두 똑같은 제품을 똑같은 가격에 판매하지만 보통 소비자들은 애플스토어에서 제품을 구매하는 경험은 다르다고 말한다. 가령 이런 식이다.

"애플스토어는 더 쿨해요."

"거기 직원들이 더 친절하고 애플 제품들에 대해 제대로 알고 있거든요."

"그들은 시간이 걸려도 제가 하는 질문에 일일이 답을 해 줘요."

"전 하얀색 쇼핑백을 들고 애플스토어를 나올 때 기분이 좋더라고요."

하지만 경험은 거기서 끝나지 않는다. 아이패드를 집에 가져와서 설정을 진행하던 중 문제가 생겼다고 가정해 보자. 당신은 애플의 고객 센터 담당자와 상담하기 위해 애플 대표 번호인 1-800번에 전화를 할 것이다. 장장 40분이나 기다려 마침내 연결이 되었는데, 상담사가 무례한 데다 아무 도움도 안 됐다면, 애플스토어에서 가졌던 경험에 대한 당신의 인식이 바뀔까? 당연히 바뀔 것이다! 맥킨지의 연구는 고객 경험을 고객이 당신과 함께 하는 처음부터 끝까지의 여정으로 설명한다. 즉 고객 경험은 오랜 시간에 걸쳐 이뤄지는 당신과 고객 간 관계의 여러 시점에서 고객이 느낀 감정이 누적된 결과라는 것이다. 상품의 첫 탐색부터 실제 구매까지, 또 고객 지원부터 멤버십 갱신까지, 각각의 모든 단계가 경험을 이루는 데 중요한 역할을 한다.

최고의 기업들이 고객에게 꼭 맞는 경험을 선사하기 위해 그렇게 많은 시간과 노력을 쏟는 이유는 경험이 감정을 불러일으키는 열쇠이기 때문이다. 감정은 우리의 마음에서 자동으로 작동하는 시스템 1을 통해 처리되므로 고객의 마인드셰어, 고객 보유율, 브랜드 호감도를 높이려는 경쟁에서 강력한 무기가 된다. 즉, 감정은 우리의 두뇌에서 논리적 사고보다 더 빨리 내재화되고, 이해되고, 동화된다. 이런 예를 살펴보자.

당신이 사랑하는 누군가를 생각해 보라.

대부분 이 문장을 읽는 순간 당신이 강렬한 감정을 갖고 있는 누군가가 머릿속에 불쑥 떠올랐을 것이다. 그 사람이 부모님이든 배우자든 자식이든, 아니면 친구든 반려동물이든 혹은 친척이라도 말이다. 반응은 빠르고 명료했으며 어쩌면 얼굴에 슬며시 미소가 번졌을 수도 있다. 그럼 질문 하나를 더 하겠다.

당신이 그 사람을 사랑하는지 어떻게 아는가?

이 질문을 들은 당신은 사랑이라는 감정에 대한 논리적 이유나 증거를 찾으려고 허둥대게 되고, 그러면서 머릿속이 조금 복잡해질 수 있다. 그런 논리는 당신이 일상적으로 사용하던 것이 아니거나 아예 이전에는 소환된 적이 없을 수도 있다(이는 고객 발견 단계에서 감정을 자극하는 질문이 왜 중요한지를 보여주는 아주 좋은 예로 자세한 내용은 6장에서 다룬다).

실험을 하나 해 보자. 스마트폰을 꺼내 지금까지 다운받은 앱을 전부 훑어보라. 앱이 너무 많아도 걱정할 필요 없다. 조사에 따르면 일반적인 스마트폰 사용자라면 한 달 평균 30개 이상의 앱에 접속한다고 한다.[2] 이제 스스로에게 물어보라. 당신은 그중 어떤 앱을 "사랑한다"라는 말로 표현하겠는가? 방금 전에도 확인했지만, 당신이 강한 애정을 가진 앱을 구별하는 것은 금방 끝낼 수 있다. 하지만 그 앱을 왜 그토록 아끼는지, 이유를 설명하는 데에는 시간이 더 오래 걸릴 것이다. 하지만 이전 사례와 마찬가지로 나는 당신이 특정 앱을 아끼게 된 이유가 그 앱과 함께하며 있었던 경험 때문이라는 것을 장담할 수 있다. 가령 당신이 어떤 승차 공유 앱을 아낀다면 그건 당신이 그저 스마트폰을 꺼내서 목적지만 입력하면, 자동차가 마치 램프의 요정처럼 당신을 원하는 곳까지 데려다 주고, 그 과정이 현금이나 다른 성가신 요소 없이 가뿐하게 이뤄지기 때문일 것이다. 또 아끼는 앱이 스타벅스라면, 아마도 이유는 앱을 몇 번만 터치하면 출근하는 길에 애용하는 스타벅스 매장에 우아하게 들러, 주문하려고 길게 늘어선 고객들 옆을 지나, 당신이 딱 주문한 대로 만들어져 픽업대에서 다소곳이 기다리고 있는 카페 라떼 한 잔을 그대로 가져가면 끝이기 때문이다.

구매자로서 우리에게 감정과 경험의 관계는 경험과 제품의 관계만큼 명확하다. 이것이 판매자로서 우리에게 주는 의미는 간단하다. 우리의 목표가 현대의 구매자를 더 많이 우리 상품으로 끌어들이는 것이라면 우리의 판매 활동에 감정을 더 많이 주입해야 한다. 제품과 솔루션의 용도를 설명하는 것부터 고객 이의를 처리하는 것까지, 우리의 영업 활동을 이루는 여러 요소에 감정을 주입하는 방법은 많다. 그러나 이런 기술적인 접근법에 뛰어들기 전에, 판매 과정 안에서 감정을 활용하는 몇 가지 간단한 방법부터 살펴보자.

경청의 힘

감정이 무언가를 변화시키는 엄청난 위력을 활용하는 가장 단순하고도 강력한 방법이 하나 있다. 세일즈포스의 2018년 영업 현황 보고서를 보면, 영업인들이 판매 활동 중 어떤 요소가 잠재 고객을 실제 고객으로 전환하는 데 가장 극적이고 실질적인 효과를 미치는지 중요도로 평가한 결과가 있다.[3] 과연 어떤 기술이 1위를 차지했을까? 바로 **경청**이었다. ROI는 10위를 차지하는 데 그쳤는데, 3장에서 논의한 결과를 생각해보면 그다지 놀랄 일도 아니다.

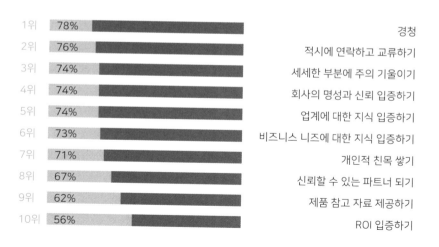

순위	비율	항목
1위	78%	경청
2위	76%	적시에 연락하고 교류하기
3위	74%	세세한 부분에 주의 기울이기
4위	74%	회사의 명성과 신뢰 입증하기
5위	74%	업계에 대한 지식 입증하기
6위	73%	비즈니스 니즈에 대한 지식 입증하기
7위	71%	개인적 친목 쌓기
8위	67%	신뢰할 수 있는 파트너 되기
9위	62%	제품 참고 자료 제공하기
10위	56%	ROI 입증하기

그런데 구매자와 판매자 모두 이처럼 효과를 인정하는 경청 행위에는 어떤 비밀이 있는 걸까?

베스트셀러인《Yes를 이끌어내는 협상법》의 저자로 유명한 윌리엄 유리William Ury는 "경청의 힘The Power of Listening"이라는 제목으로 진행한 테드 강연에서 경청이 발휘하는 힘을 다음 세 가지 원리로 요약한다.

이해

현대의 판매 활동은 '사람을 움직이는 것'이 핵심이다. 다시 말하면 누군가의 사고방식을 그들의 관점에서 당신의 관점으로 변화시켜야 한다. 하지만 상대가 무엇을 신봉하는지 모르는 상태에서는 누군가의 마음을 바꿀 수 없다는 게 문제다. 경청은 다른 사람의 관점을 이해하는 관문이 된다. 6장에서 우리는 판매 기회를 발견하는 행위들을 어떻게 재정비하는지 논의하게 되는데, 고객의 관점을 이해하는 것은 그들이 당신의 솔루션에 적합한 고객인지 판단하는 데 도움이 된다는 점에서도 중요하다.

연결

1장에서 확인했듯이 우리 대부분은 판매자와 이야기하는 것을 좋아하지 않는다. 즉, 거래라는 방정식에서 우리가 판매자의 입장에 있을 때 겪는 가장 큰 숙제는 구매자의 신뢰와 믿음을 얻는 것이다. 고객들은 자신의 내밀한 문제를 잘 드러내지 않으려 하고, 그러다 보니 그들을 돕는 일이 더 어려워진다. 그럼에도 경청은 두 사람의 관계에 중대한 친밀감과 신뢰를 쌓는 데 효과적인, 인간의 기본적인 기술이다. 공감 능력을 갖추어 좋은 경청 방법을 시도하고, 그 결과 고객이 판매자에게 유대감을 느끼게 된다면, 자신이 겪는 사업적 어려움을 훨씬 더 상세히 공유할 것이다.

호혜성

사회심리학적 맥락에서 **호혜성**reciprocity이란 상대의 긍정적인 몸짓이나 태도, 행동에 비슷한 감정으로 대응하는 것을 말한다. 친절함을 베푼 타인에게는 당신도 비슷한 행동으로 보상하는 것이다. 우리가 상대의 말에 귀를 기울이고, 무엇을 느끼고 있는지 관심을 보이면 그들의 기분이 좋아진다. 사실 너무 좋은 나머지 호혜성을 촉발하고, 우리의 관심과 친절에 약간의 부채감마저 생긴다. 그렇게 되면 이제는 상대가 우리의 말에 더 귀를 기울이게 된다.

경청 능력의 특별함은 단지 상대의 기분을 좋게 하는 데서 그치지 않는다. 판매에서도 정량화 가능한 성과를 올린다!

공닷아이오의 연구원들은 2만 5,000건 이상의 영업용 통화 내용을 청취한 후 가장 높은 전환율을 낳은 말하기 대 듣기 비율을 보여주는 연구 내용을 발표했다. 그 결과는 어땠을까? 최고 실적의 영업 담당자들은 고객과의 상담에서 전체 통화 시간의 46퍼센트만을 자신이 말하는 데 할애했지만 하위 20퍼센트의 영업 담당자들은 72퍼센트의 시간 동안 혼자 떠들었다.[4]

듣기 능력은 성과가 뛰어난 팀을 이끄는 리더십의 핵심 요소이기도

하다. 예루살렘의 히브리 대학Hebrew University 연구원들의 최근 연구 결과를 보면 경청 능력이 뛰어난 관리자들이 더 좋은 리더로 인식됐고, 팀원들 사이에서 더 강한 신뢰감을 형성했으며, 더 높은 업무 만족도를 낳았고, 팀의 창의력도 높았다.[5]

그러나 많은 이들이 경청을 어려워한다.

영업 담당자와 영업 관리자는 보통 회사의 솔루션과 신조를 고객에게 열정적으로 전달하기 위해 말을 해야 하는 선제 조건이 붙은 사람들이다. 기본적으로 많은 영업인들이 판매라는 행위를 듣기보다는 말하기나 피칭과 동일시한다. 하지만 사실 듣기도 다른 기술과 마찬가지로 용의주도한 연습이 필요하다.

단순한 경청 비결 6가지

고객과 상담할 때, 경청 능력을 키울 수 있으면서 당신이 대화에 적극적으로 참여하고 있다는 것을 보여줘서 효과적인 고객 경험을 만들어낼 수 있는 6가지 비결이 있다. 다음 내용을 살펴보자.

말하지 않기

말은 쉽지만 실천하기 어려울 때도 있는 기술이다. 단순히 생각해 봐도 당신이 말하는 중이거나 상대의 말을 가로채려 할 때는 상대의 말이 제대로 들리지 않는다. 그럼 어떻게 해야 할까? 그냥 잠자코 고객이 하는 말에 집중하라.

상대와 눈 맞추기

우리의 의사소통 대부분은 비언어적 방법으로 전개되므로 상대를 보는 것은 당신의 집중과 관심을 확실히 전달할 수 있는 좋은 방법 중 하나다. 심지어 영상통화에서도 고객은 당신이 화면으로 자신을 보고 있는지, 아니면 딴짓을 하고 있는지 알 수 있다(동공의 움직임을 통해). 당신의 시선을 상대에 고정시켜라! (그렇다고 음침한 시선은 안 된다. 편안하고 다정하게 바라보라.)

시각적/청각적 신호 사용하기

미소 짓기, 고객 끄덕이기, 생각에 잠기기 등의 모습은 모두 당신이 상대의 말을 이해했고 인정한다는 것을 보여주는 아주 좋은 방법이다. 또한 상대방의 말에 이따금 "네" 혹은 "아…" 같은 짧은 말을 하는 것만으로도 고객이 하는 말을 당신이 잘 듣고 있다는 사실을 알릴 수 있다.

메모하기

대화 내용을 받아쓰면 나중에 중요한 정보를 떠올리는 데도 도움이 될 뿐 아니라, 당신이 기록으로 남기고 싶을 정도로 고객의 이야기에 흥미를 느낀다는 사실을 보여줄 수 있다. 그러나 전화나 영상통화 중이라서 상대가 당신의 메모 행위를 볼 수 없다면 어떻게 해야 할까? 방법이 있다. 당신이 메모하고 있다는 사실을 말하라! 고객의 말이 끝나면 한 템포 쉰 다음, "아, 제가 지금 고객님이 하는 말을 받아 적고 있어서요."라고 하는 것이다. 그러면 동일한 효과를 낼 수 있다.

요약하기

고객이 전한 내용을 다시 반복하거나 요약하는 것처럼 당신이 세세한 부분까지 집중해서 들었다는 사실을 잘 알려 주는 것은 없다. 이 방법은 고객이 중요한 통찰이나 정보를 상담 초반에 공유했을 때 특히 효과적이다. 이런 효과를 한층 더 높이려면 고객이 어떤 말을 한 직후에 고객이 사용한 단어를 그대로 사용해서 "선생님께서 방금 ＿＿＿라고 말씀하셨는데…" 같은 문구로 인용하라. 누군가 한 말을 반복하는 것은 과학적으로 입증된 강력한 설득 기법이다(이 기술은 고객이 표출한 이의를 처리하는 것과도 관련돼 있어서 7장에서 더 자세히 다룰 예정이다).

좋은 후속 질문하기

당신의 질문에 고객이 대답했을 때, "그거 정말 잘됐네요."나 "대단하세요!" 같이 입에 발린 맞장구가 나오려 하면 집어삼키고 다음 질문으로 넘어가라. 그보다는 "그 점에 대해 좀 더 말씀해 주시겠어요?"나 "관련된 사례가 있을까요?", "그렇게 된 지 얼마나 되셨어요?" 등의 적절한 질문을 하면 고객의 관점에 대한 당신의 관심을 보여주는 동시에 아주 영양가 있는 대화를 할 수 있다. 실제로 고객 이의 처리에 대한 주제로 공닷아이오가 수행한 연구 내용을 보면 최고 실적의 영업인들은 전체 통화 시간 중 평균 54퍼센트를 후속 질문을 하는 데 할애했지만 평균 실적의 영업인들은 31퍼센트에 그쳤다.[6]

요약하자면 현대의 영업 기술에서 경청 능력은 단순하지만 아주 중요하며 그만큼 숙달하기도 어렵다. 이 역량을 조금만 훈련해도 고객을 다음 단계로 전환하는 능력을 효과적으로 향상할 수 있다.

집단지성이 구매로 이어진다

자신이 구매하는 방식으로 판매하는 법을 배워야 한다는 정신을 되새기면서 다시 우리의 구매 행동으로 돌아가 보자. 당신이 지금 어떤 구매를 결정해야 한다고 가정하자. 예를 들면 새 텔레비전을 사야 할 수도 있고, 올여름 떠날 가족여행을 위한 근사한 목적지나, 특별한 날을 기념할 완벽한 식당을 찾을 수도 있다. 많은 고객이 무수한 마케팅 메시지와 셀 수 없이 많은 제품 속에서 합리적인 선택을 하려 애쓰는 세상에서 당신은 어떤가? 글쎄, 대부분의 경우라면 제일 먼저 원하는 제품이나 서비스, 혹은 제품 관련 질문을 구글에서 검색한 다음 그 결과를 살펴보게 될 것이다.

당신도 대부분의 사람들과 같다면 힘들게 번 돈을 가능한 최고의 상품에 투자하고 싶을 것이다. 그렇기 때문에 다른 무엇보다 먼저 신뢰할 수 있는 곳에 올라온 정보나 사용자 리뷰를 찾게 된다. 왜 그럴까? 혹시 우리가 늘 스스로에게 객관적으로 '최선'인 상품이나 서비스를 구매하지는 않는다고 했던 말을 기억하는가? 하지만 우리는 원하는 감정에 부합하는 상품을 찾으면 재빨리 구매 결정을 내린다. 그리고 많은 경우에 우리가 무엇인가를 구매할 때 찾으려는 감정은 바로 안심과 확신이다. 사람은 항상 최선의 선택을 하지 않는다는 것을 알고 있으면서도, 여전히 자신만은 그렇게 했다고 느끼고 싶어 한다. 그렇다면 구글이 쏟아낸 수백 개의 정보들을 훑어보면서 우리는 과연 어떤 정보에 가치를 느낄까? 판매업체나 공급업체의 정보? 애널리스트가 분석한 정보? 기자가 쓴 뉴스? 유명인의 의견? 이 질문에 대한 좀 더 깊이 있는 통찰을 위해 소비자 신뢰 분야에서 영향력 높은 연구 중 하나인 **에델만 신뢰도 지표**Edelman Trust Barometer를 들여다보자.

에델만 신뢰도 지표는 28개국에서 3만 3000여명의 응답자들을 대상으로 매년 한 번씩 실시하는 글로벌 신뢰도 관련 설문조사로 기업, 정부, 비정부기구, 언론매체의 신뢰성에 대한 일반인들의 태도를 측정한다. 이 연구의 특징 중 하나는 우리가 어떤 회사에 대해 입수하는 정보의 상대적 신뢰도를 해당 정보의 출처를 기준으로 측정하는 데 초점을 맞춘다는 점이다. 2019년 조사 결과를 보면 명단의 거의 최상위에 있으면서 전년도보다 신뢰도 친밀성trust affinity이 가장 많이 상승한, 우리에게 익숙한 정보원이 눈에 띈다. 바로 "나와 같은 사람들a person like yourself"이다.[7] 실제로 이런 사람들의 의견이 업계 애널리스트, 기자, 기업가, 정부 관료 같은 고급 소식통보다 신뢰도 순위가 더 높았다.

이런 동료peer 집단 중심의 정보 경로가 일상생활에서 기업과 개인 간 거래인 B2C 구매 결정을 할 때는 익숙하게 사용될 수 있겠지만, 놀라운 사실은 이런 원리가 B2B 구매에서도 적용된다는 것이다. 세일즈포스가 조사한 2018년 고객 연계 현황State of the Connected Customer 결과를 보면 기업 구매자의 82퍼센트는 개인적인 구매와 기업의 구매에 똑같은 경험을 기대한다는 것을 알 수 있다.[8] 기업 구매자의 72퍼센트는 판매자가 전체적인 구매 과정을 자신의 개별 니즈에 맞게 조정해 주기를 바라며, 67퍼센트는 좀 더 일반 소비자에 가까운 구매 경험을 하고 싶어서 판매 업체를 교체했다고 밝혔다. 우리와 비슷한 사람의 의견이나 견해를 얻으면 이를 통해 좀 더 개인적이고 익숙한 구매 경험을 할 수 있는 것은 사실이지만, 여기서 더욱 놀라운 점은 신뢰하는 정보원이 거래 전환율에 미치는 영향이다.

세일즈포스의 B2B 판매 과정 데이터에 의하면 **리드**^{Lead}(영업이나 마케팅을 통해 수집한 잠재 고객) 전환의 경우에는 고객과 직원의 추천을 통해 관심이 생긴 후 거래로 이어진 비율이 이메일 캠페인을 통해 성사된 거래보다 50배나 더 높았다![9]

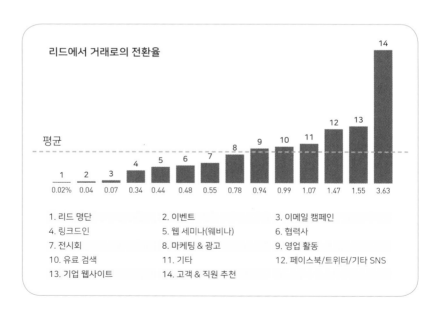

리드에서 거래로의 전환율

평균

| 1 | 2 | 3 | 4 | 5 | 6 | 7 | 8 | 9 | 10 | 11 | 12 | 13 | 14 |
| 0.02% | 0.04 | 0.07 | 0.34 | 0.44 | 0.48 | 0.55 | 0.78 | 0.94 | 0.99 | 1.07 | 1.47 | 1.55 | 3.63 |

1. 리드 명단   2. 이벤트   3. 이메일 캠페인
4. 링크드인   5. 웹 세미나(웨비나)   6. 협력사
7. 전시회   8. 마케팅 & 광고   9. 영업 활동
10. 유료 검색   11. 기타   12. 페이스북/트위터/기타 SNS
13. 기업 웹사이트   14. 고객 & 직원 추천

게다가 마케팅 자동화 분야의 대표적 기업인 마케토^{Marketo}에 따르면 추천을 통해 수집된 리드는 영업 기회로 전환되는 비율이 평균보다 4배나 더 높았고, 이는 그다음으로 순위가 높은 리드 출처 3가지(협력사, 인바운드 영업, 마케팅 활동)의 전환율을 합친 수치와 비슷했다.[10]

리드 수집 채널	전환율 (리드에서 영업 기회로)	전환율 (정규화 이후)
잠재 고객 발굴 활동	0.90%	0.31
이메일	0.55%	0.19
인바운드 영업	3.82%	1.30
이벤트	1.48%	0.50
유료 마케팅	2.98%	1.01
웹 세미나(웨비나)	1.61%	0.55
관계 구축 활동	0.58%	0.20
추천	10.99%	3.74
협력사	4.54%	1.54
소셜미디어	1.95%	0.66

지난 수년간 내가 개인적으로 겪은 바로도 이 수치들은 상당히 그럴 듯하다. 예를 들어 나는 세리브럴 셀링^{Cerebral Selling}이라는 이름으로 영업 교육 사업을 시작하면서 브랜드 로고를 만들고 싶었다. 우연인지 당시

내 친구 하나가 본인 회사에 쓰려고 만든 근사한 로고 하나를 보게 됐다. 그래서 친구에게 어디서 그 로고를 디자인했는지 물었고 나도 같은 곳에서 로고를 만들었다. 더 이상의 조사나 탐색은 필요하지 않았다.

얼마 후 나는 결혼기념일을 맞아 아내와 함께 온타리오 주, 나이아가라 폭포 근방의 근사한 와인 생산지로 1박 2일 여행 계획을 세웠다. 그런데 그 지역의 괜찮은 숙소나 식당에 대해서는 아는 바가 없었다. 그래서 인터넷의 수많은 정보와 사용자 리뷰를 헤매는 대신 그 지역에서 와이너리를 운영하는 친구에게 연락했다. 그는 몇 군데 괜찮은 곳을 추천해 줬고 나는 바로 그가 말해 준 숙소와 식당 몇 곳을 예약했다. 추가 질문은 없었다.

그곳에 더 좋은 숙소나 식당이 있었을까? 그럴 수도 있다. 친구네 회사 것보다 더 근사한 로고를 만들 수 있는 다른 디자인 대행사가 있었을까? 그럴 가능성이 크다. 그런데 내가 그런 사실을 신경 썼을까? 전혀 아니다! 나는 로고가 아주 마음에 들었고, 결혼기념일 여행도 환상적이었으며, 내가 내린 두 가지 결정에 대한 확신이 있었다. 왜냐하면 내가 신뢰할 수 있는 사람들이 추천한 곳이었기 때문이다. 두 사례 모두 우리가 2장에서 확인했던 처방적 판매 과정의 완벽한 예가 된다.

즉, 판매 활동에서 잠재적 구매자를 구매자로 전환시키는 지나치게 야단스럽지 않으면서, 공감을 일으키고, 진정성 있는 방법 중 하나는 비슷한 사고방식을 가졌으면서, 동시에 우리 제품을 아끼는 다른 고객들로 그 고객을 설득하는 것이다.

당신이나 당신 기업의 위상이 관련 업계에서 어느 정도인지 알고 싶은가? 간단한 테스트 하나면 알 수 있다. 구글(아니면 당신이 가장 애용하는 검색 엔진)로 가서 검색 창에 "[당신의 회사 혹은 제품 이름] 리뷰"라고 치고 나오는 결과를 확인하라. 신뢰할 만한 리뷰 사이트에서 사람들의 추천을 받고 있는가? 글래스도어^{Glass-door} 같은 직장인 커뮤니티에 당신 회사의 혁신 문화를 강조하는 글들이 보이는가? 고객의 참여가 새로운 마케팅 수단이 된 세상에서 기업은 자신들의 옹호자들을 적극적으로 동원해서 **사회적 증거**^{social proof}(다른 사람의 행동을 모방하려는 심리)와 관심 높은 리드를 창출하고, 신뢰성을 기반으로 그들을 실제 고객으로 빠르게 전환해야 한다.

당신 상품의 옹호자를 만들어라

3장에서 논의했던 ROI 패러독스로 다시 돌아가 보면, 나는 ROI도 주관적인 경향이 있다고 주장했었다. 이는 ROI 계산 결과나 모델에 대한 신뢰가 그 수치 뒤에 있는 타당성이나 근거, 철저함에 대한 구매자의 신뢰 여부에 달렸기 때문에 ROI 또한 이분법으로 결정된다는 논리였다. 이는 ROI 모델이 객관적으로 타당하든 아니든 구매자가 일단 그 수치를 믿기로 하면 구매자의 시스템 1이 그런 믿음에 필요한 확신과 신뢰를 전달해서 ROI를 입증하기 때문이다. 이 과정에서 동료 집단의 검증과 고객의 옹호는 아주 중요한 역할을 할 수 있다. 이는 솔루션을 처음 구매할 때는 물론 구매 갱신을 결정할 때도 마찬가지다.

빠르게 성장 중이지만 수익성 입증이 필요한 스타트업의 영업 상무로 있는 이브의 예를 살펴보자. 그녀는 지금 분기별 사업 검토 과정의 일환으로 영업 담당자들과 회의하고 있다. 부서가 담당하는 주요 지표들에 대한 논의가 끝나고, 회의 안건이 일련의 지원 기술에 대한 투자 건으로 전환된다. 그녀가 입을 연다. "CFO가 다시 한번 비용절감에 들어가겠다고 하고, 그 일환으로 우리 부서에서 구입한 영업 툴들이 정말 필요한 것들이고 잘 사용되고 있는지 확인하겠다고 합니다. 그래서 말인데요. 지난 분기에 신규 리드의 반응 시간을 줄이려고 설치한 시스템은… 효과가 어떤가요?"

그러자 팀장 한 명이 이렇게 답한다. "잘 활용되고 있습니다. 사업개발 담당자들도 도움이 된다고 하고요."

"그거 잘됐네요." 이브가 말을 잇는다. "그럼 AI 기반의 메시지 작성 툴은 어때요? 고객 발견 이메일을 좀 더 효과적으로 쓰자고 구입한 거 말이에요. 툴을 샀으니 구매 전환율이 높아져야 하는데, 효과가 있었나요?"

그러자 팀원들이 멍하니 서로 얼굴만 쳐다본다. "몇 명이 쓰고는 있는데, 획기적으로 도움이 되는 것 같진 않습니다." 팀원 한 명이 말한다.

"그저 그렇다는 거군요. 그럼 구독을 취소합시다."

결국 확신과 믿음의 부족으로 그 툴의 ROI와 가치에 대한 이분법적 결정이 내려졌다. 대부분은 현명한 선택이라고 여길 것이다.

하지만 아까처럼 그녀의 팀원이 그 툴의 가치를 일축하고 있는데 다른 한 명이 끼어들어 이렇게 말했다면 어떨까?

- "저희 팀 사용률이 낮은 건 사실입니다. 그런데 동종업계에 종사하는 제 친구들은 그 툴이 회사의 구매 전환율에 엄청난 효과를 미쳤다고 하더라고요. 어쩌면 솔루션은 좋은데 저희가 잘못 사용하고 있는 게 아닐까요?"
- 아니면, "그거 이상하네요. 그 플랫폼은 관련 상품군에서 제일 낫다고 평가되는 제품이거든요. G2 같은 사이트에 가 보면 유명 기업들 리뷰도 칭찬 일색이고요. 사용을 중단하기 전에 저희의 사용 방법이 다른 회사와 어떻게 다른지 살펴보는 게 좋지 않을까요?"
- 혹은, "정말요? 제 예전 상사였던 마야 상무님도 영업을 맡고 계신데 그 분은 그 툴을 몇 년째 쓰고 있고 효과도 정말 좋아졌다고 하셨어요."

이런 의견을 접하면 당신의 시스템 2는 약간의 위기를 맞으면서 시스템 1에게 판단을 재고하라고 독촉한 후 제품 공급사를 구독 취소 상황에서 구해줄 가능성이 크다. 다시 말하지만, 이런 감정은 당신의 제품이나 솔루션에 대해서도 강력하고 호의적인 영향을 미칠 수 있으며 이 모든 상황이 감정과 경험에 뿌리를 둔다. 숫자가 중요한 게 아니다.

옹호가 만병통치약은 아니다. 옹호 행위로 형편없는 제품을 시장에서 구제하거나 허위 가치를 전파할 수는 없다. 결국 중요한 것은 당신의 제품과 함께 하는 것이 그렇지 않은 것보다 낫다는 사실을 고객이 믿는 것이다. 솔루션 수가 폭발적으로 치솟는 세상에서, 그리고 ROI 패러독스가 분명히 존재하는 세상에서, 고객의 옹호를 육성하고 동원하는 일은 당신의 솔루션을 확실히 보호할 수 있는 전략이다.

솔루션을 팔지 말고, 문제를 팔아라

나는 직장생활 대부분을 종종 사업 초반에 리스크가 높다고 인식되는 빠르게 성장 중인 기술 스타트업에서 보냈다. 게다가 나는 성향상 위험을 싫어해서 도박이나 사행성 게임은 거의 하는 법이 없다. 그렇다고 오해는 말라. 나 또한 잘 계산된 베팅의 매력은 분명히 알고 있으며 오락이라는 명목하에 푼돈으로 슬롯머신도 당겨 봤다. 이런 행동에는 위험이 따르지만 거의 즉각적으로 경제적 이득을 취할 수 있어서 많은 사람들이 끌리는 것으로 보인다. 하지만 내가 힘들게 번 돈을 나와 절대 어울리지 않는 도박으로 잃게 되는 아주 현실적인 확률은 항상 존재했었다. 게다가 나만 그런 게 아닌 것 같다!

1979년에 심리학자인 아모스 트버스키Amos Tversky와 대니얼 카너먼은 손실 회피 개념이 포함된 **전망 이론**prospect theory이라고 불리는 행동 모델을 개발했다. 이를 간단하게 설명하면 손실에 대한 두려움이 이득에 대한 흥분보다 더 크게 느껴진다는 것이다. 예컨대 내가 당신에게 동전 던지기로 내기를 하자고 제안한다. 떨어진 동전의 앞면이 위를 향하면 내가 당신에게 100달러를 주고, 그 반대면 당신이 내게 100달러를 줘야 한다. 당신이라면 이 내기를 받아들이겠는가? 대부분의 사람은 그렇지 않을 것이다. 100달러를 번다는 데 귀가 솔깃할 수도 있지만 대다수의 사람에게는 100달러를 잃는다는 두려움이 더 강하게 느껴지기 때문이다. 하지만 떨어진 동전이 앞면이면 당신에게 150달러를 주고 뒷면이면 이전처럼 100달러만 받겠다고 하면 어떨까? 이번에는 내기를 받아들이겠는가? 트버스키와 카너먼의 연구 결과에 따르면 대다수가 두 번째 내기도 받아들이지 않는다! 시스템 2는 논리적인 계산을 통해 내기를 수락했을 때 얻는 이득이 손실보다 훨씬 크다는 사실을 말하겠지만 시스템 1이 만들어 낸 두려움이라는 감정 반응이 내기를 밀어붙이려는 용기를 가로막기 때문이다.

그럼 당신이 편안한 마음으로 내기를 하려면 이득과 손실의 차이가 어느 정도 되어야 할까? 트버스키와 카너먼의 연구에 따르면 이런 시나리오에서 **손실 회피**loss aversion 비율은 일반적인 경우 평균 2:1이다. 다시 말해 당신이 100달러를 잃는 위험을 편안히 감수하려면 잠재적 이득이 200달러는 되어야 하는 것이다.

다음 그래프는 금전적 이득 및 손실에 부여되는 가치와, 거기에서 유발되는 심리의 관계를 보여준다. 보다시피 그래프의 곡선에는 두 가지 뚜렷한 특징이 있다. 첫째, 오른쪽 상단(이득 곡선)과 왼쪽 하단(손실 곡선)의 기울기가 다르며 후자인 손실 곡선의 기울기가 더 가파르다는 점이다. 즉, 100달러를 얻거나 잃을 수 있는 기회가 주어졌을 때 돈을 잃는 데서 오는 심리적 효과가 더 강하다는 것을 알 수 있다. 100달러를 잃을 수 있다는 부정적인 느낌을 상쇄하려면 잠재적 이득이 2배가 되어야 한다. 둘째, 금액이 커질수록 손실이나 이득의 기울기 모두 완만해진다. 이는 우리가 보통 작은 이득이나 손실에는 민감하지만 일단 금액이 어느 쪽이든 임계치에 도달하면 심리적 가치의 변화가 둔감해진다는 것을 뜻한다.

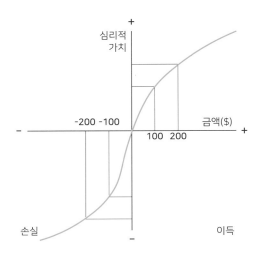

그렇다면 크기가 같은데도 왜 손실에 대한 두려움이 이득에 대한 욕구보다 크게 다가오는 걸까? 지금까지 이 책에서 다룬 여러 원리를 통해 확인했듯이, 우리의 선사시대 조상들이 확립한 행동의 경로에서 답을 찾을 수 있다. 원시 인류의 뇌가 일차적으로 담당했던 기능은 여러 경험을 통해 배우고 적응함으로써 자신을 위험에서 보호하는 것이었다. 잠재적 손실의 우선순위와 위험 수준을 잠재적 이득보다 높임으로써 인류는 (또한 다른 많은 생물체는) 위험을 피하고 생존, 더 나아가 번식의 가능성을 높일 수 있었다.

4 구매 경험과 감정

여기서 역설적인 점은 영업사원을 뽑을 때 영업팀이나 인사팀 관리자가 "당신은 이기는 것을 좋아합니까, 아니면 지는 것을 좋아합니까?" 같은 질문을 즐겨 한다는 것이다. 만약 당신도 이런 질문을 받으면 어떤 답을 하든 구매자의 과학이라는 측면으로 당신의 설명을 조금 보충하라. 즉, 손실 회피의 원칙에 의하면 구매자들을 비롯해 대다수의 사람들이 승리의 기쁨보다 패배에 따른 손실을 더 싫어한다고 말이다!

물론 현대의 판매 세계에서 이 원칙은 많은 것을 시사한다.

사람들이 어떤 상품을 사는 데에는 다음 두 가지 이유가 있다고 가정해 보자.

1. 이득을 얻기 위해
2. 손실을 피하기 위해

만약 두 요인 중 손실을 피하려는 욕구가 감정적으로 더 강하다면 더 많은 고객을 얻는 열쇠는 그런 손실을 막는 쪽으로 상품을 얼마나 잘 포지셔닝하느냐에 있을 것이다. 그래야만 아무것도 하지 않으면서 기존의 것을 유지하려는 구매자의 고집스러운 관성을 타파할 가능성이 커진다. 하지만 모든 일이 이렇게 간단할까?

문제는 구매자의 감정은 나날이 미묘해지는 한편, 점점 더 많은 솔루션으로 넘치는 세상에서는 모든 가치 제안이 고객들에게 득과 실의 명쾌한 이분법으로 해석되지 않는다는 점이다. 예를 들어 우리 회사가 인터넷 상거래 사이트의 결제 페이지에서 구매를 고민하는 고객들의 전환율을 높이는 소프트웨어를 개발했는데 이 제품을 당신에게 판매하려 한다고 생각해 보자. 이때 내가 영업 메시지의 초점을 손실 회피에 두기로 했다면 대략 이렇게 말할 것이다. "선생님 회사가 다른 대다수의 회사와 같다면, 장바구니에 든 물건을 그대로 방치한 고객들로부터 매일 수억씩 잃고 계신 셈입니다. 하지만 저희 솔루션으로 그런 문제를 해결하는 데 도움을 받으실 수 있습니다." 결제 페이지로 넘어간 고객이라고 모두 거래를 완료하지는 않는다는 사실에는 당신도 당연히 반문하지 못할 것이다. 심지어 회사의 구매 포기율^{abandonment rate}을 이미 알고 있을 수도 있다. 하지만 다른 웹사이트나 최상위 회사들에 비해 그 수치가 얼마나 좋은지 나쁜지는 판단할 수 없을지도 모른다. 그래서 당신은 상황이 괜찮다고 여기고 내 메시지를 무시하려 할 것이다.

이는 솔루션의 가치를 손실이라는 렌즈로만 포지셔닝하면 충분치 않다는 것을 시사한다. 구매자가 손실의 규모를 체감하지 못하면 우리의 노력은 허사가 된다. 실제로 손실 회피의 원리를 고객 전환에 완전히 활용하려면 또 다른 요소가 필요하다.

누군가에게 반창고를 팔고 싶다면, '상처'부터 찾아라

우리 앞에 놓인 과제를 해결할 요소를 알아내기 위해, 반창고 하나를 팔아야 한다고 생각해 보자. 이럴 때 대부분의 영업인은 보통 다음 두 가지 접근법을 취할 것이다.

1. 상처를 두려워하는 사람들을 찾아 그들에게 반창고를 판다.
2. 상처를 입은 사람들을 찾아 그들에게 반창고를 판다.

두 경우 모두 구매자가 피하고자 하는 손실은 '상처'가 된다. 그럼, 우리는 어떤 식으로 접근해야 할까?

글쎄, 첫 번째 옵션이 타당해 보일 수도 있다. 어쨌든 반창고가 지금 당장 필요한 사람보다 향후 필요할지도 모르는 사람이 더 많으므로 전체 시장이 더 크다고 할 수 있다. 그리고 그들이 실제로 상처를 입으면 당신의 솔루션이 필요하게 될 것이다. 얼핏 타당하게 들리겠지만, 안타깝게도 이 가정은 잠재적 손실인 척하는 이득 진술이다. 이 시나리오에서는 손실이 아직 일어나지 않았으므로 우리가 정말 판매하는 것은 미래의 손실에 대비한 보험과 같다.

이 접근법은 종종 '**비타민식 영업**vitamin sale'으로 불리는데, 아직은 아니지만 앞으로 일어날 수 있는 문제를 피하거나 약화시키는 데 초점을 맞추는 예방적 솔루션이기 때문이다. 헬스클럽부터 화재 감지기, 그리고 퇴직 금융상품까지 여러 영역에서 흔히 볼 수 있는 접근법이다. 이는 구매자들이 자신에게 일어날 수도 있는 불행에 충분히 민감하기 때문에 예방적 상품을 구매할 것이라는 생각을 토대로 한다.

이 접근법의 핵심 쟁점은 문제가 실제로 닥치기 전에는 구매자들이 그 심각성을 인식하지 못할 수 있다는 것이다. 아픈 사람보다는 건강한 사람이 더 많고, (비극적인 일이지만) 집에 화재가 나는 것도 흔치 않은 데다, 은퇴 계획보다는 지금 피부로 느껴지는 단기적 재정 상태를 고민하는 사람이 더 많기 나름이기에 그렇다.

그럼 두 번째 옵션은 어떨까?

사실 이미 상처를 입은 사람들에게 반창고를 파는 것이 더 효율적이고 실용적이다. 고통이 분명하고 실재할 때 우리의 구매 동기는 훨씬 더 강해진다. 이미 손실을 입은 상태이므로 그것을 모면하는 솔루션을 찾는 것이 시급한 과제로 떠오르기 때문이다. 실제로 세계적 협상 전문가이자 《우리는 어떻게 마음을 움직이는가》를 쓴 크리스 보스 Chris Voss 는 구매 결정의 70퍼센트는 명시적으로 손실을 피하고자 내려진다고 말한다. 이는 종종 '**진통제식 영업**painkiller selling'으로 불리는데, 구매자가 현재 겪고 있는 인지된 고통을 없애 주기 때문이다. 2018년 미국에서 의약품 매출이 비타민 매출을 16배 능가했다는 사실은 우연이 아니다![11]

이런 강력한 통계 수치와 손실 회피에 대한 강력한 연관성을 근거로, 대부분의 판매자들은 진통제식 영업을 주로 사용한다고 생각할 수도 있을 것이다. 그러나 판매자들의 의도와는 무관하게 무기력한 영업 메시지가 생각보다 훨씬 더 흔하며 거기에는 두 가지 이유가 있다.

1. 대부분의 구매자들은 자신이 입은 상처가 얼마나 심각한지 모른다. 심지어 상처를 입었다는 사실조차 모르는 구매자들도 있다.
2. 대부분의 구매자들이 어떤 이유로든 상처를 입고 있지만, 대부분의 판매자가 그 사실을 효과적으로 알리지 못한다.

내 말을 못 믿겠는가? 그렇다면 작은 실험을 하나만 해 보자. 기술 기업을 아무 데나 한 개 선택한 후(딜로이트가 선정하는 고속성장 기업 500곳의 명단을 확인해도 된다), 그 회사의 웹사이트에 가 보자. 5초 안에 그 회사가 가진 문제가 파악되는지 보라. 이 실험의 목표는 그 회사가 어떤 사업을 하는지가 아니라(이 또한 파악하기 힘들 수도 있겠지만), 그들이 해결해야 할 사업상의 고통을 포착하는 것임을 명심하라. 내가 장담하는데 이 미션은 생각보다 어려울 것이다.

'상처'를 보여주는 메시지를 개발하라

그렇다면 우리 대부분이 회사 웹사이트나 마케팅 자료에 넣는 메시지는 대체 무엇이 문제일까? 메시지 자체가 엉성한 것일까? 의미가 불명확할까? 혼동을 줄까? 꼭 그렇지는 않다.

대부분의 판매업체는 그들이 해결해야 할 고통(혹은 싸워야 할 적)을 가장 전면에 놓지 않고 '자신들이 어떤 제품을 만들고, 어떻게 문제를 해결하는지'에 초점을 맞추는 실수를 범한다. 구매자들로 하여금 '어떻게'라는 문제 해결 방법을 통해 고통을 역추적하게끔 만든다. 즉, 판매업체들은 자신들이 진통제를 팔고 있다고 생각하지만 그들의 메시지는 사실상 비타민 영업 문구처럼 들린다. 그 결과 솔루션은 유사품의 바다를 표류하며 버려진다.

가령 한 제약회사의 영업 담당자가 최근 회사가 출시한 혁신적 신약에 대해 피칭을 한다고 가정해 보자. 그가 이렇게 말한다. "다들 잘 걸리는 감기 치료제입니다. 특허받은 이온 결합 화학물로 우리 몸의 면역력을 높이기 때문에 식단 관리만 했을 때보다 바이러스 퇴치율이 30퍼센트나 더 높습니다." 꽤 좋은 약 같다. 안 그런가? 하지만 내 면역력은 이미 충분히 좋은 편이다. 게다가 보통 사람들보다 잘 챙겨 먹는다. 그래도 감기에 걸리면 어떡할까? 며칠 코를 훌쩍거리며 참으면 그만이다. 이처럼 고통을 명확하게 설명하지 않으면 진통제가 되어야 할 제품이 비타민이 돼 버린다.

우리가 매일 접하는 마케팅 메시지도 마찬가지다. "당신의 데이터를 클라우드로 옮기세요.", "10년 더 젊어지세요.", "직원 참여도를 높이세요.", "코골이를 멈추고 더 편안하게 잠드세요.", "고객 지원 소요시간을 절감하세요." 전부 문제를 말하는 것 같지만, 구매자들이 거기서 자신의 고통이나 손실을 체감하지 않으면 쉽게 지나칠 수 있다.

이렇게 자신이 상처를 입었다는 사실조차 모르는 사람들에게 당신이 파는 반창고라는 솔루션이 눈에 띄려면 어떻게 해야 할까?

그들에게 직접 상처를 보여주면 된다!

당연히 고객에게 직접 상해를 가하라는 말은 아니다. 문제를 해결하는 방법을 전달하기에 앞서 해결해야 할 문제 자체를 명확하게 밝히는 접근법이 필요하다는 의미다. 가령 내가 세 번째 스타트업에서 일하던 시절로 돌아가서 우리 제품을 신세대용 피드백, 코칭, 포상 솔루션으로 포지셔닝한다면 아마 이런 식의 메시지들이 나올 것이다.

- "우리는 직원들이 최고의 실적을 내고 그들의 경력을 육성하는 데 필요한 피드백을 받을 수 있도록 돕습니다."
- "우리는 관리자들이 뛰어난 코치가 되도록 돕습니다."

- "우리는 직원들의 우수한 행동을 독려해서 탁월한 조직 문화를 촉진합니다."

앞선 메시지는 모두 직원들이 직장에서 충분한 피드백을 받지 못하고 있고, 관리자들의 코칭 역량이 떨어지는 편이며, 직원들이 뛰어난 일들을 해내지만 눈에 잘 띄지 않는다는 현실을 시사한다. 하지만 이런 말들은 고객에게 쉽게 일축될 수 있다. 직원들이 갈망하는 피드백과 코칭, 포상을 자신들이 이미 충분히 제공하고 있다고 여기는 기업들이 많기 때문이다. 이런 주장을 다음과 같은 메시지로 전달했을 때 잠재 고객들은 우리의 피칭에 더 잘 반응했다.

- "직장인의 70퍼센트는 상사와의 원만하지 않은 관계로 인해 회사를 그만둡니다."
- "밀레니얼 세대의 직장인 대다수는 고과 평가에 대한 심경을 표현할 때 '싫다'라는 용어를 사용합니다."
- "직장인 10명 중 4명은 의도적으로 업무에 관여하지 않으려 하고, 이로 인해 기업들은 수백만 달러의 생산성 손실을 입습니다."

이런 접근법이 아주 효과적이었던 이유는 무엇일까? 메시지의 파급력이 크기 때문이다. 이 주장들은 구체적이고 설득력 있는 통계 수치를 포함한다. 그리고 기업이 겪는 실제 고통을 언급한다. 또 고객으로 하여금 자신이 이미 손실을 입고 있다는 사실을 깨닫게 한다. 다시 말해 그들은 피를 흘리고 있었고, 그래서 반창고가 필요했다. 당신이 하는 피칭이나 마케팅 메시지가 하나같이 고통에 초점을 맞출 필요는 없다. 하지만 현대의 구매자들이 수많은 피칭과 그 어느 때보다 많은 유사품 속에서 허우적대고, 기업들은 온갖 방해 요소로 가득한 바다에서 관성의 법칙에 맞서 싸우며 생존해야 하는 상황에서 당신이 전달하는 영업 피칭의 창끝을 더욱 날카롭게 만들어 줄 수 있는 것은 바로 상대가 이미 겪고 있는 고통이다. 고통이 없는 한 당신의 솔루션은 진통제가 아닌 비타민 취급을 받으며 금방 무시되고, 손실을 피하려는 고객의 강한 욕구를 촉발시키지 못한다. 이어지는 5장에서는 당신의 솔루션을 전달하는 메시지의 힘을 더 강력하게 만드는 접근법들을 구체적으로 다룰 것이다.

5

파급력이 큰
메시지 레시피

몇 년 전 나는 라스베이거스에서 열린 한 영업 총회에 참가했다. 거기서 세계 최대의 생명공학 기업 한 곳에 다닌다는 임원 한 명을 만났다. 그는 평상시 팀원들이 출근하기 전 이른 아침에 사무실에 나가는 편이라고 했다(고위 임원들 사이에서는 흔한 일이다). 그래야 정신없는 하루가 시작되기 전에 어느 정도 일을 처리해 놓을 수 있기 때문이다.

그러던 어느 날 아침 7시 45분쯤, 여느 때처럼 자리에 앉아 일하고 있는데 전화벨이 울렸다. 전화는 아침 일찍부터 잠재 고객 발견에 나선 영업 담당자의 콜드 콜이었다. "좋습니다. 딱 걸렸네요!" 임원은 말했다. 일단 부지런히 그날의 미션에 뛰어들었을 뿐 아니라, 고위 임원들이 보통 이른 아침에는 혼자 책상에 앉아 있다는 사실을 간파한 담당자의 기민함을 높이 샀다. "이른 아침에 자리에 있는 저를 이렇게 붙잡으셨으니 대단하네요." 임원이 이어 말했다. "제가 딱 2분 드릴 테니 최선을 다해 실력 발휘 좀 해보시죠! 선생님 회사는 뭘 합니까?"

당시 상황을 설명하는 임원은 그 담당자의 대응이 참담한 수준이었다고 했다. "제가 정말 전화를 받을지 몰랐을 수도 있고, 제 솔직함에 갑자기 당황했을 수도 있고, 저랑 얘기할 정도로는 준비가 안 됐을 수도 있습니다. 맙소사, 그 직원은 자기 회사가 뭘 하는지 설명하는 데도 줄곧 버벅대더군요! 20초 후에 그냥 고맙다고 하고 전화를 끊었습니다."

불행히도, 이런 일은 드물지 않다.

교묘하면서 어려운 질문

"컴퓨터랑 관련된 일인데, 저도 정확히는 모르겠더라고요."

이 말은 사람들이 내가 다니는 기술 스타트업이 무엇을 하는 회사냐고 물을 때 우리 어머니가 습관적으로 하는 대답이다. 워낙 다른 세대의 분이시기에 나는 어머니의 이런 반응이 그쪽 업계에 대한 지식이 부족하기 때문이라고 생각했다. 그러나 20년간 영업에 있고 보니 어머니가 느끼는 혼란이 그렇게 특이한 것만은 아니라는 것을 깨닫게 됐다. 아무리 뛰어난 영업 기술과 마케팅 프로그램으로 당신의 제품과 서비스를 홍보한다 하더라도 당신의 회사가 '하는 일'을 구매자가 답해야 하는 상황에 처하면 그들은 꽤나 난처해할지도 모른다. 이보다 더 충격적인 사실은 당신의 회사에서 근무하는 사람들도 그 질문에 답하는 데 똑같이 애를 먹을 수 있다는 점이다.

이 간단한 질문은 모든 조직의 영업 및 마케팅 전술에서 핵심이 되어야 한다. 그렇다 해도 우리 대다수는 이 질문에 대해 간결하고, 남과 다르고, 설득력 있게 답하는 데 어려움을 겪는다. 이 질문을 받으면 보통 우리는 자신의 직업이나 솔루션을 그냥 기능적으로 설명한다.

- "저는 스타트업이 더 빨리 성장하도록 돕는 컨설팅 회사를 운영합니다."
- "하이테크 분야에 종사하는 영업인들을 교육합니다."
- "저는 상업용 부동산 전문 중개업을 합니다."

- "기업이 비용을 예측할 수 있도록 보조하는 소프트웨어를 개발합니다."
- "저희는 금융서비스 분야에 인력을 알선하는 대행사입니다."
- "저희는 소상공인들을 대상으로 회계 서비스를 제공합니다."
- "네트워크 보안용 AI 플랫폼을 만듭니다."

이런 설명이 잘못됐거나 나쁘다는 것은 아니지만 이런 대답으로는 구매자의 관심이나 행동을 불러일으키지 못한다. 이런 식의 설명에는 감정이 결핍돼 있으므로 구매자들과 깊이 교감할 수 없다. 이는 2장에서 확인했듯이 시장에 범람하는 솔루션들 때문에 구매자에게 점점 더 다가가기 힘들어졌다는 점에서 더 문제다. 사람들은 자신의 시간과 관심을 내주는 데 더욱 인색해졌다. 전례 없이 쉽게 정보를 얻을 수 있는 시대이므로 당신의 솔루션을 더 깊숙이 알려는 마음도 없고 당신의 프로세스에는 관심조차 없게 된 것이다. 이는 대부분의 영업인들과 그들이 대변하는 상품들이 유사품의 바다에 빠져 익사할 운명에 처했다는 뜻이다.

하지만 희망은 있다! 당신의 메시지가 상대의 귀에 닿고 더 나아가 마음속 깊이 공명하게 만드는 일이라면 설득의 과학이 도움이 될 수 있다. 그것은 영업인들이 마치 갑옷을 뚫는 창끝 같은 기민함으로 더 날래게, 더 많은 고객을 전환하도록 한다.

비밀은 뇌에서 정보가 쉽게 처리되는 원리인 **처리 유창성**processing fluency을 활용하는 것이다. 3장에서 확인했듯이, 현대의 인지신경과학과 심리학에 따르면 구매자의 빠르고 자동적인 의사결정 경로를 이용해서 그들이 빠르게 처리할 수 있는 방식으로 정보를 제공하면 긍정적인 반응을 더 빨리 얻을 수 있다. 우리는 이번 장에서 다음 5가지 기법으로 이 목표를 공략할 것이다.

1. **양극화** Polarization
2. **병렬화** Juxtaposition
3. **촉발성 질문** Provocative Questions
4. **확신** Conviction
5. **스토리텔링** Storytelling

지금부터 메시지의 파급력을 키우는 다양한 접근법을 다루게 되는데, 이 과정에서 두 가지를 꼭 염두에 두자. 첫째, 뛰어난 메시지는 뛰어난 제목이나 신문 헤드라인과 같다는 점이다. 신문 헤드라인이 기사 내용을 전부 전달할 수 없는 것처럼, 솔루션이 가진 가치를 전부 전달하겠다는 목표를 세워서는 안 된다. 메시지의 가장 중요한 목적은 구매자가 귀를 기울이며 "흥미롭네요! 좀 더 말씀해 주세요."라고 말하게 하는 것이다. 메시지의 목적은 대화를 계속 이어 나갈 기회를 얻기 위해서란 걸 명심하자. 둘째, 구매자가 당신의 회사가 무슨 일을 하는지 물었을 때 그에 대한 대답은 상품이나 페르소나에 따라 다를 것이다. 다시 말해서 판매하는 상품이나 솔루션이 여러 가지거나, 다양한 유형의 구매자에게 판매되고 있다면 회사에 대한 설명 방식도 각각에 따라 달라야 한다. 가령 같은 자동차라도 사회 초년생에게 팔 때와 은퇴한 노인에게 팔 때는,

비슷한 직장인 집단에게 여러 모델의 자동차를 팔 때와 마찬가지로 각각 다른 메시지가 필요하다.

양극화: 당신의 적은 누구인가?

트렁크 클럽Trunk Club은 2009년에 설립된 온라인 의류 서비스 업체이다. 이용 방법은 간단하다. 트렁크 클럽에 계정을 만들고 자신의 신체 치수와 선호하는 패션 스타일을 입력하면 개인 스타일리스트가 당신에게 맞는 의류와 액세서리를 골라 준다. 당신의 스타일리스트는 매달 한 번씩 선정한 패션 아이템들을 커다란 상자에 담아 집으로 배송한다. 그중 원하는 것만 구입하고 비용을 지불한다. 마음에 들지 않는 아이템은 무료로 반품하면 그만이다.

이 서비스는 원래 여성보다 의류 쇼핑을 덜 즐기는 남성을 공략하고자 만들어졌다. 이런 결정에는 몇 가지 이유가 있었다. 첫째, 대부분의 남성은 옷에서 실용성을 추구한다. 물론 남성도 외모에 신경을 쓰지만 보통은 패션 감각으로 인정받는 것보다 편안하고 상황에 적절한 옷을 맞춰 입는 것에 중점을 둔다. 둘째, 이런 실용성 중심의 인식 때문에 대부분의 남성이 쇼핑을 재미있고 사회적인 활동으로 간주하지 않는다. 마지막으로, 보통 남성은 '같은 옷을 계속 입는 문제'를 개선하고자 밖에 나가 옷을 사기로 결정한 경우에도 어떤 옷이 자신에게 어울리는지 잘 모른다.

하지만 모든 남성이 이런 범주에 속할까? 당연히 아니다! 3장에서 고정관념을 다룰 때 배운 것처럼 모든 남성이 쇼핑을 즐기지 않는다는 것은 분명 사실이 아니다. 단언컨대 쇼핑을 즐기는 남성도 많다. 그렇다고 이런 남성 모두가 트렁크 클럽의 공략 대상은 아니었다. 회사는 대규모 남성 집단이 트렁크 클럽이 자신에게 맞는 서비스인지 판단하는 데 도움을 줄 수 있는 강력한 메시지가 필요했다. 트렁크 클럽은 그들의 가치 제안의 피뢰침 역할을 할 만한 간단하면서, 파급력이 크고, 양극화된 메시지를 선택했다. 즉 남성들은 옷을 잘 입고 싶어하지만, 쇼핑은 싫어한다는 것이었다.

이렇게 메시지를 양극화하면 표적 고객의 빠른 의사결정 경로가 즉각적이고 본능적이며 감정적인 반응을 일으켜서 당신의 솔루션에 더 쉽게 동조하게 만든다. 양극화 메시지는 상품이나 서비스의 적수를 설정하고 제시하는 방법으로 쉽게 개발할 수 있다. 당신이 선택한 적이나 당신이 택한 포지션이 표적 고객의 포지션과 잘 부합하면 그들은 자연스럽게 당신 쪽으로 기울면서 더 많은 것을 알려고 할 것이다.

트렁크 클럽의 경우에는, 표적 고객이 쇼핑에 대해 느끼는 일반적인 감정과 관련된 단순한 양극화 메시지로 시장을 주도하기로 했다. "남성들은 옷을 잘 입고 싶어하지만, 쇼핑은 싫어합니다."라는 말을 통해 쇼핑이라는 행위를 의도적으로 트렁크 클럽 서비스의 적수로 내세웠다. 만약 당신이 쇼핑을 싫어하는 남성이라면 별생각 없이 이 메시지에 빠르게 동조할 것이다. 양극화 접근법의 장점은 당신의 솔루션과 맞지 않는 고객들에게는 반대 효과를 일으킨다는 점이다. 가령 당신이 쇼핑을 즐기는 남성이라면 트렁크 클럽의 가치 제안을 접해도 별 감흥이 없을 것이다. 고객이 당신의 솔루션을 좋아하지 않는다는 이유로 당신이 기뻐한 다는 말이 이상하게 들릴 수도 있겠지만, 사실 이것은 좋은 일이다. 궁합이 맞지 않는 고객이 당신의 제품을 구입하면 제품에 불만을 느끼게 되고, 그러면 브랜드 이미지가 훼손된다. 또 불만족한 고객은 잘못된 피드백을 줄 수 있고, 회사가 그런 피드백을 그대로 따르면 제품이나 회사의 로드맵이 순식간에 방향을 잃을 수 있다. 요컨대 양극화 메시지는 제품과 궁합이 잘 맞는 고객은 끌어들이고 궁합이 나쁜 고객은 스스로 걸러지게 하는 일석이조의 효과가 있다. 트렁크 클럽의 경우에는 이런 접근법이 제대로 통해서 2014년 미국의 고급 백화점 체인인 노드스트롬에 3억 5,000만 달러에 인수되는 성공을 거뒀다.

또 다른 예를 살펴보자. 내가 세 번째로 몸담았던 스타트업인 라이플(2장에서 논의했던)에서 우리는 현대적인 고과 관리 솔루션을 개발했다. 그 솔루션은 직원들, 특히 직장 내 비중이 급증하던 밀레니얼 세대가 피드백과 코칭, 포상을 바로바로 받고 싶어 한다는 전제에 입각해 개발됐다. 우리는 한동안 그런 메시지를 가지고 시장 공략에 나섰다. 어쨌든 실시간 피드백을 지속적으로 주면 직원들의 참여도는 물론 기업 운영에 긍정적인 효과를 볼 수 있다는 점을 인정하는 인사팀 관리자가 많았다. 그런데 시간이 흐를수록 그런 고객들이 비슷한 문제를 가지고 우리를 찾는다는 사실을 알게 됐다. 많은 조직은 오랫동안 직원들에게 피드백을 주기 위해 연례 고과 평가라는 도구를 사용해 왔는데, 정작 직원들이 그것을 전혀 좋아하지 않는다는 점이었다.

UCLA 앤더슨 경영대학원의 교수로서 여러 수상 경력에 빛나는 작가이자 연구원인 사무엘 컬버트^{Samuel Ceulbrt}는 기업의 연례 평가를 이렇게 표현한 적이 있다.

> 상사와 부하직원의 관계를 해치는 기업의 관행으로 이 때문에 직원들은 자신과 조직 관행에 대해 솔직하게 말하지 못하고, 나쁜 관리자는 계속 나쁜 관리자로 남으며, 좋은 관리자는 그 자질을 발휘하지 못하게 되므로 궁극적으로 수익을 훼손한다.[1]

상황이 이렇다면, 대다수의 직원들이 고과 평가에 대해 '싫다'라는 단어를 사용한다는 연구 결과가 연이어 등장하는 데 놀랄 이유가 없었다. 마침내 우리의 적을 찾았고 우리의 사업을 설명하는 간단한 양극화 메시지가 만들어졌다. 고과 평과는 효과가 없습니다!

양극화 메시지가 으레 그렇듯이, 우리의 메시지에 대해서도 두 가지 반대되는 견해가 있었다. 먼저 당신이 전통적인 인사 담당자로 연례 고과 평가 자체는 좋은 툴이지만 올바로 사용되지 않아서 오인되고 있다고 여긴다면 우리 메시지에 동의하지 않을 것이다. 실제로 일부 인사 담당자의 경우에는 기존 고과 평가 프로세스를 관리하는 것이 그들에게 부여된 핵심 직무 중 하나였기 때문에 민감할 정도로 기존 방식을 두둔했다! 그러나 핵심은 바로 거기에 있었다. 우리의 목표 고객은 전통적인 인사 담당자들이 아니었다. 우리의 공략 대상은 원활한 피드백을 위해 좀 더 나은 솔루션을 찾고 있는 좀 더 미래 지향적인 조직과 인사 관리자들이었다. 적과 우리의 고객을 선별하려는 의도로 개발된 양극화 메시지는 마법 같은 효과를 발휘했다! 우리의 메시지는 시장에서 빠르고 명확하게 알려졌을 뿐 아니라 페이스북, 모질라, 링크드인, 픽사, 스포티파이 같이 우리 사업의 토대가 된 주요 고객들의 관심을 끌어 모았다.

좋은 적을 고르는 방법

양극화 메시지를 개발하는 데 있어서는 모든 적이 똑같지 않다. 어떤 적은 다른 적보다 더 효과적이기 때문이다. 더 구체적으로 말하면 잘 알려진 경쟁자는 몇 가지 이유로 적으로 삼기에 불리하다. 첫째, 당신의 제품이나 서비스가 월등한데 특정 경쟁사의 이름을 댔을 때는 그들을 지나치게 부각하거나 그들의 위치를 당신만큼 격상시킬 수 있다. 둘째, 영업피칭 중에 경쟁사의 이름을 언급하면 당신 회사가 유치하고 옹졸해 보일 수 있다. 예를 들어 패스트푸드 체인인 버거킹이 자신들의 햄버거 패티는 맥도날드처럼 철판 그릴에 굽지 않고 불에 직접 굽는다는 사실로 고객들의 관심을 끌기 위해 양극화 메시지를 사용하려 한다고 생각해 보자.

이때 다음과 같은 두 가지 옵션이 있다.

- "진짜 맛있는 햄버거에 관한 한, 버거킹의 직화 방식이 맥도날드의 철판 그릴보다 당연히 더 낫습니다."
- "진짜 맛있는 햄버거를 만드는 데 관한 한, 저희는 불에 직접 굽는 조리 방법이 모든 차이를 만든다고 믿습니다."

혹은 이런 예도 있다.

- "드래곤 파이낸셜은 타이거 파이낸셜보다 훨씬 낮은 수수료로 월드클래스 서비스를 제공하고자 노력합니다."
- "드래곤 파이낸셜의 목표는 여러분이 달갑지 않게 여기는 콜센터를 없애서 세계에서 수수료가 가장 낮은 금융 기관이 되는 것입니다."

차이가 보이는가? 두 사례 모두 고객들을 특정 관점에 따라 양극화하는 데 중점을 뒀지만 두 번째 예가 더 무게가 있고 안전하다.

그렇다면 바람직한 적의 조건은 무엇일까? 시스템이나 프로세스처럼 추상적이지만 강력한 실체를 가진 적이 좋은 타깃이며 두려움이나 막연함 같은 감정도 괜찮다. 적절한 적을 중심으로 개발된 효과적인 양극화 메시지의 예를 몇 가지 살펴보자.

오래되고 시대에 뒤떨어져서 사랑받지 못하는 프로세스나 시스템, 기술

- 사람들은 피드백을 좋아하지만, 구태의연한 고과 리뷰는 싫어합니다.
- 영업 관리자는 운영 면에서 가치 있는 통찰을 원하지만, 보고서를 구성하고 작성하는 것은 싫어합니다.
- 남자들은 옷을 잘 입고 싶어 하지만, 쇼핑은 싫어합니다.

낭비되는 시간, 비용과 자원

- 직원들의 비용을 수작업으로 처리하는 기업은 매주 수백 시간을 낭비하는 꼴입니다.
- 대부분의 영업 담당자들은 잠재 고객에게 3번 접촉한 후 영업을 포기하지만, 조사 결과를 보면 대부분의 고객은 구매 결정 전까지 8번의 접점이 필요합니다.
- 대부분의 소상공인은 사업에 전혀 가치가 없는 관리 업무에 너무 많은 시간을 허비합니다.

두려움과 위험

- 당신이 서면으로 세금 신고를 하고 있다면, 수백 달러나 되는 높은 공제 혜택을 놓치는 겁니다.
- 적절한 이메일 마케팅 플랫폼이 없으면, 잠재 고객을 실제 고객으로 전환하는 능력이 크게 저하될 겁니다.
- 관리형 서비스 제공업체로서 만약 당신의 고객이 네트워크 문제를 겪고 있다면 그들이 문제를 발견하기 전에 당신이 먼저 문제를 찾아 고객에게 알려 줘야 합니다.

가시성 부족

- 많은 CEO는 직원들이 직장에서 신경 쓰는 문제들을 제대로 감지하지 못합니다.
- 마케팅 관리자 대부분이 소셜미디어 광고에 집행한 비용의 ROI

를 정당화할 수 있는 데이터를 갖고 있지 않습니다.

- 교육의 중요한 과제 중 하나는 팀원들이 배운 기법들을 실제로 사용하는지 파악하는 겁니다.

만약 당신이 제품, 서비스, 기업을 위한 양극화 메시지를 만드는 데 애를 먹고 있다면 더 간단한 방법이 있다. 바로 다음과 같은 좋아함/싫어함이라는 메시지 개발 공식을 이용하는 것이다.

고객은 그들이 ＿＿＿은 좋아하지만 ＿＿＿은 싫어한다는 사실을 말해 주면 언제나 환영한다.

첫 번째 칸에는 고객이 원하는 미래의 모습이나 사업 결과를 넣어라. 그리고 두 번째 칸에는 적에 대한 내용을 넣어라. 이 방법에는 두 가지 장점이 있다. 첫째로 이렇게 하면 설득력 있는 양극화 메시지를 만드는 데 도움이 된다. 둘째로 이런 메시지는 고객이 기억하기 쉽고 자연스럽게 느낀다.

병렬화: 대조를 통해 고객으로 전환시켜라

배우인 톰 크루즈의 키는 170센티미터 정도로 할리우드에서 활동하는 대다수의 주연급 남자배우보다 확실히 작은 편이다. 많은 영화 팬들이 이 사실을 들으면 놀란다. 톰 크루즈는 본인보다 장신인 배우와 나란히 사진을 찍는 일이 드물기 때문이다. 이렇게 비교 사례가 부족하면 불완전하거나 부정확한 인식을 낳는다. 이와 반대인 병렬화는 어떤 대상 두 개를 가까이 둬서 대조 효과를 주는 것으로, 이는 메시지의 명료성을 즉시 높이는 데 큰 효과를 발휘한다.

예를 들어 북극해의 위성 사진 한 장을 보여주고 기후 변화의 영향력을 어떻게 생각하느냐고 물으면 사람들은 좀 난감해할 수도 있다. 하지만 비교 가능한 30년 전 사진을 나란히 보여주면 그 차이가 금세 극명해진다.

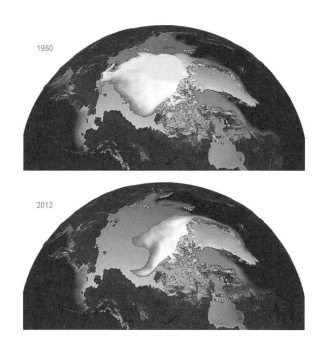

하지만 대조 효과를 위해 항상 두 가지를 나란히 붙일 필요는 없다. 다음 두 포스터를 살펴보자.

　두 포스터 모두 견주들에게 애완견 뒤처리를 깨끗이 하도록 촉구하는 내용이지만 보는 사람의 마음속에는 다른 서사를 불러일으킨다. 왼쪽 포스터는 반려견 주인들이 조치를 취하도록 독려한다. 견주의 착한 본성과 사회적 책임감에 호소하자는 기대감에서 기획됐지만 그러한 기대감이 암묵적으로 표현돼 있다. 그래서 더 쉽게 지나치게 된다. 오른쪽 포스터는 훨씬 더 설득력이 강하다. 내용을 읽는 사람은 자신의 반려견이 방금 볼일을 본 잔디밭이 사실 아이들도 뛰노는 곳이라는 것을 깨닫게 된다. 사람들은 보통 아이들을 보호하려 하고, 아이들은 해를 입지 않고 자유롭게 뛰놀게 해 줘야 할 대상으로 여긴다. 오른쪽 포스터의 메시지는 보는 사람의 마음에 심리적 씨앗을 심는다. 반려견의 배설물을 처리하겠다는 결심은 누군가 당신에게 부탁해서 조치를 취할 문제가 아니라 아이들의 권리를 소중하게 여기는 것에 가깝다는 것이다. 후자는 본능적으로 감정 반응을 일으켜 메시지를 명료하게 만듦과 동시에 빠른 행동을 취하게 한다.

설득심리학 분야의 권위자이자 애리조나 주립대학 심리학과 마케팅 석좌교수인 로버트 치알디니Robert Cialdini는 그의 저서 《설득의 심리학》에서 이를 **대조 원리**contrast principle라고 부른다.

다시 제품과 서비스로 돌아가서 이전 장에서 다뤘던 라이플 사의 현대적 직원 피드백 솔루션에 대해 생각해 보자. 당시 우리는 표적 고객에게 제품의 가치 제안을 신속히 전달하는 데 양극화와 병렬화를 어떻게 결합할 수 있는지 알게 되었다. 우리는 "사람들은 피드백을 좋아하지만 고과 평가는 싫어합니다."라는 메시지로 우리의 적을 명명하는 동시에 원하는 결과, 즉 우리의 적에 대한 대조 효과를 만들어 냈다.

우리가 라이플에서 소환한 또 다른 적은 저조한 직원 참여도였다. 갤럽의 조사 결과에 따르면 직원의 18퍼센트만 자신의 직장과 업무에 적극적으로 참여하고 67퍼센트는 참여하지 않는다.[2] 게다가 2017년 갤럽이 발표한 〈미국의 일자리 현황State of the American Workplace〉 보고서는 참여도가 떨어지는 직원들은 결근율이 37퍼센트 더 높고, 생산성은 18퍼센트 더 낮으며, 수익성도 15퍼센트 떨어진다고 지적했다. 직원들의 참여가 저조한 주된 이유 중 하나는 코칭과 피드백, 포상을 제대로 받지 못하는 업무 환경에 있기 때문이다. 라이플은 영업 전략으로 대조 효과를 노린 메시지를 종종 활용했다.

가령 다음과 같은 인터넷 홈페이지의 팝업 광고를 살펴보자(세일즈포스가 라이플을 인수한 2012년 이후로 이 광고는 존재하지 않는다).

만약 광고 카피가 그냥 "팀원들의 참여를 높이고 그들에게 권한을 부여하는 새로운 방법을 만나세요!"로만 돼 있었다면 독자는 이런 의문을 갖게 될 것이다. "왜 나한테 새로운 방법이 필요한 거지?" 혹은 "예전 방법이 뭔데?"처럼 말이다. 그런데 광고 카피를 "고과 평가는 효과가 없습니다."라는 양극화 문장과 나란히 병렬화하면 독자들은 즉시 메시지의 명료하게 알게 된다.

대조를 통해 명료성을 재빨리 높이는 또 다른 좋은 방법은 데이터를 사용하는 것이다. 이를테면 이런 식이다.

OPTION 1: "사람들은 피드백을 좋아하지만, 고과 평가는 싫어합니다."

OPTION 2: "사람들은 피드백을 좋아하지만, 최근 연구에 따르면 밀레니얼 세대의 80퍼센트는 고과 평가에 대해 말할 때 '싫다'는 단어를 사용했습니다."

OPTION 1: "회사 네트워크가 안전하다고 여기는 IT 관리자 대부분

이 실제로는 부적절한 보안 장치를 사용하고 있습니다."

OPTION 2: "IT 관리자의 75퍼센트는 회사 네트워크가 안전하다고 여기지만, 데이터 침해 발생률은 지난 3년 동안 40퍼센트나 증가했습니다."

OPTION 1: "잠재 고객을 실제 고객으로 전환하려면 여러 번 접촉이 필요하지만, 대부분의 영업 담당자들은 너무 성급히 포기합니다."

OPTION 2: "잠재 고객 한 명과 연결되기 위해 필요한 접촉의 수가 지난 18개월 동안 15퍼센트가 증가했지만 영업인들의 평균 재직 기간은 36퍼센트 감소했습니다. 새로운 영업인들이 점점 더 접촉하기 어려운 구매자들과 교류하는 데 구식 전술로 무장하는 것은 실패의 지름길입니다."

앞선 사례를 보면 각 솔루션마다 두 번째 메시지의 대조 효과가 더 높을 뿐 아니라, 데이터를 통해 전달된 지식과 타당성이 설득 효과를 이중으로 높이는 것을 알 수 있다. 다시 말해 구매자들은 자신의 고통만 인식하는 게 아니라 관련 분야에 대한 당신의 지식을 확인함으로써 당신을 그 고통을 해결해 줄 누군가로 여기게 될 것이다!

질문: 고객의 마음에 파도를 일으켜라

"당신이 가장 좋아하는 영화는 무엇인가?"

5 파급력이 큰 메시지 레시피

이 질문을 보는 순간 당신의 머릿속은 적당한 답을 찾기 위해 데이터 은행을 파헤치느라 아주 분주히 집중력을 발휘할 가능성이 크다. 주의가 한 주제에 쏠리느라 다른 모든 생각은 순간적으로 옆으로 밀려났을 것이다.

질문은 강력한 도구이다. 질문에 답하려면(소리 내서 답하지 않을 때도) 대화에 적극적으로 참여해야 하기 때문이다. 그리고 질문에 반응하는 동안에는 높은 감정적 몰입 현상이 나타난다.

1997년에 〈뉴욕타임스〉는 "외식업계, 노쇼No Show 고객들과 전쟁 선포"라는 헤드라인의 기사를 실었다. 이 기사는 시카고에 있는 한 유명 식당이 예약 후 오지 않는 다수의 고객들로 인해 연간 90만 달러의 손해를 보고 있다고 전했다.[3] 이 식당은 지금까지 이런 노쇼 고객을 줄이기 위해 예약을 받을 때 "계획이 바뀌실 경우 저희에게 연락 부탁드립니다."라는 간단한 요청을 해 왔다. 요청 문구는 예약 기반으로 운영되는 다른 서비스 업체들과 마찬가지로 간결하고, 예의 바르고, 한결같았다. 다만 이 방법이 통하지 않는다는 것이 문제였다. 이런 요청식 접근법을 사용했지만 그 식당은 여전히 30퍼센트라는 노쇼 고객들과 씨름하고 있었다. 하지만 그런 요청을 "계획이 바뀌면 저희에게 연락해 주시겠나요?"라는 질문 형태로 바꾸자 노쇼 비율이 10퍼센트로 뚝 떨어졌다!

이런 놀라운 결과가 일어난 이유는 간단하다. 사람들은 대답이 요구되는 질문을 받으면 이후에도 당시 자신이 발언한 대로 행동을 취하려는 경향이 있다. 이런 현상은 우리가 태도, 믿음, 행동을 일치시키려 할 때 일어나는 내적 갈등인 인지 부조화를 줄이려는 인간의 본질적 욕구에서

비롯된다. 가령 식당에서 당신에게 계획에 차질이 생기면 전화를 해 달라는 요청을 해서 당신이 "네."라고 답했다고 가정해 보자. 이제 당신은 자신을 예약이라는 약속을 지키고 계획이 바뀌면 식당에 전화해 줄 사람과 동일시할 가능성이 크다. 만약 계획이 실제로 바뀌었는데도 예약을 취소하기 위해 연락하지 않으면 당신은 가벼운 정체성 위기를 겪을 수 있다! 이런 인지 부조화를 줄이려는 잠재의식 속 욕구가 당신의 행동이 당신의 말과 정체성에 일치하도록 자극하는 것이다. 이런 강력한 심리학 원리 덕분에 기사 속 식당은 노쇼율을 획기적으로 줄일 수 있었다.

이렇게 비록 머릿속에만 있을지라도 사람들이 대답하지 않을 수 없는 질문의 형태로 가치 제안을 짜는 것은 청중이 즉시 대답을 자신의 신념 체계와 조화시키도록 만든다. 일단 편입이 이루어지고 나면, 그들은 빠르게 그 가치를 내재화할 것이다.

촉발성 질문 기반의 피칭을 구성하기 위해서는 양극화에 대한 논의에서 고안했었던 적부터 시작하는 것이 도움이 된다. 다음과 같은 솔루션-적 페어링을 고려하라.

솔루션	적
고효율 운동 기기	운동할 시간이 부족
이메일 추적 소프트웨어	고객이 영업 이메일에 어떻게 대응하는지 정보가 부족
현대적 영업 교육	얄팍한 영업 담당자들과 낡은 영업 전술
스마트 홈 자동 온도조절기	냉난방에 에너지와 비용 낭비
휴대폰 할인 서비스	기기는 고가인데 고객 서비스는 형편없음

5 파급력이 큰 메시지 레시피

다음으로는 적을 확실히 명명하지 않으면서 목표 고객이 대답을 통해 마음속에 적을 떠올릴 수 있는 간단한 질문을 개발하라.

예를 들면 이런 식이다.

솔루션	적	촉발성 질문
고효율 운동 기기	운동할 시간이 부족	운동할 시간이 절대적으로 부족하세요?
이메일 추적 소프트웨어	고객이 영업 이메일에 어떻게 대응하는지 정보가 부족	이메일 발송 버튼을 누른 다음에 무슨 일이 벌어지는지 알고 싶으세요?
현대적 영업 교육	얄팍한 영업 담당자들과 낡은 영업 전술	고객이 영업 담당자와 대화를 꺼리게 되는 이유가 궁금하지 않으세요?
스마트 홈 자동 온도조절기	냉난방에 에너지와 비용 낭비	당신이 집에 없을 때 돌아가는 난방으로 얼마나 돈을 낭비하고 있는지 아시나요?
휴대폰 할인 서비스	기기는 고가인데 고객 서비스는 형편없음	콜센터에 전화하기조차 싫은 이동통신사에 왜 그렇게 많은 돈을 지불하세요?

표에서 볼 수 있듯, 사례별 질문마다 가치 제안에 부합하는 답을 하게끔 만든다. 이런 접근법은 구매자로 하여금 이전에는 확실히 인지하지 못했을 수도 있는 고통과 난관, 기회를 떠올리게 하는 추가적인 이점도 있다!

확신: 당신의 신념으로 이끌어라

몇 년 전에 있었던 일이다. 회사에서 영업 임원들을 대상으로 외부 워크숍을 진행했고, 행사는 교외에 새로 생긴 근사한 식당에서 다 같이 저녁 식사를 하면서 시작됐다. 식당의 메뉴판을 보니 전형적인 시골 음식에 창의성을 발휘한 다양한 요리를 선보이고 있었다. 다들 메뉴를 찬찬히 들여다본 다음 한 명씩 주문에 들어갔고, 각자 색다르지만 안전해 보이는 요리를 골랐다. 내 순서가 마지막이었다.

다른 많은 이들처럼 나도 음식을 좋아하고 요리 실력에도 꽤 자부심이 있다. 그래서 외식을 할 때는 메뉴의 다채로움을 높이 평가하는 편이다. 그 집은 요리의 다양성을 주 무기로 둔 것처럼 메뉴 수가 많았고 꽤 괜찮아 보이는 옵션도 여러 가지였다. 나는 절대 잘못된 선택을 한 손님으로 남고 싶지는 않았다. 그러니까 종업원으로 하여금 "세상에, 이런 걸 먹겠다고?!" 같은 생각을 품게 할 만한 음식은 절대 피하고 싶었다. 그래서 식당에 가면 나는 대개 몇 가지 후보를 댄 다음 종업원에게 추천해 달라고 하는 편이다. 그런데 그날 밤에는 어쩐지 안심 스테이크가 내 눈길을 끌었다.

"안심은 어떤가요?" 내가 물었다.

그 순간 세상이 멈추는 듯했다. 웨이터는 잠시 아무 말없이 메모장을 내려다보았다. 그런 다음 트랙터 전조등 같은 눈빛을 뿜으며 나를 뚫어져라 쳐다봤는데 표정이 아주 심각했다. 테이블에 앉아 있던 멤버들도 조용히 앉아 다음에 벌어질 일을 기다리는 것 같았다. "아, 선생님." 웨이터는 진지하면서도 안심이 되는 목소리로 말했다.

"탁월한 선택이십니다!" 그의 얼굴에 다시 미소가 떠올랐다. "개인적으로는 저희 메뉴 중 최고라고 생각합니다." 이후 그는 스테이크에 곁들여 나오는 졸인 메이플 시럽과 으깬 서양방풍나물에 대해서도 자세히 설명해 줬다. 오스카라도 탈 만큼 인상 깊었던 그의 짧은 독백이 끝나자 우리 테이블에 앉아 있던 여덟 명 중 여섯 명이 주문을 변경했다.

자신의 메시지를 충만한 감정과 신뢰, 무엇보다 확신을 가지고 전달하는 사람은 현대적 영업이라는 영역에서 강력한 힘을 발휘할 수 있다.

확신은 지식과 경험, 그리고 무언가를 강력히 추천하려는 의지가 교차하는 곳에 존재한다. 현대적 판매에서 확신이란 당신의 제품이나 서비스를 사용해서 개선할 수 있는 기회를 분명히 알리기 위해 당신의 지혜와 경험을 총동원해서 고객을 압박하는 것이다. 일대일 영업에서 확신은 쉽게 감지되고 강력한 효과를 내며, 이와 마찬가지로 조직도 제품, 기업, 브랜드의 시장 어필을 위해 메시지에 확신을 드러낼 수 있다. 그 비밀은 "왜"라는 단순한 개념을 활용하는 능력에 있다. 애플이나 테슬라, 아마존, 디즈니 같은 브랜드들을 통해 반복적으로 확인했듯이 이런 메시지는 구매 결정을 자극할 뿐 아니라 엄청난 옹호 효과를 낳는다.

"왜?"라는 질문의 위력 활용하기

2013년 9월 20일 새벽 2시 30분, 기술 분야의 전문 작가인 스튜어트 울핀Stewart Wolpin이 맨해튼 5번가에 있는 애플 플래그십 매장에 도착했다. 그의 목표는 그날 아침 출시되는 고대했던 아이폰 5S의 첫 구매자 중 한 명이 되는 것이었다. 그렇게 일찍 서두른 만큼, 울핀은 줄의 앞자리를 차지해서 그 탐나는 물건을 안전하게 손에 쥘 수 있으리라 기대했다. 그의 순서는 앞에서 300번째였다.

이제는 다들 울핀의 이야기가 특별하지 않다는 것을 안다. 애플의 신제품 발매일마다 이런 광경이 우리의 기대를 저버리지 않고 놀라울 정도로 똑같이 반복되면서 이제는 하룻밤 야영, 어른들의 객기, 대규모 팡파르와 동의어가 됐다. 사실 2017년 11월에 아이폰 X가 출시됐을 때 맨해튼에서 이 최신 스마트폰을 처음으로 구입한 사람은 그 영예를 차지하기 위해 매장 앞에서 5일 동안 줄을 서야 했다. 그럼 애플은 누구나 부러워하는 이러한 구매자 행동을 만들어 내기 위해 그들의 메시지에 어떻게 확신을 담아내는 것일까? 애플은 자신들의 신념을 바탕으로 고객을 주도한다.

사이먼 사이넥^{Simon Sinek}은 자신의 저서인 《나는 왜 이 일을 하는가?》에서 높은 고객 충성도와 지지도는 고객들과 공유하는 가치와 믿음을 활용하는 조직의 능력에 달렸다고 주장한다. 사람들이 당신과 당신의 브랜드를 사랑하는 것은 당신이 하는 일 때문이 아니라 당신이 그 일을 하는 이유 때문이다. 다시 말해 그들은 제품이나 기능, 혹은 ROI를 구입하는 게 아니다. 그들은 감정을 구입한다. 그들은 당신의 목적을 구입한다. 그리고 그런 감정과 목적 안에서 그들은 가치를 발견한다.

이 개념을 부연 설명하기 위해 사이넥은 **골든 서클**^{Golden Circle}이라는 체계적 접근법을 소개한다. 이는 세 개의 동심원으로 된 간단한 도표를 통해 조직이 자신들의 목적이나 가치 체계(구체적으로 무엇을, 어떻게, 왜에 해당하는)에 대해 어느 정도의 인식을 갖고 있는지 보여준다.

　　　　　　　　　　　　　　　　　　　5 파급력이 큰 메시지 레시피

사이넥은 이 세상 대부분의 조직들은 자신들이 하는 일, 즉 자신들이 전개하는 비즈니스의 기본 틀을 다음과 같이 이해한다고 설명한다.

- 우리는 볼 베어링을 제조합니다.
- 우리는 맛있는 컵케이크를 구워 팝니다.
- 우리는 금융 투자 상품과 서비스를 제공합니다.

그런 다음 그는 훨씬 적은 수의 조직이 자신들이 어떻게 그 일을 하는지를 제대로 알고 있으며, 그 점이 그들을 경쟁사와 차별화시킨다고 말한다. 예를 들면 이렇다.

- 우리는 탄소중립(배출한 온실가스를 다시 흡수해서 배출량을 0으로 만드는 것)을 실현하는 독특하고 독자적인 제조 방식을 사용합니다.
- 우리는 품질을 보존하기 위해 유기농 재료로 제품을 소량 생산합니다.

- 우리 회사의 제품 자문가들은 모두 15주에 걸친 엄격한 교육 과정을 거칩니다.

마지막으로 사이넥은 자신들이 사업을 하는 이유, 즉 조직의 행동과 의사결정 과정을 이끄는 근본적 동기와 핵심 가치를 이해하는 조직이 극히 드물다고 주장한다. 하지만 그 이유를 명확히 밝히는 것은 구매자의 관성을 깨뜨리고 그들이 당신의 메시지에 귀를 기울이게 하는 핵심이다. "왜?"라는 질문이 가진 활력을 가장 쉽게 이용하는 비결은 내가 **신념 진술**belief statement이라 부르는 툴을 활용하는 것이다. 예를 들어 최근 애플은 신제품을 출시할 때마다 애플 디자이너나 엔지니어, 혹은 경영진의 논평과 함께 매끈하고 근사한 동영상을 보여준다. 아름다운 제품 쇼케이스로 위장한 이런 동영상들은 실제로는 그 제품이 가진 기능뿐 아니라 이면에 있는 디자인 사상들로 가득하며 이는 곧 애플의 디자인팀이 추구하는 굳은 신념이다.

- 우리가 하는 모든 일의 중심에는 사용자가 있어야 한다고 우리는 믿습니다.
- 하나의 기술은 그것이 기능적인 것만큼 아름다워야 한다는 것이 우리의 믿음입니다.
- 더 얇고 더 가볍지만 더 강력한 기기를 만들기 위해서는 혁신적인 문제 해결 능력이 필요하다고 우리는 믿습니다.

이런 신념 진술은 두 가지 이유로 강한 설득력을 지닌다. 첫째, 기업이나 조직의 올바른 신념은 우리 개인의 신념 체계와 감정에 깊은 울림을 줘서 행동을 유발하는 능력이 있다. 실제로 2018년 에델만 브랜드 조사^{Edelman Earned Brand} 결과 일반인 세 명 중 두 명은 신념 중심의 구매자라는 사실이 밝혀졌다.[4] 그리고 3장에서 구매자의 정서적 동인에 대해 논의하면서 확인했듯이 이런 현상은 진술된 신념이 구매자의 염원이나 포부를 반영할 때도 발생한다. 예컨대 내가 꿈꾸는 이상적인 자아상이 지금보다 몸무게가 덜 나가는 근사한 몸매의 소유자인데, 때마침 건강한 라이프스타일의 미덕을 칭송하는 헬스클럽이나 멋진 믹서기 광고가 보이면 바로 그 상품의 고객으로 전환될지도 모른다. 애플의 경우에는 이런 현상이 애플에 완전히 반해서 브랜드 매장으로 몰려가 긴 줄과 더 높은 가격도 마다하지 않고 마치 "네, 저도 당신이 하는 모든 일의 중심에 제가 있어야 한다고 믿어요!/당연히 기술은 아름다워야죠!/더 얇다고요? 가볍다고요? 더 강력해요? 왜 아니겠어요!/우리는 같은 비전을 공유하니까요!/우리는 둘 다 쿨하니까요!"라고 외치는 듯한 고객들을 통해 나타난다. (물론 이런 말들이 실제로 언급되는 경우는 드물다.)

신념 진술이 강한 설득력을 발휘하는 두 번째 이유는 브랜드나 제품의 메시지가 진정성 있게 전달되는 데 중요한, 확신과 감정을 드러내기 때문이다. 이를 증명하기 위해 간단한 실험을 하나 해 보자. 당신이 소중하게 여기는 물건 하나를 떠올려 보라. 꼭 고가의 좋은 물건이 아니라도 당신이 감정적으로 강한 애착을 가진 물건이면 된다. 휴양지에서 구입했든, 부모님께 물려받았든, 우연히 발견했든, 어린 시절부터 보관해 왔든,

한 푼 두 푼 저축한 끝에 구입했든, 사랑하는 이에게 선물로 받았든 상관없다. 이제 당신이 선택한 그 물건을 왜 그렇게 보물처럼 아끼게 됐는지 이유를 묻겠다. 당신은 어떤 답변을 들려주겠는가?

내게는 오래된 가죽 공구 벨트가 그런 물건이다. 우리 할아버지는 전기 기술자였다. 그 분야에서 오랫동안 열심히 일하면서 아내와 세 자식을 부양한 강하지만 과묵한 남자였다. 그리고 시간이 지나면서 어느덧 그곳에서 가장 박식하고 재능 있고 강직한 전기 기술자로 명성을 쌓았다. 할아버지는 개인 물품이 많은 분은 아니었지만 내가 뭔가를 뚝딱뚝딱 만들고 고치길 좋아하는 것을 알고 계셨다. 그래서 2006년 세상을 떠나셨을 때 아주 특별한 선물 하나를 내게 남기셨다. 생전에 일을 하시면서 사용하셨던 당신의 공구 벨트였다. 오래돼서 변색되고 공사장 냄새가 나는 벨트로 원래 주인을 똑 닮아 있었다. 그 안에는 스크루 드라이버와 펜치 등 기본 공구들도 여러 개 있었지만 업계에서만 사용하는 좀 변형된 특별한 공구가 몇 개 있었다. 주택 보유자이자 아빠인 나는 시간이 지날수록 아기 침대를 조립하고 가벼운 세간을 설치하거나 한밤중에 터진 수도 파이프를 수리하는 등, 뭔가를 고치는 일이 많아졌다. 개인적으로도 괜찮은 공구를 많이 갖고 있지만 중간에 한 번씩은 꼭 할아버지의 공구 벨트를 꺼내 그 안에 있는 마법 같은 연장의 도움을 받고 나서야 임무가 완수되는 일들이 벌어졌다. 거기 있는 공구를 사용할 때마다 자연스레 할아버지 생각이 났고, 공구를 다시 벨트에 넣고 정리를 끝내면 나는 꼭 하늘을 올려다보며 할아버지께 감사를 표했다. 임무를 완수하게 해 주신 데 대해, 그리고 그곳에서 내 가족을 지켜보고 계신 데 대해. 마치 그 일을 우리 둘이 같이 해결한 것처럼.

공구 벨트에 대한 내 이야기는 전부 사실이다. 이 이야기를 들은 당신은 어떤 기분이 들었는가? 다른 누군가에게는 대수롭지 않을 물건에 내가 얼마나 많은 애정과 확신을 갖고 있는지 알게 됐는가? 당신의 물건으로도 이 실험을 해 보면, 얼굴에 살며시 미소가 번지거나 두 눈에 눈물이 맺히게 된다. 하지만 이런 이야기는 그 이상의 역할을 할 수 있다. 당신이 소중하게 여기는 물건에 얽힌 이야기를 들려 달라고 하면, 당신도 나만큼 감정을 실어 뒷이야기를 세세히 밝힐 가능성이 크다.

실제로 신념에 기반한 확신은 설득력 있게 메시지를 전달하는 데 있어 상대를 도취하게 만들 만큼 압도적이다. 하지만 그 반대 상황도 가능하다. 만약 내가 아무 맥락이나 배경 설명 없이 내 공구 벨트를 들이민 다음 이 물건이 '당신에게' 소중한 이유를 말해 보라고 하면, 단언컨대 당신은 어떤 설득력 있는 이야기도 만들어 내지 못할 것이다. 당신이 어떤 이야기를 하든 진정성이 느껴지지 않을 테고, 청중도 관심을 기울이지 않을 것이다. 당신의 이야기를 들은 사람 중 그 말을 믿는 사람은 거의 없을 것이다.

신념을 가지고 영업 피칭을 하는 법

개인의 특별한 소장품을 가지고 설득력 있는 이야기를 하는 건 쉬울 수 있지만 그 대상이 우리가 매일 판매하는 상품이나 서비스라면 어떨까? 어떻게 하면 당신의 표적 고객에게 높은 가치를 지닌, 신념에 기반한 메시지를 분명히 표현할 수 있을까? 간단하다. 당신의 신념으로 이끌어라!

먼저 당신의 조직이 그 제품에서 특별하다고 믿는 것, 즉 당신의 제품을 경쟁사 제품들과 다르게 만드는 것이 무엇인지 생각하라. 그런 다음 당신의 영업 및 마케팅 활동 전반에 활용할 수 있는 문구를 개발하되 "우리는 _____ 을/를 믿습니다." 혹은 "우리 회사는 _____ 을/를 믿습니다." 라는 형태로 만들어라. 앞서 다뤘던 양극화 문구를 사용해도 된다. 예를 들면 다음과 같다.

- "우리는 당신의 사업을 휴대폰으로 운영할 수 있어야 한다고 믿습니다."
- "우리는 전통적인 고과 평가가 낡고 시대에 뒤떨어진다고 믿습니다."
- "우리는 건강에 좋은 유기농 식품이 더 비싸면 안 된다고 믿습니다."

내가 겪은 영업 여정을 바탕으로 지금까지 이 책에서 다뤘던 내용을 신념 진술로 만든다면 이런 형태가 될 것이다.

- "저는 우리 대부분이 영업인과 얘기하는 것을 원치 않지만, 우리 자신도 시시때때로 영업을 하는 입장에 처한다고 믿습니다."
- "저는 나쁜 영업인들이 실제로 나쁜 사람들이 아니라고 믿습니다. 그들이 더 이상 효과가 없는 낡고 시대에 뒤떨어진 기법들을 사용하는 이유는 그렇게 배웠기 때문입니다."

5 파급력이 큰 메시지 레시피

- "저는 현대에서 영업이 성공하는 비결은 과학과 공감의 원리를 결합하는 데 있다고 믿습니다."

그리고 당신이 믿는 것을 당신의 고객들도 믿는다면 그들은 틀림없이 당신에게 다가와 이렇게 말할 것이다. "좀 더 말해 주세요!"

다음은 당신의 사업에 신념 진술을 활용하는 세 가지 팁이다.

1. **대부분이 알고 있지만 명확히 다뤄지지 않은 구체적인 문제를 지적하라.**
   고객이 기존에 갖고 있던 신념 체계를 완전히 바꾸도록 몰아붙이면 안 된다. 고객 중심의 단순한 양극화 메시지로 시작하는 게 제일 좋다. 하지만 여기저기서 너무 많이 쓰는 진부한 문제나 믿음을 선택하지는 마라. 가령 "우리는 세계적 수준의 금융 서비스를 아주 낮은 수수료로 제공합니다."가 그렇다. 다들 그렇게 말한다! 이런 말로는 절대 돋보일 수 없다.

2. **당신의 제품이나 서비스를 직접적으로 언급하지 마라.** 고매하고 이타적인 신념 체계를 노골적인 영업 피칭과 결합하는 것만큼 효과를 빨리 반감시키는 방법도 없다. 예를 들어 "저희는 우리 XXX 사의 모바일 앱만큼 귀하의 사업을 휴대폰으로 운영하는 데 최선의 선택은 없다고 믿습니다." 같은 말이 그렇다. 고객과 그들의 기회에 집중하라.

3. **"이 말에 목표 고객이 미소를 짓고 고개를 끄덕일까?"라고 자문해 보라.**
   당신의 방향이 맞는지 판단할 수 있는 신속한 리트머스 실험을 원한다면 전형적인 당신의 표적 고객을 떠올린 다음 그들이 당신의 신념 진술을 듣고는 바로 미소를 짓고 고개를 끄덕일 것인지 자문해 보라.

만약 그 대답이 "아니요."라면 작업이 더 필요하다.

각종 방해물과 번쩍거리는 메시지로 가득한 세상에서 고객의 관성을 무너뜨려 행동에 나서게 하는 것은 어려운 미션이다. 하지만 그런 불확실함 속에서 당신의 신념을 토대로 고객을 이끄는 것은 오랫동안 지속될 친밀감을 빠르고 탄탄하게 구축하는 강력한 방법 중 하나이다.

스토리텔링: 당신의 솔루션이 이야기가 되게 하라

당신의 메시지에 상대방이 귀를 기울이게 하는 데 스토리텔링만큼 효과적이고 진정성을 전하는 방법은 거의 없다. 인간이 중요한 지식을 대대로 전달하기 위해 스토리텔링을 일차적인 방법으로 사용하는 것에는 이유가 있다. 가족만의 소중한 요리 비법부터 종교 관습, 그리고 전쟁의 승리담까지, 알 가치가 있는 모든 것들은 다채로운 이야기로 포장되는 경향이 있다. 그런데 밝혀진 바에 따르면 이야기에 대한 인간의 친밀감은 그저 피상적인 게 아니다. 우리의 두뇌와 생물학적 특성이 이야기를 회상하고 말하게끔 만들어졌기 때문이다.

폴 잭Paul Zak은 클레어몬트 대학원의 경제학, 심리학, 경영학 교수이자 신경경제학 분야의 선구자다. 2004년에 그의 연구소에서는 '신뢰 호르몬'이라 불리는 신경화학물질인 옥시토신을 발견했다. 다른 사람이 신뢰나 친절을 보여주는 상황을 맞이하면 우리 뇌가 옥시토신을 분비해서 그들과 교류해도 안전하다는 사실을 알린다. 이런 현상이 특히 유용한 까닭은 인간은 사회적 동물로서 생존과 번성 확률이 다른 사람들과의 협력 능력에 달렸기 때문이다.

후속 연구를 통해 옥시토신은 대개 인간의 대면 상호작용에서 분비되는데, 특정 유형의 이야기, 더 구체적으로는 인물이 주도적으로 긴장감을 조성해서 청자의 흥미를 지속시키는 이야기를 들었을 때도 똑같이 분비된다는 사실이 밝혀졌다. 이는 "긴장감이 상대의 관심을 끌면서" 이야기 속 인물의 감정적 여정에 동화되게 하기 때문이다. 감정은 구매 행동에서도 중추적 역할을 한다는 점을 고려할 때, 이런 사실은 판매라는 상호작용에서 스토리텔링의 활용 방향을 직접적으로 제시한다. 폴 잭의 말을 빌리면 이렇다.

스토리텔링에 대한 이런 신경생물학적 발견은 비즈니스 상황에도 적용된다. 예를 들어 개인적으로 실험해 본 결과, 감성적인 내용의 인물 중심 이야기는 화자가 전달하려는 핵심 메시지의 이해도를 높이고 그 메시지를 몇 주 후에도 더 잘 기억나게 만든다. 나는 기업인들에게 프레젠테이션을 할 때는 항상 인간적이면서 인상 깊은 이야기로 시작하라고 조언한다. 고객, 또는 거리를 지나가는 행인이 왜 당신이 제안하는 프로젝트에 관심을 가져야 할까? 그 프로젝트가 이 세상을 어떻게 바꾸고 우리의 삶을 어떻게 향상시킬까? 그런 일이 완성됐을 때 사람들은 어떤 기분을 느낄까? 이런 것들이 바로 정보를 설득력 있고 기억할 수 있게 만드는 요소들이다.[5]

올바른 유형의 이야기는 아주 강력한 판매 도구가 될 수 있다. 회사 프레젠테이션을 위해 긴장감을 조성하는 30분, 15분, 5분짜리 이야기를 만드는 것도 어려운 일이지만 고객이 그 이야기에 귀를 기울이게 하는 것은 한층 더 어려운 일이다! 고객의 관심이 레이저 광선처럼 가늘고 얇게 퍼져 있는 세상에서 영업인들은 자신의 이야기를 10초짜리로 단축하면서 그 강렬함을 그대로 담아낼 줄 알아야 한다. 하지만 어떻게 하면 그럴 수 있을까? 이제 상거래에서 가장 고전적이면서 재미있는 매체의 이야기로 넘어가 보자. 바로 인포머셜이다.

인포머셜의 비밀 공식

인포머셜informercial(구체적 정보를 제공하는 상업광고)은 내게 볼 때마다 감탄을 자아내는 존재다. 주방용 칼, 믹서기, 진공청소기 같은 평범한 일상용품을 몇 마디 말과 이미지로 마치 그것 없이는 하루도 살 수 없을 것 같은 솔루션으로 바꿔 버리니 말이다. 새벽 2시를 1분 남겨놓은 시간, 당신은 졸음 가득한 눈으로 침대에 누워 인포머셜을 시청하고 있다. 그리고 1분 후, 매직블렛 믹서기가 특송으로 당신의 집에 배달되기 위해 준비에 들어간다! 인포머셜은 매혹적이고 반복적이며 좀 시시할 때도 있지만 영업 담당자들에게는 제품 피칭 방법에 대해서 배울 수 있는 좋은 교보재다.

인포머셜이 가진 가장 강력한 특징은 효율성이다. 구매자의 현상 유지 편향을 거의 마법처럼 무너뜨리고 바로 구매 행동을 일으키기 때문이다. TV 드라마를 시청하듯 인포머셜을 처음부터 끝까지 보는 사람은 드물다. 이는 곧 몇 분 안에 설득력 있는 비즈니스 사례를 만들기 위해 신중하게 조정된 대화, 동영상, 기발한 제품 시연 등의 요소들을 기가 막힌 단순함으로 한데 엮어야 한다는 것을 의미한다.

이런 목표를 달성하려면 어떤 제품을 피칭하든 메시지는 대개 공식에 따르게 된다. 이야기가 이해하기 쉬워야 시청자들의 주목을 끌고, 이후 일련의 단순하고 쉽게 수긍할 수 있는 주장을 통해 결국 제품 중심의 콜 투 액션call-to-action(구매를 이끌기 위해 유도되는 소비자의 행동. 예: 홈쇼핑 채널에 전화하기)을 낳는다.

구체적인 예를 들기 전에, 일반적인 인포머셜 피칭을 단순하지만 체계적으로 분리했을 때 도출되는 다음 4단계 요소를 살펴보자.

1. 문제

여기, 당신이 현상 유지 편향이나 이미 사용 중인 솔루션 때문에 겪고 있는 문제가 있다. 이 단계에는 긴장감이 조성된다. 당신에게 상처가 나서 피가 흐르고 있다는 것을 목격하는 단계이기도 하다(4장에서 확인했듯이)! 경우에 따라서 이런 고통은 표면에 드러날 수도 있고, 숨어 있거나 잠재돼 있을 수도 있으며, 그다지 자주 생각나지 않을 수도 있다. 이 단계는 이번 장 초반에 확인했던 적을 불러내기에 완벽한 지점일 수도 있다.

일례로 칼날을 갈아 줄 필요 없는 최신식 주방 칼 세트를 판매하는 인포머셜이 있다고 치자. 일단 어수룩한 사람이 등장해 낡고 무딘 칼로 빨갛게 잘 익은 토마토 하나를 자르려고 애쓰는 장면으로 시작될 것이다. 보통 이런 장면은 흐릿한 흑백 영상으로 처리되는데, 모델이 수준 이하의 칼로 억지로 자르다 보니 갑자기 토마토가 터져 과즙과 과육이 사방으로 튀어 나간다(그리고 모델이 뜬금없이 입고 있던 하얀 양복도 엉망이 된다). 시청자들이 그 모델이나 이런 이야기 속 주인공을 자신과 동일시하기 시작하면서 긴장감이 조성된다.

2. **이상적인 솔루션**

문제에 대한 이상적인 솔루션이 존재한다. 여기에는 사람들이 보통 알고는 있지만 비용과 노력이 너무 많이 들어갈 것으로 여기는 것이 해당된다. 다시 말해 우리의 주인공이 어떤 일에 돈을 쓰거나 시간을 투자하면 보통 문제는 해결된다. 이상적인 솔루션은 바로 그런 위치에 있다.

예를 들어 문제의 무딘 주방 칼에 대한 이상적인 솔루션은 멋진 주방용품점으로 가서 최고급 일본산 수제 강철 칼을 사는 것이다. 비즈니스 맥락에서는 보통 많은 문제들이 엄청난 양의 시간과 비용 그리고 인적 자원과 기술 자원을 한꺼번에 투입해야 해결될 수 있다.

3. **이상적인 솔루션이 가진 문제**

이상적인 솔루션을 어렵거나 덜 바람직하게 만드는 문제를 말한다. 여기서 당신의 주인공이 현재 있는 곳과 도달해야 할 곳의 격차, 즉 극복해야 할 큰 격차가 생긴다. 이런 격차를 부각함으로써 당신은 이상적인 솔루션을 주인공이 원치 않거나 실현할 수 없는 대상으로 포지셔닝한다.

예를 들어 당신은 이미 주방용품점에 가서 멋진 칼을 사려고 했지만 가격이 수백 달러나 돼서 구입을 포기했을 수도 있다. 이전 단계에서 말했던 대규모의 비즈니스 자원을 투입하는 것도 마찬가지다.

4. **우리의 솔루션 보여주기**

멋진 클라이맥스에 해당한다! 우리의 제품이나 서비스, 솔루션에 투자하면 이상적인 솔루션에 따르는 난관을 피하는 동시에 당신이 겪고 있는 문제와 고통을 극복할 수 있다는 것을 알린다.

예를 들어 '우리의' 칼은 그 근사한 최고급 수제 칼의 몇 분의 일 비용으로 동일한 성능을 발휘하며 당신의 집으로 직접 배송까지 된다!

이 마지막 단계는 앞서 다뤘던 신념 진술을 삽입하기에 완벽한 지점이기도 하다(예: "XXX 나이프 컴퍼니는 가정의 요리사들도 모두 좋은 가격에 전문가용 칼을 사용할 자격이 있다고 믿습니다").

이러한 인포머셜 요소를 가정용 운동기구에 적용해 보면 다음과 같다.

1. 이봐요. 체중도 감량하면서 인생 최고의 몸매를 갖고 싶으세요?
2. 인생 몸매를 갖는 최고의 방법은 일주일에 5번씩 헬스클럽에 가서 2시간씩 운동하는 겁니다.
3. 하지만 헬스클럽은 비용도 많이 드는 데다, 그렇게 매번 시간을 낼 수 있는 사람이 몇 명이나 될까요?
4. 그런 당신을 위해 여기 멋지고 가성비 좋은 가정용 운동기구를 소개합니다.

또는 과일과 채소용 착즙기를 위한 이런 인포머셜 내용은 어떤가?

1. 지나친 가공식품 섭취가 당신의 건강을 해치고 있습니다.
2. 그 해법은 신선한 과일과 채소 그리고 주스를 더 많이 섭취하는 것입니다.
3. 문제는 일반 착즙기는 너무 덩치가 크고, 시간이 오래 걸리고, 비싼 데다, 세척하기도 어렵고, 우리 몸에 유익한 영양분을 너무 많이 파괴한다는 점입니다.
4. 당신에게 필요한 것은 바로 멋진 디자인에, 작고, 세척하기도 쉬우면서, 가격까지 저렴한 착즙기입니다!

고전적인 영업 관점에서 봤을 때 이런 메시지와 피칭 공식이 아주 효과적인 이유는 각 단계마다 청중이 당신의 솔루션을 향해 조금씩 점진적으로 다가가게 되기 때문이다. 각 단계는 보편적인 사실과 감정 모두에 뿌리를 둔다. 이 접근법은 구매자의 관심을 끌 만큼 긴장감 있게 시작되지만 상대의 신념이 갑자기 크게 도약하지 않아도 될 만큼 자연스럽게 전개된다.

비슷한 공식을 이용해서 내가 이 책의 가치를 포지셔닝해 보겠다.

1. 현대의 구매자들과 교류하기가 점점 더 어려워지고 있습니다. 고객이 가진 권력은 더 커졌지만 그들은 과거 어느 때보다 더 회의적이고 판매자들과 대화하기를 꺼립니다!

2. 많은 조직은 영업인들이 각종 새로운 전술을 활용할 수 있도록 교육에 투자하고 권한을 부여해서 이 문제를 해결하려 애씁니다.

3. 문제는 이런 전술 대부분이 현재 우리가 판매 심리학에 대해 알고 있는 것은 물론 구매자들이 실제로 구매 결정을 내리는 방식에 기초하지 않는다는 점입니다.

4. 《더 세일즈맨》은 과학적으로 검증된 방법들을 바탕으로 당신이 현대의 구매자들과 교류하고 조화를 이루는 방법을 알려 줄 겁니다. 이 책은 왜 그런 전술들이 효과적인지 근본적으로 이해하게 함으로써 현대의 영업인들이 더 큰 확신과 정교함을 가지고 영업 전술을 실행할 수 있게 힘을 실어 줍니다.

아니면 다시 기술 분야로 돌아가서, 이 공식을 가지고 휴대폰의 생산성 앱에 대한 영업 피칭을 한다면 이런 형태가 될 것이다.

1. 당신의 영업팀이 거래를 성사시키지 못하는 이유는 판매를 진행할 때 필요한 고객 및 제품에 대한 핵심 정보가 부족하기 때문입니다.

2. 이를 해결하는 방법은 영업 담당자들이 모바일로 사무실에 있는 제품 카탈로그에 접근해서 어디서든 주요 데이터를 확인할 수 있게 하는 것입니다.

3. 문제는 이런 맞춤형 앱을 개발하고 그것을 사무실에 연결하는 일은 어렵고, 시간도 소모되며, 비용이 많이 든다는 점입니다.

4. 저희에게는 뛰어난 모바일 프레임워크가 있어서 기술 분야 이외의 비즈니스 사용자들도 짧은 시간에 동일한 효과를 볼 수 있습니다.

이제는 당신의 제품이나 서비스를 가지고 시도해 보자!

인포머셜의 공식을 적용하면 고객과 잠재 고객이 당신이 하는 일과 당신이 제공해 줄 세부 가치를 더 쉽게 이해할 수 있으므로 궁극적으로 더 빠른 의사결정을 유도하고 전환율을 높인다. 게다가 인포머셜의 피칭 구조를 활용하면 영업 담당자들이 가치 제안을 빠르게 습득하고 몸에 익혀서 슬라이드나 데모 없이도 이를 명확하게 설명할 수 있다. 만약 당신이 새벽 2시에 침대 위에서 영업 피칭 내용을 힘들게 가다듬고 있다면, 그냥 텔레비전을 켜고 인포머셜을 시청하라. 그럼 당신이 찾고 있던 비밀 공식을 발견하게 될 것이다.

메시지의 효과 검증하기

이번 장에서 설명한 접근법들을 가지고 매끄럽게 딱 떨어지는 메시지나 포지셔닝 문구를 만들어 보면 재미있고 보람도 느낄 것이다. 이때 원하는 효과를 확실히 얻기 위해서는 두 가지를 명심해야 한다. 첫째, 당신의 표적 고객이 그 메시지를 이해할 수 있어야 한다. 둘째, 당신의 고객과 접촉하는 회사 직원들 모두가 그 메시지를 일관되게 전달해야 한다. 이런 측면에서 새로운 메시지의 효과를 간단하게 검증하는 방법 세 가지가 있다.

테스트 #1: 새로운 고객도 이해할 수 있는가?

당신의 영업팀 직원들은 제품을 명료하고 단순하게 피칭하는 데 문제가 없을 수도 있다. 하지만 대부분의 구매자들은 구매 여정을 시작할 때 먼저 영업 담당자를 찾지는 않는다. 가트너 보고에 따르면 구매자들은 영업 담당자와 접촉하기 전에 이미 구매 과정의 57퍼센트 정도를 완수한다. 또 그중 다수는 그러고 나서도 웹사이트에서 추가 조사에 나설 것이다.[6] 그러면 이런 질문이 나올 수 있다. 평균적인 잠재 고객들은 웹사이트에 있는 정보(예를 들면 온라인에 있는 광고 카피나 영상, 설명 등)만으로 거의 즉각적으로 당신이 하는 일을 파악할까? 베스트셀러인 《(사용자를) 생각하게 하지 마!》의 저자인 스티브 크룩Steve Krug은 이렇게 주장한다. "웹 페이지는 설명이 필요 없어야 한다. 분명하고 그 자체로 설득력이 있어야 한다. 무슨 말인지 파악하느라 애쓰지 않아도 그게 무엇이고 어떻게 사용하는지 바로 '납득이 돼야' 한다."[7]

내가 일했던 스타트업에서 우리 솔루션을 객관적으로 평가하기 위해 우리 브랜드를 전혀 모르는 고객들을 모아 신규 사용자 대상의 집단심층면접FGI을 실시했던 것도 그런 이유에서였다. 우리는 최소한의 지침만 받은 사용자들이 우리 웹사이트에서 상호작용하는 모습을 관찰하고 그에 대한 실시간 피드백을 받았다. 그런 의견을 통해 우리의 현실을 그대로 인식할 수 있었고(때로는 충격적일 정도로), 우리의 맹점도 확실히 파악할 수 있었으며, 제품의 가치 제안 중심으로 온라인 커뮤니케이션을 개발할 수 있었다.

　이 첫 번째 검증방법이 통과해야 할 세 가지 테스트 중 가장 중요하다. 고객이 당신이 무슨 일을 하는지 제대로 파악하지 못하면 결국 그들의 시선은 다른 곳을 향할 것이다. 여기서 좋은 결과를 얻지 못했다면 두 번째 테스트에서 그 이유를 알게 될지 모른다.

테스트 #2: 회사 직원들은 일관적인 메시지를 사용하는가?

영업 담당자, 마케팅 담당자, 고객지원센터 직원 중 몇 명을 무작위로 선정해서 그들에게 회사가 하는 일을 15초 내로 설명하라고 요청해 보라. 이 실험을 하면 보통 세 가지 결과가 나온다.

1. 합격!: 설명 자체도 뛰어날 뿐 아니라 내용이 사람들 간에 전체적으로 일치할 때
2. 그럭저럭: 대부분이 내용을 꿰맞춰서 괜찮은 피칭이나 설명을 하지만 세부와 느낌이 사람마다 다를 때
3. 총체적 난국: 사람들 모두 일관성 없이 횡설수설하고, 내용을 듣다 보면 어떻게 회사에서 저런 사람들에게 고객 대면 업무를 맡겼을까? 하는 회의감이 들 때

물론 결과가 합격!으로 나오면 좋겠지만 현실은 두 번째와 세 번째 사이 어딘가에 위치할 가능성이 크다. 첫 번째 테스트도 성공적이지 않았는데 두 번째에서도 찜찜한 결과를 얻었다면 세 번째 테스트에서 깨달음을 얻을 것이다!

테스트 #3: 당신의 경영진은 일관성 있게 말하는가?

이 검증 방법의 기본 틀은 대상이 회사 경영진이라는 점만 빼면 두 번째와 비슷하다. 조직의 재무, 기술, 지원, 운영 책임자는 회사가 하는 일을 제대로 설명할 수 있을까? 영업과 마케팅 관리자는 어떨까? 함선의 키를 잡은 선장은 우리의 기대대로 메시지의 명확성과 일관성을 가지고 있을 것 같지만 늘 그렇지는 않다. 안타깝게도 이 테스트에서 성공하지 못한 조직은 첫 번째와 두 번째 테스트에서도 별다른 성공을 거뒀을 가능성이 낮다. 고위 임원들이 회사의 가치 제안을 명확히 설명하지 못하는데 어떻게 다른 직원들이 그렇게 할 수 있겠는가?

이 방면으로 개선이 필요하다면 걱정하지 마라. 여기 당신이 올바른 방향으로 나아갈 수 있는 몇 가지 팁이 있다.

1. **기본으로 돌아가라.** 당신의 팀이 영업 피칭을 정확하게 수행하지 못하는 이유는 아마도 메시지가 낡고, 복잡하고, 현재 솔루션이나 시장 가치와 일치하지 않기 때문일 수 있다. 무턱대고 메시지를 고치기보다는 회사 브랜드와 미션, 핵심 신념을 다시 들여다봐라. 그렇게 발견한 내용을 바탕으로 설명하기 쉬우면서 단순하고, 호소력 있고, 고객 중심인 가치 제안을 개발하라. 메시지를 기존 고객은 물론 신규 고객들을 통해 검증한 후 그들이 겪고 있는 문제에 부합하는지, 또 당신이 전달하려는 가치로 문제를 해결할 수 있다고 그들이 느끼는지 확인하라!

2. **기록하라.** 당신의 피칭을 글로 써 보면 메시지에 쓰인 특정 단어나

구절의 모호함을 더 확실히 확인할 수 있다. 일단 기록했다면 회사에서 가장 유능한 영업 및 마케팅 담당자, 혹은 임원에게 메시지를 그대로 전달해 보라고 한 다음 내용을 녹음하거나 녹화하라. 탁월한 피칭이 어떤 것인지 참고 가능한 모범사례를 만드는 것은 일관성을 유지하는 데 꼭 필요하다.

3. **책임감을 부여하고 유도하라.** 당신의 목표가 무작정 전화부터 걸고 보는 영업 담당자 손을 수화기에서 떼어내는 것이라면 그냥 그렇게 하라! 공식 프로그램을 통해 영업팀 팀원들을 대상으로 정확한 메시지를 교육하고 인증해서 그들의 책임감을 높여라. 또 팀 회의를 시작할 때마다 5분 정도 할애해서 팀원 몇 명을 무작위로 선정한 후 소리 내어 영업 피칭을 하도록 지시하라. 당신이 이런 접근법을 이미 활용하고 있다면 직원들은 지속적인 책임감을 느끼면서 당신의 지원을 고맙게 여길 것이다!

현대의 영업 및 마케팅 조직이 부딪히는 온갖 장애물과 걸림돌을 감안한다면 당신이 하는 일을 설명하는 것이야말로 영업 프로세스에서 가장 쉬워야 한다. 고객의 마음속에 반향을 일으키면서 쉽게 설명할 수 있는 메시지를 조직이 일관되게 전달하는 열쇠는 가장 개선이 시급한 곳을 파악해서 그 메시지가 표적에 정확히 안착할 수 있도록 직원들을 교육하고 그들의 책임감을 높이는 전술을 활용하는 것이다.

6

진심을 다한 고객 발견

암 진단을 받았을 때 최악의 상황 중 하나는 그 소식을 남들에게
알려야 한다는 점이었다. 적어도 나는 그랬다.

당시 나이가 서른여섯이었고, 많은 사람들이 그렇듯이 암 진단은
내게도 너무 갑작스러운 일이었다. 진단과 동시에 검사, 스캔,
특진, 수술, 추적 치료의 세계에 던져졌고 이 모든 것들과 함께
내 감정은 롤러코스터를 탄 것처럼 미친 듯이 널뛰었다. 치료와
예후를 스스로 극복해 나가는 것은 물론이고 내 삶에 연관된 다른
사람들에 대한 걱정이 들었다. 가족과 친한 친구들에게 소식을
알리는 것은 힘든 일이었다. 물론 다들 힘이 돼 줬다. 그러나 무슨
이유에서인지 나는 그 일을 완전히 공개하는 게 두려웠다. 암에
걸린다는 것이 드물고 낯선 일이었기 때문은 아니었다. 대부분의
사람들이 인생에서 어떤 식으로든 암과 접촉하게 된다. 하지만
내 일을 모두가 신경 쓸 필요는 없다는 생각이 들었다. 사람들이
끊임없이 내게 괜찮냐고 묻거나 색안경 낀 눈으로 볼까 두려웠다.
나는 그냥 데이비드가 되고 싶었다. 암이 걸린 데이비드는 싫었다.
그래서 소식을 아주 가까운 사람들에게만 알렸다.

나는 일련의 치료 과정을 거쳤고 육체적, 심리적 상처를 아물게
하려고 휴가도 냈다. 다행히 수개월 후, 셋째 딸이 태어남과
동시에 나는 그 터널을 뚫고 나와 암에서 해방됐다. 그리고
이전보다 더 조심하고, 감사하고, 주의 깊은 사람이 됐다. 마치
전쟁을 마치고 돌아온 군인처럼 처음 여정을 떠났을 때와는 다른
사람이 돼 있었다. 게다가 여러 면에서 더 좋아졌다. 데이비드
2.0이 된 것이다. 그런 경험을 한 많은 사람들이 그렇듯이 나도
내 경험을 축복으로 여기게 됐다. 그럼에도 여전히 그 일을
공개적으로 언급하는 경우는 드물다. 하지만 내성적인 성격에다
사생활에 예민한 내가 침묵을 깨게 되는, 그러니까 내가 겪은 일을

이상하리만큼 금세 털어놓게 되는 예외적인 상황이 꽤 있었다.

내 여정을 의사와 의료 전문가, 정신건강 전문의 등의 치료 공동체 안에서 공유하는 것은 당연히 예상할 수 있는 일이다. 그런데 또 다른 사람들이 있었다. 희귀 혈액암으로 투병했던 아버지를 간호했다고 털어놓은 동료이자 친구, 최근 유방암 진단을 받았지만 록스타처럼 열정적으로 싸우는 젊은 여성이자 엄마, 또 몇 년 동안 교류가 없었지만 암으로 안타깝게 남편을 먼저 보내고 혼자서 어린 두 아이를 키우는 오랜 친구도 있었다. 솔직함에 대한 내 패턴을 깨닫기 시작하자 거기에는 분명한 법칙이 있었다. 상대방이 나를 도울 수 있는 입장에 있을 때나 내가 그들을 도울 수 있는 입장일 때, 아니면 같은 경험을 통해 강한 신뢰와 공감이 생겼을 때는 입을 여는 데 전혀 두려움이 느껴지지 않았다. 그런 경우에는 오히려 내 감정을 억누르고 입을 열지 않는 것이 더 힘들었다.

다시 영업이라는 최전선으로 복귀하자 그와 똑같은 상호작용이 영업 일선에서 어떻게 벌어지는지 기이할 정도로 잘 이해되기 시작했다. 판매자들은 고객이 사업에서 겪는 가장 내밀한 문제뿐 아니라 솔루션을 찾으려는 개인적 동기까지 자세히 털어놓게 만들려고 애를 쓴다. 하지만 테이블의 반대편에는 이런 판매자의 동기와 의도, 도움을 줄 수 있는 능력을 경계하는 고객이 자신의 소중한 정보를 철저히 함구하고 있다.

영업에서 고객 발견은 왜 중요한가?

영업에서 발견은 단연코 우리가 고객과 하는 상호작용 중 가장 중요한 단계에 속할 것이다. 발견이란 고객의 니즈와 그들이 겪고 있는 고통의 본질과 규모를 파악하고, 우리 조직과 나 자신을 그들을 도울 수 있는 전문가로 자리매김하는 것이다. 이렇게 중요한 상호작용의 효과를 극대화하는 것은 아주 중요하지만, 고객 발견에 현대적 판매 활동에서 가장 복잡하고 미묘한 감정선이 결부되는 데에는 세 가지 이유가 있다.

첫 번째는 신뢰와 믿음이다. 환자와 의사의 상호작용이라는 맥락에서 보면, 진료실에서 의사는 이방인에 가까운 환자에게 순식간에 가장 내밀하고 사적인 질문들을 퍼붓기 시작한다. 그리고 놀랍게도 환자는 보통 신속하고 정확하게 사실대로 답을 한다. 왜냐하면 이들의 상호작용에는 본질적으로 신뢰와 믿음이 뒷받침되기 때문이다. 환자들은 대개 담당 의사를 암묵적으로 신뢰하며 본인에게 도움을 줄 수 있는 전문가로 여긴다. 하지만 영업인들은 적어도 구매자와 관계를 맺는 초기 단계에는 그 정도의 친밀감을 누리지 못한다.

예를 들어 어느 날 아침, 당신이 극심한 복통을 느끼며 잠에서 깼다고 가정해 보자. 다행히 당신은 도시에 살고 있고 열 블록 정도 떨어진 곳에 일찍 진료를 시작하는 내과가 있어서 일단 그곳을 찾기로 한다. 병원으로 걸어가자니, 한 걸음 뗄 때마다 배가 참을 수 없이 아프다. 그러다 내과까지 네 블록 정도 떨어진 교차로에서 그만 신호등에 걸려 꼼짝없이 2분 정도를 더 기다리게 된다. 이 시점에 당신은 통증이 너무 심한 나머지 신호등에 손을 짚고 허리를 굽힌 채로 힘겹게 숨을 몰아쉰다. 그때 위에서 "괜찮으세요?"라는 걱정스러운 목소리가 들린다. 고개를 드니 아침 햇살 속에 한 여성의 근심 섞인 얼굴이 보인다. 당신은 어떻게 하겠는가? 일반적인 경우라면 "괜찮습니다." 정도로 답한 후 발걸음을 떼기 전에 그 여성에게 최대한 점잖은 표정을 지을 것이다. 한두 블록 더 걸은 후 뒤를 돌아보니 아까 그 여성이 몇 발짝 떨어진 곳에서 당신을 따라오고 있다. 이윽고 병원에 도착하자, 여성이 그대로 당신을 따라 들어와서는 안내 데스크 뒤 벽에 걸린 가운과 이름표를 낚아챈다. 알고 보니 그녀는 바로 당신이 만나려던 그 의사였다! "어디가 불편하세요?" 의사가 말한다. "아, 선생님!" 당신이 대답한다. "오늘 새벽 2시 30분에 알 수 없는 극심한 복통 때문에 잠에서 깼는데, 정말 너무 아파요!" 의사는 걱정과 의아함이 섞인 표정으로 눈썹을 치켜 올리며 묻는다. "그렇군요. 그런데 아까 교차로에서 제가 괜찮으시냐고 여쭤 봤을 때는 왜 말씀해 주지 않으셨어요?"

구매자가 판매자를 자신의 고통을 이해하고 자신을 도울 수 있는 누군가로 여기지 않는 한, 그들은 이 일화에 등장하는 의사처럼 신뢰할 수 없는 낯선 사람으로 간주될 가능성이 크다. 그런 만큼 신뢰가 형성되기 전에는 경계심을 유지하며 정보를 거의 주지 않을 것이다. 이런 현상은 젊은 영업 담당자가 연륜 있는 구매자를 대상으로 영업을 할 때 더욱 두드러진다. 이는 내가 **경험의 비대칭**(experience asymmetry)이라 부르는 개념으로 조금 뒤에 더 자세히 다루게 될 것이다.

발견 활동에서 극복해야 할 두 번째로 큰 난관은 자신이 겪고 있는 고통에 대한 고객의 소통 능력(혹은 무능력)과 관계가 있다. 영업인들은 고객이 자신의 문제를 종합적으로 잘 알고 있다고 기대하기 쉽지만, 사실 고객이 문제를 완전히 인식하고 제대로 설명하는 경우는 드물다.

예컨대 소프트웨어 업계의 한 고객은 회사 영업 담당자들에게 협상 교육이 필요하다며 나를 찾았다. "왜 팀원들에게 협상 교육이 필요하다고 생각하세요?" 내가 물었다. 고객은 영업 담당자들이 회사 소프트웨어를 정가에서 30~50퍼센트나 할인된 가격으로 판매하는 게 일상화됐다고 말했다. 그 말의 신빙성에 의문을 제기하지 않은 채 나는 상황을 좀 더 파악하기로 했다. "맞아요. 과도한 할인은 부족한 협상 기술 때문일 수 있습니다." 내가 설명했다. "하지만 그런 문제가 발생하는 요인은 아주 다양합니다. 가령 회사의 가격 모델이 그렇게 효과적이지 않거나 특정 유형의 고객에게는 적절하지 않을 수도 있습니다. 또 영업 담당자들이 솔루션의 특징과 가치를 제대로 전달하지 못하거나, 고객이 해결하려는 문제에 정서적 교감을 충분히 하지 않았을 수도 있고요."

내가 문제를 일으킬 만한 다른 잠재적 요인들을 계속해서 탐색해 나가자 고객은 비로소 그 앞에 놓인 문제와 기회를 더 폭넓게 인식하게 됐다. 결과적으로는 회사 영업 담당자들을 대상으로 교육을 진행했지만, 핵심은 협상이 아니라 적절한 영업 메시지와 이의 처리 기술을 통해 영업 프로세스 초반에 솔루션의 가치를 확립하는 데 맞췄다. 그것은 내가 적절한 발견 과정 없이 고객이 언급한 니즈를 액면 그대로 받아들였다면 도출하지 못했을 해결책이었다.

세 번째 난관은 영업인으로서 우리는 고객에게 얻고 싶은 정보를 얻고자 여러 질문을 가지고 발견용 대화에 나서지만 고객은 그런 정중한 고문마저 원치 않는다는 사실이다. 예전에 영업직 팀원을 뽑는 면접에서 지금까지 기억에 남는 아주 기분 좋은 경험을 한 적이 있었다. 좋은 발견의 가치를 중시하는 나는 그에게 이런 질문을 했다. "고객과 발견용 대화를 할 때 당신이 개인적으로 가장 애호하는 질문 몇 개만 든다면 뭐가 있을까요?" 그가 답변을 시작했다. "글쎄요. 제가 좋아하는 질문 몇 개는 기꺼이 말씀드릴 수 있습니다. 그런데 지난 몇 년간 일하면서 제가 그런 질문 목록을 가지고 대화를 시작한다고 해도 고객들이 그 질문에 꼭 답을 하지는 않는다는 것을 알게 됐습니다." 답변에서 엿보이는 그의 정서적 인식 능력이 내게는 신선한 충격을 줬다(몇 년이 지난 지금까지도 이렇게 생생히 기억하는 것을 보면 확실히 그런 것 같다). 우리는 그를 고용했고 그는 우리 부서에서 가장 유능한 직원 중 한 명이 됐다. 그의 견해가 지혜로웠다는 것은 계속해서 증명됐다. 사람들은 우리가 어떤 질문을 한다고 해서 그대로 속을 터놓지는 않는다. '무엇'을, 그리고 '어떻게' 묻는지가 유용한 통찰을 얻는 데 결정적인 역할을 한다.

이런 사실들을 염두에 두고, 집중과 공감을 바탕으로 효과적인 고객 발견 활동을 수행하는 몇 가지 전략과 전술을 살펴보자. 고객 발견 과정은 실제로도 복잡하고 미묘하지만 나는 이 주제를 세 가지 파트로 나눠 설명하고자 한다.

- 파트 1: 무엇을 알고 싶은가?
- 파트 2: 어떻게 상대의 마음을 열 것인가?
- 파트 3: 성공을 위한 대화는 어떻게 설계하는가?

파트 1: 무엇을 알고 싶은가?

"제가 방금 끝내 주는 고객 발견용 전화를 했어요!" 우리 부서의 팀원한 명이 갑자기 내 사무실로 들이닥치며 외쳤다. 때는 내가 한 스타트업에서 일하던 무렵으로, 분기 말을 열흘 앞둔 날이었다. 매 분기마다 매출 성장을 보여주는 게 아주 중요하던 시절이기도 했다. 팀원들은 바삐뛰어다녔고, 대부분의 매출 부서가 그렇듯이 우리에게도 마감 종소리가울리기 전까지 목표를 채울 기회가 남아 있었다.

"정말?" 내가 흥분해서 대답했다. "어디 말해 보게." "그게…" 그녀가 숨을 고르며 설명했다. "한 소프트웨어 회사의 영업 관리자 분과 통화를 했는데, 저희 제품을 무척 마음에 들어 하셨어요. 어쩌면 이번 분기에 거래를 따낼 수도 있을 것 같아요!" "정말 잘됐군!" 내가 조심스럽지만 낙관적인 어조로 말했다. 그러고는 그 발견용 전화에 대해 더 파악하고자 직원에게 기본적인 질문들을 해 나갔다.

- 고객이 우리 솔루션을 언제부터 얼마나 사용하고 싶은지 알려 줬나?
- 고객이 겪고 있는 문제가 얼마나 오래됐고 어느 정도 심각한지 정보를 공유했나?
- 그 회사는 구매 승인 과정이 어떻게 되고 고객이 앞으로 열흘 안에 어떤 식으로 거래를 성사시킬 것인지 설명해 줬나?
- 고객과 가격이나 예산에 대해서도 논의했나?

6 진심을 다한 고객 발견

그 직원이 고객과 나눈 통화의 내용을 같이 점검하다 보니, 그녀가 사실상 중요한 정보는 아무것도 얻지 못했다는 것이 분명해졌다. "알겠네." 내가 말했다. "그러니까, 자네가 우리 제품에 대해 호의적인 어떤 예의 바른 남성과 좋은 대화를 나눴다는 거지?"

"이런, 세상에!" 그녀가 대답했다. "네… 그런 것 같습니다."

이 상황이 익숙하게 느껴지는 사람이 당신 혼자만은 아닐 것이다. 고객 발견용 대화에서 당신이 원하는 중요한 정보를 끌어내는 일은 불가사의할 만큼 복잡하다. 고객과 대면하는 다른 상호작용과 마찬가지로, 별다른 준비 없이 고객 발견용 대화에 나서면(우리는 흔히 그렇게 한다) 종국에는 거래를 발전시키는 데 특별한 가치가 없는 메모 내용만 멍하니 바라보게 될 것이다. 그런 상담은 당신과 당신 고객 모두에게 시간 낭비일 뿐이다. 대화를 통해 회사 솔루션을 소개하거나 거래를 한 단계 더 발전시키는 것이 당신의 목표라면, 어떤 세부 정보가 필요한지 사전에 확실히 알아야 한다. 지금부터 이어질 각각의 내용을 통해 우리는 판매자가 발견용 대화에서 수집할 수 있는 세 가지 유형의 고객 인사이트와 고객이 가진 고통과 난관의 유형, 그리고 발견용 대화에 대비하는 최적의 방법들에 대해 탐색할 것이다. 우리의 목표는 발견용 대화가 끝났을 때 당신이 거래를 진전시키는 데 필요한 핵심 정보를 확실히 얻는 것은 물론이고 고객이 당신을 자신에게 도움을 줄 수 있는 신뢰할 만한 누군가로 여기도록 만드는 것이다.

고객 인사이트의 세 가지 유형

어떤 정보를 얻고 싶은지 결정하는 것은 고객 발견용 대화에서 집중력을 높이는 측면과 모든 중요한 신뢰를 확보하는 측면에서 중요하다. 그러나 우리가 알고자 하는 정보를 정하기 전에 발견용 대화에서 얻을 수 있는 인사이트의 유형부터 먼저 이해해야 한다.

고객 발견용 대화나 전화에서 일반적으로 논의되는 고객 인사이트에는 세 가지가 있다.

1. 알고 있고–언급된(known/spoken)

이는 고객이 당면한 기본적인 과제와 니즈로서, 구매자와 판매자가 모두 알고 있고 자유롭게 거론될 수 있는 정보를 말한다. 또 구매자와 판매자가 대화를 하게 된 예상 가능한 원인을 나타낸다. 예를 들어 한 법률사무소의 IT 관리자가 네트워크 보안 소프트웨어에 대해 알아보고자 관련 회사에 연락했다고 치자. 그 소프트웨어 회사는 다른 법률사무소와 일한 경험이 많아서 영업 담당자는 IT 관리자가 연락한 이유를 어느 정도 짐작할 가능성이 크다. 다시 말해 영업 담당자가 IT 관리자에게 자신들의 소프트웨어에 대해 관심을 갖게 된 이유를 물으면, 회사 고객의 사적 데이터를 보호하고 싶다거나 정부의 개인정보 보호규정을 준수하기 위한 장치가 필요하다는 예상된 답변을 들을 수 있을 것이다.

또 다른 예로 한 중년 남성이 헬스장에 가서 퍼스널 트레이닝(이하 PT)에 대해 문의한다고 생각해 보자. 트레이너가 남성에게 왜 PT에 관심을 갖게 됐냐고 물으면 고객은 몸매를 가꾸고 싶다거나, 체중 감량을 원한다거나, 놀이터에서 뛰노는 자녀를 쫓아다닐 수 있을 정도의 체력을 원한다는 답변을 할 것이다.

알고 있고-언급된 인사이트는 기본적인 판돈 같은 정보이다. 즉 판매자라면 고객이 자신을 접촉한 주된 이유를 늘 파악할 줄 알아야 한다. 고객에게 그런 기본적인 니즈가 없었다면 고객 발견용 대화는 애초에 일어나지 않았을 것이다!

2. 알고 있고-언급되지 않은(known/unspoken)

이런 과제도 구매자와 판매자 모두에게 익숙하고 알려진 것들이다. 그러나 차이가 있다면 판매자는 경험을 통해 이런 니즈가 존재한다는 것을 알지만, 일차적인 발견용 대화에서 구매자가 자진해서 알려 주지 않는 정보가 여기에 속한다. 당신이 구매자 입장이었던 거래를 떠올려 보라. 자동차나 양복, 평면 TV, 집을 구매하거나 어떤 서비스를 위해 업체를 고용했을 수도 있다. 그때 당신은 자신에 대한 정보나 구매 동기를 전부 알리고 일을 진행했었나? 아니면 거래가 확정되지 않은 시점에는 상대에게 모든 정보를 줄 필요는 없다는 생각에 사소할지라도 세부 사항은 어느 정도 감췄는가?

가령 앞에서 예로 든 법률사무소의 IT 관리자가 보안 소프트웨어를 물색했던 이유가 사실은 얼마 전에 회사가 민감한 고객 정보를 침해당한 적이 있었기 때문이었다고 가정해 보자. 게다가 그는 데이터 침해 사건 때문에 직장에서 해고될 위기에 처해 있는지도 모른다.

또 헬스클럽을 찾은 중년 남성이 PT를 하려는 진짜 이유는 아내가 그에게 더 이상 이성적 매력을 느끼지 못하고 있어서일 수도 있다. 자신의 몸매가 나아지면 예전에 통했던 마법에 다시 불이 붙을 수도 있다고 여기는 것이다.

영업인들로서는 구매자가 이런 주요 인사이트를 자진해서 알려 주면 좋겠지만, 이런 중요한 정보는 민감하고 기밀 사항이거나 구매자 입장에서 민망할 수도 있다. 그런 내용이 드러나려면 양측의 신뢰가 먼저 확립되어야 한다.

3. 모르고-언급되지 않은(unknown/unspoken)

이 유형의 인사이트는 어쩌면 판매자는 알고 있을 수도 있지만, 처음 두 유형과 달리 구매자는 거의 모르거나 아예 인식하지 못하는 경우다. 다시 말해 이 유형의 고통은 구매자가 자신이 겪고 있는지도 모르다 보니 자진해서 알려 줄 처지가 못 되는 것이다.

혹시 당신은 구매자의 입장에서 판매자에게 정말 주옥 같은 지혜를 전해 들은 적이 없었나? 판매자가 당신과 비슷한 처지에 있는 고객들에게서 들은 몇 가지 조언과 유용한 이야기를 전해서 문제에 대한 당신의 시각을 넓혀 줬을 수도 있다. 아니면 당신으로 하여금 지금까지와 다른 관점에서 솔루션을 생각하게 하는 새로운 인사이트나 통계 결과를 알려 줬을 수도 있다. 그런 경우에 어떤 기분이 들었나? 더 박식해진 듯하거나 한층 유능해진 것 같진 않았는가?

가령 앞에서 언급한 IT 관리자는 회사 서버에 네트워크 침해 사고가 일어날 수 있다는 것은 알고 있었지만, 판매자가 말해 주지 않았다면 회사 데스크톱 컴퓨터도 신종 이메일 바이러스에 똑같이 취약하다는 사실은 인식하지 못했을 수 있다. 그리고 헬스클럽에 간 중년 남성의 경우에는 하버드 대학에서 10년간 심장 관련 건강 상태를 연구한 결과 팔 굽혀 펴기를 40개 이상 할 수 있는 남성은 기껏해야 10개 정도 할 수 있는 남성에 비해 심혈관 질병에 걸릴 가능성이 96퍼센트나 더 낮다는 사실[1]을 몰랐을 것이다.

이런 인사이트는 구매자들이 잘 알 수 없으므로 판매자와 맺은 신뢰 관계가 얼마나 두텁든 말할 수 없을 것이다. 하지만 만약 판매자가 자문을 해 주는 차원에서 공감 어린 어조로 이런 사실을 거론하면 구매자와 엄청난 신뢰를 쌓을 수 있다.

고객 발견용 대화의 가치를 극대화하는 최고의 영업인이 되려면 지금까지 설명한 세 가지 유형의 인사이트를 모두 숙지해야 한다. 다만 당신도 예상할 수 있겠지만, 당신 자신과 회사의 가치를 고객에게 확립하는 데 가장 중요한 것은 '알고 있고–언급되지 않은' 유형과 '모르고–언급되지 않은' 유형의 인사이트를 마스터하는 것이다.

다음 질문을 고려해 보라.

- 당신의 제품 및 서비스의 경우에는 어떤 인사이트들이 이 세 가지 유형에 각각 해당하는가?
- 어떻게 하면 '알고 있고-언급되지 않은' 유형의 인사이트를 고객이 당신과 공유하게 할 수 있을까?
- 어떻게 하면 '모르고-언급되지 않은' 유형의 인사이트를 수면 위로 끌어올려 고객이 당신을 불쾌하고, 고압적이고, 이기적인 판매자가 아니라 유용한 자원으로 여기게 만들 수 있을까?

이 질문들에 대한 답과 전술은 이번 장 말미에 다룰 것이다. 하지만 이제 대화 속에서 어떤 유형의 인사이트를 얻을 수 있는지 알게 됐으니 이번에는 구매자가 구매 결정을 내리게 되는 구체적인 동기를 한층 더 깊숙이 알아봐야 한다. 그래야 우리가 얻고자 하는 정보를 더 명확히 파악할 수 있다.

고통의 스펙트럼

제품을 탐색하는 데서 구매하는 단계로 구매자를 움직이기 위해서는 두 가지 촉매제가 필요하다. 고통(현재 겪고 있거나 향후 겪을 수 있는 손실로 이를 회피하려는 욕구가 발생)과 이득(현재 누리고 있을 수도 있는 혜택으로 이를 더욱 확대하려는 욕구가 발생)이 바로 그것이다. 4장에서 손실 회피라는 주제를 다룰 때 확인했듯이 이 두 가지 중 더 강력한 힘을 발휘하는 것은 고통(혹은 손실에 대한 두려움)이다. 그러나 고통은 그 자체로도 스펙트럼이 넓다. 즉 고통에는 여러 유형이 있고 유형마다 성질이 다르다. 앞서 논의한 세 가지 유형의 고객 인사이트와 마찬가지로 이 중에도 효과 높은 판매 과정을 전개하는 데 상대적으로 더 강력한 고통이 있다.

지금부터 설명할 세 가지 유형의 고통이 이 책에서 처음 소개되는 것은 아니다. 사실 경험 많은 영업인들은 이미 익숙할 수도 있겠지만 그 내용을 다시 검토하면 우리가 원하는 유형의 고객 인사이트와 그것을 얻는 방법을 파악하는 데 도움이 된다.

1. 기능적/기술적 고통

이 고통은 고객이 겪는 운영적, 기능적, 기술적 난관과 관련돼 있다. 즉 고객이 겪는 기본적인 문제이다. 다음과 같은 예들이 이 유형에 속한다.

- 회사 전자상거래 사이트 결제 페이지의 전환율이 낮아 고민하는 고객
- 코골이로 자주 잠이 깨서 쾌적한 수면을 하지 못하는 환자
- 충분한 영업 리드를 확보하지 못해 힘들어하는 마케팅 담당자
- 프로그램 코드에 발생하는 버그 수를 줄이려는 소프트웨어 엔지니어

- 최근 수행한 사내 설문조사에서 직원들의 참여 점수가 낮아 걱정하는 인사팀 임원

기능적/기술적 고통은 기본적이고 보통 '알고 있고-언급된' 인사이트 범주에 속하지만 이런 고통들이 고객과 나누는 발견용 대화에서 기본 토대가 되기 때문에 반드시 확인해야 한다.

2. 정량적/재무적 고통

이런 고통은 문제가 개인이나 조직의 사업적, 재무적 측면에 미치는 수량화 가능한 문제들을 말한다. 예를 들면 이런 것들이다.

- 전자상거래 사이트의 낮은 결제 전환율로 평균적인 전환율 대비 매달 100만 달러의 손실을 보는 경우
- 코골이 환자가 지속적인 피로감으로 지난해 열흘이나 결근한 경우
- 마케팅 담당자가 목표 수량보다 30퍼센트 적은 리드를 창출했고 그로 인해 연간 53만 달러의 수익 손실을 초래한 경우
- 엔지니어가 개발한 소프트웨어의 버그로 고객 문의 건수가 20퍼센트 증가했고, 이를 해결하는 데 매달 2만 5,000달러의 비용이 발생하는 경우
- 직원의 저조한 참여율로 월평균 퇴직자가 세 명씩 나오고 이로 인해 회사가 직원 고용, 조직 적응 프로그램, 교육 등으로 직원 1인

당 26만 달러의 돈을 지출하는 경우

이런 유형의 고통은 앞서 다뤘던 세 가지 유형의 고객 인사이트에 모두 적용된다. 예컨대 직원들의 낮은 참여율은 높은 이직률로 인한 비용을 초래한다[알고 있고-언급된]. 직원들의 전반적인 사기와 회사 명성에 미치는 악영향은 유능한 인재를 유치하고 고용하는 데 어려움을 높일 것이다[알고 있고-언급되지 않은]. 직원들은 이런 상황을 수군거리느라 업무 집중력이 분산되면서 회사의 전체적인 생산성에도 피해가 될 것이다[모르고-언급되지 않은].

판매자로서 구매자의 손실 회피 욕구를 극대화하려면 이런 고통들을 완전히 이해해야 한다. 구매자는 기존 방식에 고착화되어 있는 데다 자신이 가진 문제의 규모(그리고 비용)를 완전히 모르기 때문에 조치에 나서지 않는다[현상 유지 편향].

3. 개인적/전략적 고통

이 유형은 고객이 겪는 문제가 그들에게 미치는 개인적, 전략적, 감정적 차원의 영향을 전반적으로 말해 준다. 예를 들면 이런 식이다.

- 전자상거래 사이트의 결제 전환율이 계속 낮으면 회사의 시장점 유율이 떨어지고 주요 경쟁사에 추월당할 것이다.
- 환자의 코골이로 아내는 더 이상 그와 같은 방에서 잘 수 없게 되고, 그러면서 결혼 생활에 상당한 피로도를 초래할 것이다.

- 충분한 리드를 생성하지 못한 마케팅 담당자는 해고당할 수도 있을 것이다.
- 소프트웨어 버그가 지금처럼 심각할 정도로 계속 발생하면 회사는 보안 인증에서 AAA 등급을 박탈당하게 되고, 그러면 가장 규모가 큰 고객사 세 곳이 이탈할 수 있다.
- 직원들의 퇴직이 현재 속도로 계속되면 비용 증가로 회사의 수익성이 떨어지면서 경영진과 투자자에게 많은 문제를 유발할 것이다.

이런 유형의 고통은 보통 구매자나 판매자가 모르고 있거나 잘 드러내지 않아서 보통은 '알고 있고–언급되지 않은'이나 '모르고–언급되지 않은' 범주에 속한다. 이런 고통은 다면적이고 내밀한 특징 때문에 파악하기에 가장 어렵다. 적당히 신뢰하는 구매자와 판매자 사이에서는 구매자는 이런 고통을 완전히 받아들이거나 인정하지 않는다.

"그래서 이 문제를 해결하지 않으면 선생님이 해고될까요?" 같은 질문을 발견용 대화에서 제품 판매자가 한다면 대부분 편안하게 대답할 수 없을 것이다.

이런 고통들에 대한 주요 인사이트를 어떻게 얻을 수 있는지 방법을 탐색하기 전에, 고객이 가진 고통의 스펙트럼이 당신의 제품이나 서비스에 있어서는 어떤 모습을 하고 있을지 생각하라. 이런 점에 유념해서 지금까지 마련한 모든 목록을 가지고 당신의 거래를 발전시키기 위해 꼭 알아야 할 것들을 확인하는 발견 준비의 마지막 단계로 넘어가자.

비판적 통찰력의 단계들

하지만 이상적으로 우리가 원하는 고객 인사이트를 모두 얻게 된다면 정보의 방대함에 오히려 짓눌리기 쉽다. 그리고 안타깝게도, 판매자가 얼마나 경험이 많든 고객 발견용 대화에서 원하는 인사이트를 모두 얻는 경우는 드물다. 왜냐하면 아무리 수첩에 많은 내용을 기록했다 할지라도 애초에 우리에게 필요한 정보가 무엇인지 대화를 하기 전에 확실히 짚지 않았기 때문이다! 더 구체적으로는 그 고객과의 기회를 계속 발전시킬 것인지, 만약 그렇다면 어떻게 발전시킬 것인지 판단하기 위해서는 어떤 통찰이 필요한지 분명히 확인하지 않았기 때문이다. 나는 이것을 **비판적 통찰력**critical insight이라고 부른다.

이제 우리는 발견용 대화에서 탐색 가능한 인사이트 유형을 모두 알게 됐으므로 당신이 고객 발견용 전화를 할 때마다 중요하고 구체적인 정보를 얻을 수 있게 도와주는 간단한 훈련 방법을 소개하겠다. 그 정보를 바탕으로 당신은 해당 거래를 계속 추진할지 아닐지를 판단할 수 있다. 훈련의 시작은 전화를 준비할 때 최종 목표를 되새기는 것이다.

당신이 고객 발견용 전화를 막 끝내고 대화 중에 수첩에 기록한 놀라운 내용들을 들여다보고 있다고 상상해 보자. 그 전화가 성공적이려면 수첩에 어떤 정보가 기록돼 있어야 하는지 스스로에게 물어보라.

1단계: 다음 문장을 완성하라

"고객 발견용 전화를 끝냈을 때 _____ 에 대한 세부 정보를 얻지 못하면 그 전화는 실패다."

가령 당신이 처음에 작성한 목록에는 이런 것들이 포함돼 있을 것
이다.

- 예산
- 의사결정 과정
- 우리 솔루션이 고객에게 주는 가치
- 경쟁 상황
- 거래를 성사시킬 결정적 사건
- 주요 일정
- 우리가 해결해야 할 문제

2단계: 가장 중요한 것부터 가장 덜 중요한 것까지 순서를 정하라

원하는 인사이트 전부를 통화 중에 얻을 수 없더라도 고객과의 거래를
발전시키는 데 가장 중요한 정보는 확보한 상태로 전화를 끊어야 하기
때문이다.

예를 들어, 당신의 우선순위는 이런 모습일 것이다.

1. 우리가 해결해야 할 문제
2. 우리 솔루션이 고객에게 주는 가치
3. 거래를 성사시킬 결정적 사건
4. 예산
5. 의사결정 과정

6 진심을 다한 고객 발견

6. 주요 일정

7. 경쟁 상황

위에서 예를 든 우선순위의 근거는 우리의 도움으로 고객이 해결하려는 문제와 그 문제가 해결됐을 때의 가치(재무적이든 사업적이든 개인적이든)를 우리가 모르면 솔루션의 비용이 얼마이든 중요하지 않다는 데 있다. 일단 문제와 가치를 확인한 다음에 예산과 의사결정 과정을 고려해도 된다. 그리고 첫 번째부터 네 번째 정보를 잘 확인했다면, 이제 거래의 결실을 맺는 데 필요한 다른 인사이트를 더 깊이 있게 탐색할 수 있다. 다시 말하지만 이것은 예시일 뿐이다. 당신의 제품이나 서비스에 대한 고객 발견용 전화에서 실제 우선순위는 이와 다를 수 있고 설사 같은 제품이라도 고객에 따라 바뀔 수 있다.

3단계: 인사이트에 도움이 될 질문과 이야기의 목록을 만들어라

잠재 고객과 고객 발견용 전화를 하는 동안 그 내용을 전부 다루는 것을 목표로 삼아라.

여기 도움이 될 만한 팁이 몇 개 더 있다.

1. **고객 발견을 팀 스포츠로 만들어라.** 당신의 영업 엔진을 빠르고 일관되게 구축하려면 당신이 어떤 목록을 만들든 그 내용을 팀원들과 논의하고 공유하고 선별하는 게 좋다. 고객 발견용 질문은 개별적으로 만들지 말고 팀원들의 의견을 모아 마스터 목록을 개발하라. 팀원들

의 집단지성을 활용해서 모두가 활용할 수 있는 발견용 전술집을 개발하면 고객 발견의 효과를 극대화하는 길을 크게 단축할 수 있다.

2. **최대 문제를 찾아라.** 발견 활동은 봉우리와 골짜기가 많은 산맥을 오르는 것과 같다. 어떤 봉우리는 다른 것보다 더 높고, 그런 높은 곳에서 바라보는 경치는 당신에게 전체 지형에 대해 더 많은 인사이트를 준다. 문제는 판매자들이 고객의 니즈와 고통을 탐색하다 보면 가끔 완만한 언덕에 오른 뒤에 탐색해야 할 더 높은 봉우리들이 있다는 사실을 모른 채 깃발을 꽂는 일이 생긴다는 것이다. 수학에서는 이런 봉우리를 각각 극대local maximum와 최대global maximum라 부른다. 효과적인 발견 활동을 하려면 고객에 대해 완전하고 가장 확실한 청사진을 확보할 수 있도록 그들의 니즈를 완전히 탐색해야 한다.

이 이야기가 실제로 어떻게 전개되는지 보여주기 위해 예를 하나 들겠다. 한 마케팅 대행사의 영업 담당자가 잠재 고객과 발견용 전화를 하고 있다고 가정해 보자.

판매자 "선생님의 사업을 성장시키는 데 가장 큰 난관은 무엇입니까?"

구매자 "고객의 수가 늘어나야 하는데 더 많은 고객을 확보하려면 영업 리드가 더 필요합니다."

판매자 "다들 그렇죠! 그래서 더 많은 리드를 확보하시기 위해 지금까지 어떻게 하셨나요?"

구매자 "페이스북 광고와 구글 키워드 마케팅에 집중적으로 투자해 왔습니다."

판매자 "그래서 성과가 어떠셨나요?"

구매자 "좋지 않더라고요! 그런 리드 소스에 매달 1만 2,000달러씩 썼는
데 양질의 리드는 거의 없었습니다. 저희가 제대로 하고 있는 건
지 모르겠어요."

이 시점에 판매자가 끼어들며 이렇게 말한다. "완벽합니다! 페이스북
광고와 구글 키워드에 관한 한 저희가 전문가이고 귀사의 전략을 향상
시키는 데 확실히 도움을 드릴 수 있습니다!" 하지만 대화는 거기서 끝
나지 않고 계속된다.

판매자 "괜찮으시다면 귀사의 목표 고객이 누구인지 알 수 있을까요?"

구매자 "저희는 밀레니얼 세대를 집중적으로 공략합니다."

판매자 "문제는 거기에 있는 것 같네요. 2017년부터 2019년 사이에 밀
레니얼 세대의 페이스북 사용률이 22퍼센트나 떨어졌거든요.
게다가 선생님이 판매하시는 제품을 고려했을 때, 애드워즈
ad-words 보다는 검색 엔진 최적화 전략에 투자하시는 편이 훨씬
낫습니다. 듣고 보니 전체적인 마케팅 전략을 바꾸실 필요가 있
을 것 같네요."

구매자 "아!"

만약 판매자가 국지적 문제에서 대화를 멈추고 더 깊이 파고들지 않았다면 모두가 방향을 잘못 잡고 괜한 문제를 해결하느라 수많은 과정을 반복하며 돈만 허비했을지도 모른다.

3. **누구의 니즈가 더 중요한지 확인하라.** 발견용 대화에서도 그렇지만 계약 체결 시점을 정확히 예측하기 위해 많은 영업인들은 거래를 성사시킬 결정적 사건을 찾으려 한다. 이는 곧 계약을 특정 날짜까지 체결해야 할 타당한 이유를 말한다. 이런 정보를 파악하기 위한 훈련 방법이 있다. 종이 한 장을 펴고 가운데에 수직선 하나를 그려라. 선의 왼쪽에는 당신의 입장에서 계약이 특정 날짜까지 성사되어야 하는 모든 이유를 쭉 쓰고, 오른쪽에는 당신의 고객이 특정일까지 계약을 마무리해야 하는 이유를 전부 써 넣어라. 그중 어떤 논리가 의사 결정자에게 더 설득력이 있을까?

구매자의 경우에도 제품 영업 담당자에게 판매 목표, 밀어내야 할 제품, 준수해야 할 내부 프로세스가 있다는 사실을 알 것이다. 그럼에도 불구하고 어쨌든 구매자의 니즈가 판매자의 니즈보다 더 중요하다고 믿을 것이다. 영업에서 공감이라는 것은 구매자의 긴박감이 판매자의 긴박감보다 더 중요하다는 점을 인정하는 것이다. 고객 발견 단계에는 당신이 아닌 구매자의 니즈에 집중해라. 그러면 항상 앞서 나갈 수 있다!

파트 2: 어떻게 상대의 마음을 열 것인가?

당신이 사람들과 잘 공유하지 않는 정보를 하나만 생각해 보라. 그 자체로 비밀은 아니지만 다른 사람이 상관할 일이 아닌 것, 가령 당신의 연봉이나 지금까지 사귄 애인의 숫자, 혹은 과거 당신이 앓았던 질병 등도 그에 속할 수 있다. 이번에는 친하지는 않지만 안면은 있는 누군가를 상상해 보자. 당신의 회사에 입사한 지 얼마 안 된 동료나 대학 때 같은 수업을 몇 번 같이 들었던 친구, 아니면 당신 자녀가 친하게 지내는 아이의 부모 같은 사람들 말이다. 그 사람이 개인적으로 민감한 정보 하나를 숨기고 있는데 그 사실을 털어놓게 하는 게 당신의 임무라면 어떻게 하겠는가?

- 무엇을 준비하겠는가?
- 무슨 말로 대화를 시작하겠는가?
- 어떤 질문을 하겠는가?
- 어떻게 질문을 하겠는가?

사실 판매자로서 우리는 고객과의 상호작용에서 이런 식의 도전에 항상 직면한다. 그리고 이런 도전은 판매 과정 중 발견 단계에서 가장 쉽게 접할 수 있다. 아마도 이번 장의 파트 1에서 다뤘던 '알고 있고-언급되지 않은' 인사이트, 혹은 개인적이면서 전략적인 고통들이 대부분 이 범주에 속할 것이다. 구매자들은 이런 정보를 자진해서 알려 주지 않겠지만(당신이 의사가 아니라는 점을 기억하라), 그럼에도 불구하고 우리의 목표가 고객을 진짜 돕는 것이라면 그런 정보도 밝혀내야 한다.

발견을 위한 전술집을 개발할 때 당신이 고객과 빨리 신뢰를 쌓고 그들이 중대한 인사이트를 편안한 마음으로 공유하게 만드는 과학적으로 검증된 방법 네 가지가 여기에 있다.

당신을 신뢰할 만한 '이유' 제시하기

고객들이 발견 단계에서 판매자에게 정보를 공유하지 않는 가장 큰 원인은 부족한 신뢰감에 있다. 더 구체적으로 말하면 그들은 당신이 요청한 정보를 어디에 어떻게 쓰려는 건지 확신이 없고, 그래서 자발적으로 공유하지 않는 것이다.

예를 들어 당신과 내가 업계 행사에서 만나 몇 분간 대화를 나누다 당신이 한 소프트웨어 회사의 제품 관리자라는 사실을 알게 됐다고 치자. 잠시 후 내가 당신에게 연봉이 얼마냐고 물었다면 어떨까? 당신이라면 거리낌 없이 연봉을 말하겠는가? 대부분은 그렇지 않을 것이다. 왜? 첫째는 당신이 나를 아직 신뢰하지 않기 때문이다. 둘째는 내가 왜 그런 질문을 하는지 확실히 모르는 데다, 만약 정보를 공유했을 때 내가 그 정보로 무슨 짓을 할지도 알 수 없기 때문이다. 이는 길에서 평상복을 입은 의사와 마주치는 것과는 다른 상황이다.

따라서 이런 상황에서, 상대가 편하게 답하려면 질문을 어떤 식으로 던져야 할지를 생각하라. 가장 쉬운 방법은 질문을 하는 이유, 즉 맥락을 제공하는 것이다. 일단 내가 그 정보를 묻는 이유를 알면 당신도 훨씬 더 쉽게 입을 열게 된다.

나는 이런 정보를 가장 쉽게 얻는 방법으로 질문 앞에 "제가 이렇게 묻는 이유는…"이라는 짧은 설명 문구를 덧붙인다.

예를 들어 "현재 직장에서 얼마나 버는지 알려 주실 수 있으세요? 이렇게 묻는 이유는 사실 제가 상품 관리 쪽으로 이직할 생각을 하고 있는데 상품 관리자들의 수입이 어느 정도인지 전혀 감이 없어서요."라든지, "제가 이렇게 묻는 이유는 저희 팀에 상품 관리자 한 명을 새로 고용하려고 하는데 어느 정도 연봉이 합리적인지 확실히 몰라서입니다." 정도가 될 것이다. 이렇게 상황을 설명해도 상대가 여전히 말하기를 주저하거나 질문으로 인해 논쟁이 벌어질 여지가 있다면 상대의 안심과 신뢰수준을 높이는 데 적절한 발언을 덧붙일 수도 있다. 이를테면 이렇게 말이다. "선생님의 수입을 구체적으로 말씀해 주실 필요는 없습니다. 직급에 따른 범위 정도만 알려주셔도 됩니다." 혹은 "선생님은 그 부서에서 직급이 꽤 높으시니, 신입사원의 급여 수준은 얼마나 되나요?"

다시 구매자와 판매자의 관계로 돌아가서 판매 과정 중 논란을 일으킬 수 있는 질문 몇 개를 살펴보자. 가령 고객이 당신의 제품이나 서비스를 구매할 수 있을 정도로 예산이 충분한지 파악하려 한다고 해 보자. 이 경우에 당신은 "선생님 회사에서는 혹시 이런 제품을 구매하기 위해 별도로 책정된 예산이 있나요?" 같은 발견용 질문을 할 것이다. 고객사에는 그런 예산이 있을 수도 있고 없을 수도 있다. 만약 그들에게 현재 그런 예산이 없고 고려한 적조차 없다면 고객은 민망해하거나 당황해서 방어적으로 변할 수 있다. 한편 그런 예산이 책정돼 있어도 관련 정보를 공유하면 당신이 제품 가격이나 판매 전술을 거기에 맞춰 약삭빠르게 조정할지 모른다는 생각에 알려 주지 않으려 할 수도 있다. 이런 거부감을 없애는 간단한 해독제는 앞에서처럼 당신의 질문에 마법 문구 하나를 덧붙이는 것이다. "혹시, 이런 류의 제품 구매를 위해 선생님 회사에 별도로 책정된 예산이 있나요? 제가 이렇게 묻는 이유는…"을 말한다.

- "저희의 다른 고객사도 대부분 그런 예산이 없습니다. 선생님 회사도 마찬가지라면 걱정하지 마세요! 고객사가 조직 내에서 예산을 마련하도록 돕는 것도 저희 일이니까요."
- "고객들은 종종 이런 솔루션에 필요한 비용을 과대평가하거나 과소평가하는 경향이 있습니다. 그래서 선생님 생각은 어떠신지 궁금한 것뿐입니다."
- "말씀하신 솔루션 운영 일정을 감안한다면 지금쯤은 구매 비용을 책정해 놓으시는 게 좋을 것 같아서요."

이는 간단하지만 아주 효과가 강력하다. 의심이 든다면 당신의 공감능력을 발휘해 보라. 당신이 요청한 인사이트나 정보를 당신이 구매자 입장에서 공유해야 한다면 어떨까? 그렇다면 당신의 구매자도 당신처럼 편안함을 느끼도록 상황에 맞게 우리가 활용했던 짧은 문구를 넣어 보자(7장에서는 고객이 제기한 이의를 처리할 때 "왜냐하면"이라는 말이 일으키는 엄청난 효과를 확인할 것이다).

6 진심을 다한 고객 발견

고통 명명하기

"이 긴 줄을 기다려야 한다고? 농담이겠지?"

이는 몇 년 전 아름다운 올랜도의 세계적인 테마 파크로 떠난 가족 여행에서 계속됐던 나의 내적 독백이었다. 실제로 인기 있는 놀이 기구마다 늘어선 엄청나게 긴 줄은 테마 파크를 즐기는 과정에서 피해갈 수 없는 아픔이다. 그리고 세 아이의 아빠로서 나는 위풍당당하게 내 몫을 해내고 있었다. 하지만 어떤 놀이 기구를 타려고 기다리던 중에 좀 의외의 일이 벌어졌다.

유니버설 스튜디오에서 심슨 가족을 테마로 한 놀이 기구를 타려고 뱀처럼 끝없이 이어진 줄을 기다리던 때였다. '도대체 앞으로 얼마를 더 기다려야 하는 거야?!'라는 생각에 점점 짜증이 밀려오고 있었다. 그러다 이런 팻말 앞을 지나치게 됐다.

아직도 줄이 있으니 걱정하지 말라고? 팻말을 보는 순간 킥, 하고 웃음이 나왔다. 그리고 의외로 여유를 되찾았다. 태도가 누그러지고 얼굴에는 미소가 떠올랐다. 한방 먹은 기분이었다! 그들도 내 심정을 알고 있었던 것이다. 그래서 내 머릿속 생각을 한마디로 정리해 버렸고… 덕분에 기분이 나아졌다.

작가인 대니얼 핑크도 비슷한 이야기를 했다. 가족과 맨해튼에 있는 한 미술관으로 놀러 갔는데 아이들이 배가 고프다고 칭얼대기 시작했고, 그래서 미술관 안에 있는 유일한 카페테리아 앞에 생긴 아나콘다만한 줄에 서게 됐다. 그런데 잠시 후 "걱정하지 마세요. 이 줄은 정말 빨리 줄어듭니다."라고 적힌 팻말 하나를 봤고, 동시에 그도 나와 비슷한 변화를 겪었다. 누군가의 잠재의식에 들어가 그들의 생각이나 감정을 언어로 표현하고 그것을 상대에게 보여주는 일이 이처럼 강력한 것일까?

전직 FBI 국제 협상 전문가였던 크리스 보스는 자신의 저서, 《우리는 어떻게 마음을 움직이는가》에서 이런 전술, 즉 **명명하기**labeling의 뛰어난 효과에 대해 설명한다. 책에서 보스는 UCLA에서 실시한 뇌 영상법 연구 결과를 언급한다. 연구에 따르면 사람들에게 강렬한 감정이 드러나는 얼굴 사진을 보여주면 우리 뇌에서 공포감을 생성하는 편도체의 활동이 증가하는 현상이 포착된다고 한다.[2] 하지만 연구 대상에게 그들이 사진에서 본 감정을 명명하라고 요청하면 이제 뇌의 활동은 이성적 사고를 관장하는 영역으로 옮겨 간다. 즉, 감정을 명명하고 설명하는 것만으로도 감정의 강도가 약해진다는 것을 알 수 있다.

당신의 다리에 특이한 형태의 심한 발진이 나서 불편한 다리를 이끌고 병원을 찾았다고 상상해 보자. 발진이 생긴지 이미 나흘이 됐지만 정확한 원인을 알 수 없다. 걱정도 되고 슬슬 겁이 난다. 의사가 다리를 들여다보더니 이렇게 말한다.

"아침에는 아주 화끈거리고 오후가 되면 가렵지 않나요?"

"맞아요!"

"혹시 지난주에 농장 같은 데 다녀오신 적 있어요?"

"세상에, 맞아요. 갔다 왔어요!"

"그럴 줄 알았습니다. 걱정하지 마세요. 요맘때 농촌 지역에 유행하는 꽃가루 때문에 생긴 흔한 알레르기 반응입니다. 이번 주에만 이 증상으로 오신 환자분이 벌써 다섯 분째거든요. 곧 괜찮아질 겁니다."

의사의 말을 듣는 순간 그간 졸였던 마음과 긴장이 바로 풀리면서 두려움도 금방 사라질 것이다.

고객과 발견용 대화를 하는 동안에도 이런 명명하기 원칙을 그대로 적용하면 고객의 마음을 열고 통찰력을 얻는 데 강력한 효과를 발휘할 수 있다. 고객이 느끼는 감정을 명명한다는 것은 매우 강력한 세 가지 행위를 하는 셈이기 때문이다.

1. 그들이 처한 난관을 우리가 이해한다는 것을 보여준다(공감).
2. 우리 자신을 그들을 도울 능력이 있는 믿을 만한 조언자로 자리매김한다(신뢰).
3. 우리가 그들의 난관을 해결해 줄 수 있는 적임자라는 자신감을 보여준다(적합성).

고객 발견용 대화에서 명명하기 전술을 활용하는 것은 간단하다. 대화를 할 때 다음의 간단한 문구를 넣어 당신이 그들의 니즈를 잘 알고 있다는 것을 보여주면 된다.

"저는 선생님과 같은 처지에 있는 고객들을 매일 접하는데 제가 들은 바로는 _____."

예를 들어 부인이 자신에게 더 이상 성적 매력을 느끼지 않는다는 불안감에 헬스장의 퍼스널 트레이너를 찾았던 남성의 '알고 있고/언급되지 않은' 인사이트로 돌아가 보자. 물론 이는 아주 개인적이고 민감한 고통이라 만약 트레이너가 남성에게 왜 PT처럼 고되고 철저한 운동 프로그램에 관심을 갖게 됐냐고 물으면 이런 대답이 돌아올 것이다.

"아시겠지만… 그냥 몸매도 다듬고 활력도 되찾고 뭐 그러고 싶어서요."

하지만 트레이너가 이런 식으로 질문을 시작한다고 가정해 보자.

"오늘 선생님께서 헬스장을 찾으신 이유가 궁금합니다. 제가 이런 질문을 하는 이유는 중년 남성분들의 경우에는 처음으로 헬스장을 찾는 이유가 보통 세 가지더라고요. 철인 3종 경기나 스파르탄 레이스 같이 특별한 경기에 대비할 훈련 방법을 찾으시거나 배우자나 애인을 위해 몸매를 가다듬고 싶어 하시거나, 의사 선생님한테 러닝머신에서 뜀뛰기라도 하지 않으면 심장마비에 걸릴 수 있다고 경고를 받으신 경우죠. (웃으면서 이어 말하기) 선생님이 오신 이유도 그 세 가지 중 하나일까요?"

자신이 직면한 난관을 트레이너가 분명히 명명하면 남성은 좀 더 편안한 마음으로 사정을 털어놓을 가능성이 크다. 첫째, 남성은 자신이 겪는 문제가 생각보다 흔하다는 것을 알게 된다. 그러면서 금기시했던 자신의 감정이 해소된다. 둘째, 트레이너는 고통을 명명함으로써 그것을 뇌의 감정 영역(두려운 그림자가 짙게 드리워진)에서 해결 가능성이 더 커 보이는 이성 영역으로 옮겨 놓는다. 그리고 마지막으로 이제 남성은 그 트레이너를 자신을 도울 수 있는 전문가로 여기게 된다.

여기서 확실히 하자. 그렇다고 고객과의 상호작용에서 모든 걸 다 아는 사람처럼 거들먹거리라는 뜻은 아니다. 또 발견용 대화를 할 때마다 이런 전술을 활용할 필요도 없다. 그러나 고객 발견을 위한 대화에서 유용한 인사이트를 끌어내는 데 어려움을 겪거나 고객에게 어딘가 방어적이고 조심스러운 면이 있다면 명명하기는 개인적 차원에서 중요한 연관성들을 파악하는 물꼬를 틀 수 있다.

명명하기 전술이 이처럼 강력한 또 다른 이유는 이번 장 도입부에서 언급했던 고객 발견 단계에서 겪는 두 번째로 큰 어려움 때문이다. 즉, 고객은 너무 익숙하지 않거나, 복잡하거나, 잠재된 고통은 설사 자신이 겪고 있을지라도 명확하게 전달하지 못한다는 점이다.

예를 들어 나는 젊은 영업인이 많은 고객사들과 일할 때가 잦다. 이런 젊은 직원들은 기업 입장에서 비용 효율성이 높고 자신의 직무에 대한 열정과 배우려는 의욕이 넘치지만 그들이 상대하는 연륜 있고 지위 높은 구매자들을 전환시키는 데 필요한 직관과 자신감, 사례를 동원하는 데는 애를 먹는다. 앞서 언급했지만 나는 이를 경험의 비대칭이라 부른다. 이런 현상은 항상 목격될 뿐 아니라 나 자신도 영업을 시작한 초창기에 겪은 고민이었다. 역설적인 점은, 이렇게 보편적이고 직관적인 문제지만 나는 오늘날까지도 자신의 문제가 경험의 비대칭성과 관련돼 있다는 것을 내게 분명히 밝히는 고객을 본 적이 없다는 것이다. 이런 불균형이 자신의 판매 활동에서 어떻게 일어나는지는 물론 이 문제를 어떻게 설명해야 하는지도 진지하게 고민해 본 고객이 거의 없기 때문이다.

그래서 회사에 젊은 영업 담당자들이 많다고 말하는 고객을 만나면 나는 거의 항상 정보의 비대칭 문제를 제기한다. 내가 그들의 고통을 명명하고, 문제의 원인을 분명히 제시하고, 업계에서 항상 목격하는 고통이라는 사실을 전하면, "네! 맞아요! 저희가 딱 그래요! 선생님이 좀 도움을 주실 수는 없을까요?"라는 열띤 반응이 어김없이 나온다. 물론 내가 도울 수 없는 문제라면 그 이야기를 뭐 하러 꺼냈겠는가?

요컨대 고객이 겪는 문제를 당신의 명명하기로 그들보다 더 잘 표현할 수 있다면 그들은 자동으로 당신에게는 자신의 문제를 해결할 수 있는 지식과 경험과 해법이 이상적으로 결합돼 있다고 간주할 것이다! (그리고 이런 판단은 아마 옳을 것이다.)

이런 역량을 높이기 위해 내가 추천하는 점검 방법이 있다. 회사의 영업, 마케팅, 상품기획 부서의 주요 멤버들과 둘러앉아 사업 전반에서 고객들로부터 확인되는 주요 고통을 부르는 명칭이 직원들 사이에 일치하는지 확인하는 것이다.

건강한 회의론자의 사고방식 채택하기

당신이 중고차를 알아본다고 가정해 보라. 알찬 온라인 조사를 마치고 괜찮은 매물이 있는지 직접 확인하기 위해 지역 대리점에 가 보기로 한다. 쇼룸으로 들어가 보니 적당해 보이는 모델 몇 개가 눈에 들어온다. 조심스럽게 안내 데스크를 지나 주변에 영업 담당자가 숨어 있지는 않은지 빠르게 주위를 훑어본다. 그리고 당신의 차기 애마가 될지도 모르는 자동차의 운전석 문을 열고 살며시 몸을 접어 넣는다. 실내를 둘러보면서 이것저것 막 확인하려는 순간, 조수석 창문을 뚫고 불쑥 들어오는 큼직하고 능청맞은 목소리에 당신은 화들짝 놀란다.

"딱 선생님 차네요!" 영업 담당자가 웃으며 말한다. "언제 가져가실래요?"

당신은 아직도 저런 식으로 말하는 판매자가 존재한다는 사실에 순간적으로 당황하면서 놀란 토끼 눈을 한다.

정말 왜 그러는 걸까?

이 상황에서 잠깐 물러서 보자. 오랫동안 영업 활동의 주된 원동력 중 하나는 영업인에게 어떻게 동기를 부여하고 적절히 보상하는지와 관련돼 있었다. 더 구체적으로는 정해진 회계기간 안에 가능한 높은 매출을 달성하기 위해 영업인들을 몰아붙이는 방법과 관련돼 있었다. 일단 우리는 할당 목표를 최고 수준으로 달성한 사람들에게 괜찮은 커미션, 후한 포상, 근사한 해외여행 같은 것들로 보답한다. 그런 다음에는 실적 순위표나 영업 콘테스트 같은 방법으로 건전한 경쟁심을 유발한다. 이같은 과도한 부추김, 압박, 끝없는 성과주의 안에서는 동기부여 요인들이 잘못된 행동을 조장한다고 해도 자연스러울 것이다. 여기서 잘못됐다는 것은 고객에게 최선의 이익이 되지 않는 행동이자, 고객 발견용 대화에서 영업인들의 판단을 흐리고 객관성을 저해하는 행동을 말한다.

실적 순위표 꼭대기에 이름을 올리고 거금의 커미션을 받기 위해 우리는 기회가 생길 때마다 지나친 낙관론을 갖는다. 모두에게, 누구에게든 우리 제품을 판매할 수 있다고 믿고, 계약서에 서명할 만한 잠재 고객 대부분이 우리의 솔루션과 최상의 궁합을 가질 것으로 기대한다. 그 결과 우리의 행동 방식과 고객 발견용 질문들도 고객이 우리에게서 상품을 구매할 것이고 구매해야 한다는 기존의 믿음을 뒷받침하는 방향으로 전개된다. 이런 사고방식은 우리가 3장에서 탐색했던 확증 편향으로 당신의 고객 발견 과정에서 가장 거대한 침묵의 살인자가 될 것이다.

확증 편향의 함정과 극복 방법

확증 편향은 원래 갖고 있던 생각이나 믿음을 확증하는 방식으로 정보를 탐색하고, 해석하고, 선호하고, 상기하는 경향을 말한다. 판매 과정에서는 보통 구어적으로 "행복한 귀happy ears"라고 부르기도 한다. 그리고 안타깝게도 많은 영업인들이 이 함정에 쉽게 빠진다. 확증 편향을 가지고 일을 하면 사업 건전성과 매출 전망을 바라볼 때 머릿속이 지나치게 긍정적이고 희망찬 생각들로 채워진다. 하지만 이런 편향에는 큰 부작용이 따른다.

우선 구매자의 관심이 바로 식어 버린다는 점이다. 고객들은 당신의 확증 편향을 감지할 수 있다. 그리고 무엇보다 영업 담당자가 진정성이 없고 솔직하지 않다는 느낌이나 자신이 영업을 '당하고' 있다는 압박감을 싫어한다. 결과적으로 판매자와 구매자 사이의 신뢰가 훼손되면 고객은 자신의 니즈나 고통을 드러내는 중요한 세부 정보를 어떻게든 공유하지 않게 된다. 둘째, 확증 편향은 객관성에 대한 우리의 감각을 둔하게 만든다. 구매 시그널을 정확히 해석하지 못하게 하거나 방해하는 것이다. 특히 확증 편향은 부정적인 구매 시그널을 못 보게 한다. 그러다 보니 구매자는 관심이 없는데도 우리는 계속해서 우리의 믿음을 입증해 줄 만한 증거를 찾으면서 그들이 '마음을 돌릴 것'이라는 희망의 끈을 놓지 않게 된다. 그러면서 우리의 판매 과정은 길어지고, 승률이 줄어들면서, 판매 예측의 정확도도 떨어질 것이다.

확증 편향의 부작용은 실제로 아주 심각하지만 이런 경향을 피하고 고객들의 마음을 여는 간단한 방법이 있다. 바로 건강한 회의론자의 사고방식을 택하는 것이다. 즉 고객을 진심으로 돕고 싶고 자신의 솔루션이 그들에게 적합하길 바라면서도 사실은 그렇지 않다는 가정하에 고객과 대화를 시작한 후 그것과 반대되는 증거들을 찾는 것이다. 사실 이는 통계적으로도 타당한 접근법이다. 야구를 보면 최고의 타자들도 방망이로 공을 때릴 때보다 놓칠 때가 더 많고, 최고의 영업인도 거래를 성사시킬 때보다 놓칠 때가 더 많기 때문이다(그리고 이 경우에 '놓친다'라는 말에는 2장에서 논의했던 '아무것도 하지 않는' 옵션이 포함된다).

여기서 희소식이 있다. 이런 확증 편향을 타파할 수 있는 사고방식을 육성하는 단순한 주문이 있으니, 바로 "누구에게나 적합할 수는 없다"라는 정신이다.

당신은 다른 사람들이 입이 마르게 칭찬하고 썩 괜찮아 보여서 구매했는데 개인적으로는 실망했던 물건이 없었나? 당신의 미혼 친구 중 한 명이 극찬한 식당에 가족을 데리고 갔는데 우아한 미식 메뉴 중에 정작 아이들이 먹을 만한 음식은 하나도 없어서 결국 투덜대며 나온 기억은 없는가? 아니면 고가의 멋진 신상 텔레비전을 구입했는데 집에 설치해 보니 거실 벽면을 너무 많이 차지해서 금방 후회하지는 않았는가?

진실은 모든 유형의 구매자에게 적합한 솔루션은 없으며 당신의 제품이나 서비스도 예외가 아니라는 것이다. 영업 담당자로서 당신이 할 일은 당신의 제품이 누구를 막론하고 그들이 해결하려는 문제에 맞는 완벽한 솔루션이라고 설득하는 것이 아니다. 실제로 당신의 제품이나 서비스를 누구든 흔쾌히 돈을 지불하는 사람에게 팔겠다고 하면 무슨 일이 벌어질지 생각해 보라. 전혀 어울리지 않는 고객에게 제품을 판매하면 당신의 사업에 오히려 엄청난 손실을 일으킬 확률이 높다. 처음에는 매출이 증가하겠지만 궁극적으로는 고객 만족도와 고객 이탈률에 심각한 문제가 될 수 있다. 뒤이어 브랜드 이미지와 기업 명성도 훼손될 테고, 애초에 당신의 제품을 살 일이 없었던 고객을 달래려고 애쓰느라 회사의 성장 전략 및 시장 안정화 계획에 자기 잠식 현상이 나타날 수도 있다.

당신의 솔루션이 자신에게 맞는지 구매자가 확신을 못하는 것 같다면 그들을 압박하고 억지로 설득하기보다는(당신의 확증 편향을 성실히 완수하면서), "누구에게나 적합할 수는 없다"라는 말을 떠올리며 당신의 제품과 잘 맞는 고객 유형을 부각해서 제시하라.

가령 "이 초선명, 초고화질의 80인치 TV는 가격도 최고 사양에 걸맞게 설정돼 있습니다. 정말 놀랍도록 혁신적인 제품이지만 그렇다고 누구에게나 적합하지는 않습니다. 이 제품은 비디오 게임을 좋아하고, 스포츠를 생중계로 즐기면서, 벽면 공간이 충분하고, 그만한 예산이 있는 분들에게 잘 맞습니다. 거실이 좁은 편이고 보통 TV로 영화나 드라마를 즐기는 분들은 다른 모델을 택하는 편이 나을 겁니다."

5장에서 양극화 메시지를 논할 때 나는 예전에 일했던 스타트업에서 개발한 제품, 즉 신세대 직원들에게 적합한 피드백, 코칭, 포상용 솔루션을 사례로 들었었다. 그 솔루션은 많은 직원들이 '싫다'라는 말로 표현했던 구식 고과 평가 프로세스를 대체할 만한 역량이 있었다. 그렇다고 우리 제품이 누구에게나 적합하지는 않았다. 전통적인 인사 담당자들은 우리의 접근법에 반대하는 경우가 많았고, 그런 사람들에게 우리는 이렇게 말했다.

"이 제품이 어느 회사에나 맞는 것은 아닙니다. 선생님 회사의 평가 프로세스가 잘 작동되고 있고, 직원들이 필요한 피드백을 제때 받고 원하는 방향으로 성과가 향상되고 있다면 그 방법을 고수하시는 게 맞습니다. 저희의 솔루션은 더 많은 실시간 피드백과 코칭을 원하는 사람들을 보조하기 위해 개발됐거든요."

이런 유형의 배제적 접근법은 세 가지 이유로 놀라운 효과를 낸다. 첫째, 판매자가 판매를 자제하는 것은 놀랍고, 우리의 직관에 반하며, 심지어 고객의 환영을 받는다. 고객들은 보통 판매자들이 확증 편향을 가지고 있을 것으로 기대한다(대다수의 고객이 영업 담당자들과 말 섞기를 꺼리는 데에는 이런 이유도 있다). 억지로 판매를 유도하지 않는 당신의 태도는 공감과 고객 만족을 위해 노력하는 모습으로 비칠 수 있다. 둘째, 이런 신중한 태도는 고객들로 하여금 당신의 솔루션이 실질적으로 그들에게 적절한지 스스로 판단하게 한다. 그런 과정을 통해 당신의 솔루션을 선택한 사람들은 자신의 결정에 훨씬 더 확신을 가지고 만족할 것이다. 그리고 마지막으로 고객이 구매하기로 결정하든 아니든 그들의 자기 검증 과정을 적극적으로 돕는다면 판매에 성공하거나 실패하는 데 걸리는 시간을 단축할 수 있으며, 영업 파이프라인을 깔끔하게 유지하면서 소중한 자원을 더 집중력 있게 사용할 수 있다.

구매자와 신뢰를 쌓는 또 다른 방법을 알아보기 전에 반드시 짚고 넘어가야 하는 점이 있다. 이 전술은 역효과를 내기 쉽다!

이 전술은 강력하고 판매자에게 힘을 실어 줄 수 있지만, 많은 판매자들이 이를 잘못 사용해서 본의 아니게 고객의 흥미를 식게 만든다.

1장에서 나의 회사 영업팀 직원 중 한 명이 이 전술을 시도했다가 고객을 격분하게 만든 일화를 소개했었다. 그 고객은 CRM 솔루션에 투자하려던 중이었고, 세일즈포스(우리)와 마이크로소프트(경쟁사) 중 하나를 구입하려고 마음먹고 있었다. 고객은 우리 팀원에게 세일즈포스가 더 마음에 들지만 마이크로소프트가 훨씬 더 저렴하다고 했고, 그러자 그가 이렇게 대응했다.

"글쎄요. 저희 제품이 누구에게나 적합하지는 않습니다. 그럼 그냥 마이크로소프트 제품을 구입하지 그러세요?"

이 접근법이 가진 문제는 미션을 전달하는 화자의 말투와 단어 선택에 따라 고객의 해석이 엄청나게 달라질 수 있다는 점이다.

이 사실을 보여주는 간단한 예가 있다. 당신이 PT를 찾고 있다고 다시 가정해 보자. 헬스장에서 만난 트레이너는 당신에게 한 주에 일대일 레슨을 네 번씩 받는 과정의 한 달 비용이 1,000달러라고 한다. "와! 가격도 상당히 비싸고 시간도 많이 투자해야 하네요."라고 당신이 말한다. 그러자 트레이너는 당신이 틀렸다고 설득하는 대신에 "이런 프로그램이 누구에게나 적합하지는 않습니다." 전술을 사용하기로 한다. 이때 트레이너는 두 가지 방식으로 대응할 수 있다.

버전 1: "맞습니다. 매달 1,000달러를 내고 일주일에 네 번씩 운동한다는 게 누구나 할 수 있는 일은 아니죠. 이 프로그램은 본인 건강을 정말 신경 쓰면서, 가족을 아끼고, 자신이 사랑하는 사람들 곁에서 앞으로도 오래 잘 지내고 싶은 분들을 위해 마련됐습니다. 만약 선생님이 해당하지 않는다면, 무리하지 않으셔도 괜찮습니다!"

버전 2: "맞습니다. 매달 1,000달러를 내고 일주일에 네 번씩 운동한다는 게 누구나 할 수 있는 일은 아니죠. 하지만 저는 이 일을 오래해 왔고 제가 목격한 바로는 일주일에 두세 번만 트레이닝을 받으면 프로그램을 마치고도 보통 원하던 결과를 얻지 못했습니다. 저는 선생님이 귀중한 시간과 비용을 PT에 투자하고도 원하시는 결과를 얻지 못하는 상황만은 꼭 피하고 싶습니다. 그래서 큰 투자라는 걸 저도 알지만, 원하시는 결과를 위해서는 꼭 필요한 투자라고 생각합니다. 하지만 선생님과 맞지 않는다고 여기시면 무리하지 않으셔도 괜찮습니다!"

차이가 보이는가? 만약 내가 구매자로서 첫 번째 트레이너의 제안을 거절한다면 내게는 기본적으로 자기 건강과 가족을 신경 쓰지 않는 멍청한 놈이라는 낙인이 찍힌다. 그러나 구매자의 결정을 그런 조건들로 옮아맨 트레이너가 사실은 더 멍청할 가능성이 크다. 하지만 두 번째 버전은 다르다. 트레이너는 내 입장에서 공감 능력을 갖추고 행동한다. 그는 내가 문제를 해결할 수 있도록 도움을 주고자 하는 전문가로 자신을 자리매김하는 동시에 내가 원하는 결과를 얻기 위한 조건에 완전히 동조하도록 설득력을 높인다. 두 번째 시나리오에서 나는 시도를 하고도 성공하지 못하니 시도 자체를 안 하는 사람으로 간주된다.

이런 전술을 실행할 때는 사용되는 접근법, 말투, 단어 모두가 하나같이 당신이 고객에게 최선인 솔루션을 통해 그들이 원하는 결과를 얻길 바란다는 사실을 전달해야 한다. 그렇게 하면 당신의 솔루션이 설사 그들에게 최선이 아닐지라도 그 솔루션을 향후에라도 당신에게서 구입할 가능성이 크다. 3장에서 다뤘던 것처럼, 사람이 스스로 가치 있다고 느낀 것에 투자하는 경우에는 그 가치가 단순한 ROI 계산과 다르다는 점을 기억하자. 구매자가 당신을 자신에게 최선의 이익을 선사하기 위해 행동하는 누군가로 인식하는 것은 4장에서 논의했던 경청이라는 단순한 행위가 상대의 감정에 공명하는 것과 같은 효과를 낸다. 즉 고객의 마음속에 엄청난 가치를 창출한다는 뜻이다! 당신의 접근법이 이런 의도를 전달하지 못하면, 오히려 반대 효과를 내면서 고객을 떠나게 만들 것이다.

6 진심을 다한 고객 발견

고객에게 거부할 수 있는 권리 부여하기

중고차 대리점에서 운이 없었던 당신은 쇼핑몰에 가서 힐링을 받기로 한다. 여기저기 둘러보던 당신의 눈에 봄철 신상품들로 쇼윈도를 단장한 의류 매장 하나가 들어온다. 마침 올 여름휴가 때 입을 새 재킷을 살 참이었던 터라 매장에 들어가서 직접 확인해 보기로 한다. 입구를 통과하는데 매장 한쪽 구석에 서 있는 판매원이 눈에 띈다. 일단 그냥 무시하기로 한다. 하지만 진열된 상품들을 훑어보는 당신에게 이윽고 판매원이 곧장 다가오는 게 느껴진다. 표정은 온화하지만 확연히 불편해진 심기로 곧 일어날 조우를 기다리는 당신의 목이 뻣뻣해지기 시작한다. 3초 후 예상한 상황이 벌어진다.

"뭐 찾으시는 게 있으면 도와드릴까요?"

"음… 아닙니다, 괜찮아요. 그냥 둘러만 보려고요."

"네, 그럼요. 괜찮습니다. 저는 저쪽에 있을 테니 필요하면 알려 주세요!"

나도 머릿속으로 생각한다. '네, 나도 괜찮으니 그쪽은 하던 일이나 계속 보세요. 제가 당신을 부를 일을 없을 테니까.'

이 사례처럼, 좋은 마음으로 우리를 도와주려는 정중하고 친절해 보이는 판매원에게도 이렇게 자동으로 저항감이 생기는 이유는 무엇일까? 이는 **리액턴스** reactance 라는 잘 알려진 심리학적 원리 때문이다. 그리고 당신은 부지불식간에 고객의 마음속에 이런 부정적 감정을 일으킬 수 있다.

리액턴스는 행동의 자유를 박탈당할 수 있다는 인식에 의해 생기는 저항감이다. 예를 들어 "페인트 주의"라는 경고 표시가 붙은 번들거리는 벽을 지나간 적이 있는가? 그때 어떤 기분이 드는가? 사실 만져 보고 싶은 충동이 인다! 아니면 "잔디밭 위를 밟지 마세요"라는 팻말이 놓인 완벽하게 다듬어진 잔디밭은 어떤가? 이번에도 당연히 이제 막 깎은 잔디의 포슬포슬한 감촉을 발바닥으로 느끼고 싶을 것이다!

누군가 혹은 무엇인가가 우리가 가진 선택의 자유를 제한한다는 생각이 들면 우리는 자신의 독립성을 드러내기 위해 움츠러들고, 저항적이고 폐쇄적인 태도를 보인다. 그리고 현대의 구매자들은 강압적이고 사리사욕만 챙기는 판매자가 무언가를 팔려고 조금이라도 자신을 압박한다고 느끼면 6인치 철제 콘크리트 문을 내려서 그들과 연결될 가능성을 차단할 것이다.

생각보다 많이 사용되는 불쾌한 기술들

안타깝게도 영업인들은 수년간 리액턴스를 유발하는 전술들을 영업 활동에 활용하도록 배워 왔다. 이런 전술 중 다수는 고객들에게 어떻게든 구매 결정을 내리도록 압박하려는 '덫 놓기'나 '(계약) 매듭짓기 기법' 형태로 수행된다.

예컨대 당신이 구매자의 위치에 있을 때 영업 담당자에게 "오늘 이 제품을 구입하지 못할 특별한 이유가 있나요?" 같은 질문을 받은 적은 없는가? 이런 경우에 당신은 이미 구매를 고려하고 있었을지라도 포박당하는 기분 때문에 방어적으로 돌아서서 "아, 아직은 잘 모르겠네요. 좀 더 생각해 봐야 할 것 같아요." 같은 말로 반응할 것이다. 그런데 영

6 진심을 다한 고객 발견

업 담당자가 "네, 그렇게 하셔도 되는데 선생님이 원하시는 사이즈/색상/사양의 제품이 지금 딱 하나 남아 있거든요. 지금 선택하지 않으면 나중에는 없을 것 같은데 그래도 괜찮으세요?" 같은 말로 다시 한번 당신을 압박하면 기분이 어떻겠는가? 당신은 정중하게 양해를 구한 다음 구매를 중단할 가능성이 크다.

겉보기에는 사소한 전술도 상대의 리액턴스 감정을 쉽게 자극할 수 있다. 가령 한 번도 만나 본 적 없는 판매자가 느닷없이 전화를 걸어 이런 말을 한 적은 없는가? "선생님께 도움이 될 저희 제품을 좀 소개해 드리려고 전화를 드렸습니다. 제가 수요일 오후 2시 30분에 선생님을 뵙고 싶은데요. 그때 시간 괜찮으세요?" 판매자는 상담 시간을 결정하는 번거로움을 덜어서 약속을 더 쉽게 성사시키려는 의도였겠지만 결과는 그 반대인 경우가 많다. 구매자는 상담 일자와 시간을 일방적으로 강요받는다는 느낌과 함께 상대에 대한 관심이 뚝 떨어진다.

고객의 마음을 여는 단순한 접근법

여기서 희망적인 사실은 리액턴스 반응을 일으키는 요인을 피해서 고객 발견용 활동에 에너지를 부여하는 방법이 생각보다 쉬울 수도 있다는 점이다. 만약 리액턴스 반응이 자신의 자유와 선택이 제한된다는 인식 때문에 생긴다면, 선택 가능성을 보장받는다는 느낌을 되돌리면 그 전술의 부정적인 영향력을 상쇄할 수 있지 않을까? 이런 가능성은 실제로 입증됐다.

프랑스의 행동학자인 니콜라스 구겐Nicolas Guéguen과 알렉산드르 파스쿠알Alexandre Pascual은 리액턴스 현상을 탐구하기 위해 실험 하나를 했다.[3] 실험에서 연구팀 조교들은 어느 화창한 봄날에 인기 있는 쇼핑몰에서 지나가는 행인을 무작위로 가로막고 버스 요금이 없다며 남는 동전을 몇 푼만 달라고 요청했다. 첫 번째 실험에서 조교들은 피실험자에게 단순히 버스 요금만 달라고 부탁했다. 두 번째 실험에서는 같은 부탁을 하되 피실험자에게 요청을 수락하거나 거절하는 것은 완전히 개인의 자유라는 말을 덧붙였다. 결과는 충격적이었다. 첫 번째 실험에서는 버스 요금을 달라는 요청에 응한 비율이 10퍼센트였다. 하지만 두 번째 실험에서는 수락한 비율이 무려 47.5퍼센트로 거의 5배가 증가했다! 왜 이런 결과가 나왔을까? 조교들이 피실험자들에게 요청을 거절할 권리를 전적으로 주자 리액턴스 반응이 일어나지 않으면서 피실험자들이 요청에 더 자연스레 응한 것이다.

그렇다면 이런 접근법을 실제 판매와 고객 발견 활동에 어떻게 활용하면 좋을까? 당신의 요청에 리액턴스를 차단하는 '안전 밸브'를 장착하는 방법이 여기 있다.

[이메일의 경우]

나쁜 예: "선생님의 니즈에 대해 같이 얘기를 나눴으면 합니다. 저는 수요일 오후 2시 30분에 시간이 되는데요. 선생님도 그때 괜찮으세요?"

좋은 예: "선생님께서 짧고 부담 없는 상담을 원하신다면 여기 제 캘린더로 연결되는 링크가 있습니다. 선생님께 가장 편한 날을 선택해 주시면 됩니다."(이런 교류에 도움이 되는 캘린더 앱은 많고 심지어 무료

앱도 있다.)

[고객 상담을 끝낼 때]

나쁜 예: "이 제품에 대한 구매 결정을 오늘 내리지 못할 특별한 이유가 있나요?"

좋은 예: "이 제품에 대해서는 저희 둘 다 의견 일치가 된 것 같습니다. 혹시 오늘 거래를 더 진척시키고 싶으시면 제가 기꺼이 도와드릴 수 있습니다만… 더 편한 날짜를 잡고 싶으시면 그때 다시 이야기하셔도 됩니다."

[고객 상담을 시작할 때]

나쁜 예: "오늘 일단 선생님 니즈를 발견하는 전화를 끝냈으니, 다음에는 선생님 회사 경영진과 면담을 잡고 싶습니다."

좋은 예: "오늘 시간을 내주셔서 고맙습니다. 전화 상담이 잘 되면 보통 고객사들이 다음 단계로 경영진 회의를 잡지만, 그건 일이 더 진척되면 그때 결정하셔도 됩니다. 혹시 그렇게까지 일을 키울 필요가 없다고 판단하시면 그것도 좋습니다. 진행하시다 필요한 게 있으시면 알려 주세요. 저희 회사에 무료로 제공해 드릴 수 있는 각종 자료들이 잘 구비돼 있거든요."

여기서 확실히 할 것은, 내가 현대적 판매자들에게 고객을 마냥 부드럽게 대하라거나 무조건 긴박감은 조성하면 안 된다고 당부하는 것은 아니란 사실이다. 어쨌든 관성과 현상 유지 편향, 또 '아무것도 안 하기 do nothing'라는 옵션은 강한 중력으로 고객을 끌어당기고 있고, 고객은 당신이 가볍고 편안하게 내민 손을 잡는 경우가 많다. 내가 말하려는 것은 우리의 접근법이 고객의 마음속에 의도치 않게 부정적인 반응을 일으키면 관계에 불필요한 부담과 긴장감을 부여해서 신뢰를 훼손할 수 있다는 사실을 염두에 두라는 것이다.

그래서 다음번에 고객이 발견을 위한 당신의 행동에 오히려 움츠러들거나 당신이 제시한 계획에 관심이 없는 것 같다면 혹시 당신이 무심코 그들의 자유나 선택을 제한해서 리액턴스 감정을 유발한 것은 아닌지 자문해 보라. 그저 당신의 행동 방식을 조금 바꾸는 것만으로 고객이 당신의 말에 관심을 가지고 협조하게 할 수 있다.

파트 3: 성공을 위한 대화는 어떻게 설계하는가?

고객 발견용 대화에서 어떤 정보를 꼭 얻어야 하는지 명확히 아는 것은 중요하다. 또 고객의 마음을 열기 위한 계획을 신중하게 짜는 것도 그만큼 중요하다. 이번 장의 마지막 파트에서는 고객과의 대화를 설계하고 고객 발견 게임을 한 차원 더 발전시키는 고급 기법을 몇 가지 더 알아볼 것이다.

경험의 비대칭 극복하기

예전에 다른 회사의 영업 임원 한 명과 대화를 하게 됐는데, 그는 자신의 팀원들이 영업 파이프라인을 제대로 개발하지 못해 고군분투하고 있다고 말했다.

"문제가 뭘까요?" 내가 물었다. "영업 리드를 충분히 확보하지 못하는 건가요?"

"아닙니다." 그가 말했다. "전화할 곳은 많은데 의사결정자와 연결되는 경우가 별로 없더라고요."

"왜죠?" 내가 물었다. "누가 실제 의사결정자인지 모르는 건가요? 아니면 그분들과 통화하는 방법을 모르는 건가요? 혹시 적절하지 않은 시간대에 그분들께 전화를 하는 건 아닐까요?"

"아니요. 그건 아닙니다." 그가 이어 말했다. "제 생각에는 저희 팀원들이 대부분 팀에 합류한 지 얼마 안 된 젊은 친구들인 게 문제인 것 같습니다. 고위직 고객들에게 전화해서 그들의 사업에 대해 물어볼 만한 자신감이 없는 거죠."

"왜 그럴까요?" 내가 물었다.

"본인에게는 적당한 스토리와 통찰이 없다고 여기는 것 같습니다. 자신은 상대가 신뢰할 만한 사람이 아니고 대화에 가치를 더하지도 못할 것으로 느끼더라고요. 심지어 본인이 고객을 방해한다고 생각하는 사람도 있었습니다. 그들은 두려운 겁니다."

문제의 근원은 거기에 있었다.

현대의 B2B 판매 사이클은 점점 더 복잡해지고 보통 양측에서 여러 이해 관계자가 관여하게 되지만, 그럼에도 처음에는 대부분 두 사람의 대화로 시작된다. 하지만 보통 그 두 사람은 동년배가 아니다. 이번 장 초반에 우리는 경험의 비대칭이라 불리는 개념을 간략하게 다뤘다. 이는 더 젊고, 새롭고, 상대적으로 경험이 부족한 영업이나 사업개발팀 담당자가 자신은 전혀 경험해 보지 못한 직무를 수행하는 고위 의사결정자와 접촉할 때 생기는 불균형을 말한다. 이런 불균형은 구매자와 판매자 양측에게 많은 현실적인 문제를 발생시킨다.

한편 이미 확인했듯이 구매자들은 일반적으로 판매자들에 대해 경계심을 갖는다. 게다가 자신보다 더 어린 판매자와 접촉하는 상황이라면, 그런 사람이 자신의 사업을 운영하거나 문제를 해결하는 데 과연 가치를 더할 수 있을지 한층 강한 의구심을 갖는다. 반면에 젊은 판매자는 어떻게 하면 골리앗을 상대로 기대 이상의 모습을 보여서 신뢰를 형성하고, 구매자가 다음 단계로 일을 추진할 만큼 충분한 가치를 더할 수 있을지 파악하려 애를 쓴다. 나 또한 영업직에 몸담은 초기에 똑같은 문제를 겪었다.

내가 영업에서 처음 맡았던 직무는 빠르게 성장하던 소프트웨어 회사의 세일즈 엔지니어였다. 우리는 세계 최대의 제조사들에 직원들의 출결과 근무 시간을 관리하는 솔루션을 판매하고 있었다. 당시 내 나이가 스물다섯이었다. 반면 우리 회사의 고객 다수는 수십 년간 업계에 재직한 사람들로 그들만큼 오래된 출결 시스템을 갖고 있었다.

나는 한 중장비 회사와 고객 발견 회의를 처음으로 가졌던 순간을 아직도 생생히 기억한다. 회의실에는 임원들이 잔뜩 앉아 있었고, 이야기가 오가던 중 한 임원이 나를 보며 웃는 얼굴로 이렇게 말했다. "내가 장담하는데 우리 회사에 있는 시스템들이 자네보다 나이가 많을 걸세!"

6 진심을 다한 고객 발견

회의실 여기저기서 킬킬거리는 웃음소리가 들렸다. 나는 어렸지만 그 회의 전에도 고객 발견용 대화를 진행한 적이 있었고 자신감도 있었다. 그건 내가 우리 회사 솔루션에 대해 철저히 파악하고 있었을 뿐 아니라 그들과 비슷한 조직 여러 곳과 이미 일해 본 적이 있어서 그런 회사들이 기존 솔루션을 운영하면서 겪는 전형적인 문제들에 아주 익숙했기 때문이었다.

이후 몇 시간 동안 나는 고객들이 나에 대해 갖고 있는 경험 부족이라는 선입견을 일축하기 위해 다양한 전술을 선보였다. 회의가 끝날 무렵 내 나이를 거론했던 임원이 참석자들을 둘러보며 이렇게 말했다. "와, 그런데 아세요? 만약 나이가 지긋한 분이 와서 저희에게 이런 최신 기술을 논했다면 저희는 그 말을 믿지 않았을 겁니다!" 그러니 절대 두려워하지 마라! 판매자라면 다들 경험의 비대칭이 팽배하고 당신의 신뢰성이 부족하다고 인식되는 환경에서 일할 가능성이 크다. 이런 경우에는 당신이 무슨 말을 어떻게 하느냐가 성공에 큰 영향을 미칠 수 있다. 그런 점에서 도움이 될 만한 전략 몇 가지를 소개한다.

1. 당신의 고객을 제대로 알아라

고객 발견용 전화에서 전율이 느껴질 정도로 고객의 고통을 제대로 표현해서 그들의 공감을 얻어내는 판매자만큼 "와! 이 사람은 실제로 나를 도와줄 수 있겠네요." 같은 감탄사를 만들어 내는 경우는 없다. 이것이 바로 앞서 살펴본 명명하기 전술의 목적이다. 당신이 누군가의 고통에 이름을 붙이면 상대가 그 고통을 제대로 내면화하거나 명확히 표현하지 못했을지라도 당신이 자신들을 도울 수 있는 능력자라는 사실을 강력하게 입증한다. 예를 들어 고객과 대화를 시작할 때는 이런 말로 대화를 시작해야 한다.

"저는 선생님과 같은 처지에 있는 고객들을 매일 접하는데, 그분들이 말씀하시는 가장 큰 고충은 ＿＿＿＿＿ 였습니다."

이번에는 당신이 제시한 종합적인 의견이 정확할 뿐 아니라, 대화 초반이나 고객이 현재 상황에 대해 몇 가지 개별적인 정보들을 들려준 직후 아주 적시에 개진됐다고 상상해 보자. 그러면 고객은 "바로 그겁니다!"(혹은 이와 비슷한 맞장구) 같은 반응을 보이는 것은 물론이고, 당신의 메시지에 깊이 공감하면서 당신에 대한 신뢰를 두텁게 가질 것이다.

앞서 언급한 중장비 회사 임원들과 가진 회의에서, 나는 그들이 부딪치는 문제들을 설명했다. 노조나 정부 규제가 바뀌는 가운데 그들은 직원들의 적정 급여를 책정하는 데 오랜 세월 어려움을 겪어 왔을 것이다. 나는 그들이 사용하는 기존 IT 시스템이 직원 급여 책정에서 일으키는 마찰을 우리 회사 소프트웨어가 어떻게 해결할 수 있는지를 설명했다. 나의 젊음이 상징했던 지식의 부족이라는 결점은 그 즉시 사라졌다.

여기서 중요한 것은 당신이 명명할 이름이 구체적이고, 남들과 다르며, 고차원적인 홍보 메시지로 들리지 않아야 한다는 점이다. 5장에서 논의했던 양극화 메시지 기법을 약간 적용해도 좋다. 이를테면 이런 식이다.

나쁜 예: "저는 선생님처럼 효과적이고 뛰어난 CRM 시스템을 찾는 영업 관리자들과 매일 이야기합니다."

좋은 예: "저는 매일 영업 관리자들과 얘기하는데, 제가 그분들에게서 지속적으로 듣는 말은 회사 CRM 시스템으로 분석하는 내용이 최신 정보인지를 마냥 신뢰할 수는 없다는 점이었습니다."

나쁜 예: "저는 선생님처럼 직원들의 고과 평가 프로세스를 자동화하고 가속화할 수 있는 방법을 찾는 인사 관리자들과 매일 이야기를 나눕니다."

좋은 예: "저는 직원들이 피드백은 받고 싶어하지만 고과 평가는 싫어한다고 말하는 인사 관리자들과 매일 이야기를 나눕니다."

2. 다른 사람의 신뢰성에 호소하라

분명히 하자. 만약 당신이 회사에 합류한 지 얼마 안 된 젊은 사원이거나 젊지는 않아도 영업 경험이 부족하다면 당신에 대한 고객의 신뢰는 두 텁지 않을 가능성이 크다. 그런 경우에 "제가 알게 된 사실은…"이라든지, "제 생각에는…" 같은 말은 해 봤자 별로 무게가 실리지 않는다. 무슨 말인지 알겠는가? 아무도 당신의 말에 귀 기울이지 않는다는 뜻이다.

그럼에도 당신의 고객과 당신의 회사가 지금까지 쌓은 전반적 경험은 여전히 크고 무거운 신뢰를 전달할 수 있다. 결국 성공 스토리는 그런 경험을 토대로 생기는 것이다. 그렇다면 그런 신뢰의 무게를 어떻게 당신에게 옮길 수 있을까? 방법은 간단하다. 당신의 대화를 그런 신뢰를 가진 사람들의 맥락으로 구성하라. 가령 이런 말로 대화를 시작하는 것이다. "저희 회사 고객들은 지속적으로 이런 문제를 발견했습니다…"라든지 "저희가 끊임없이 목격하는 문제는…" 혹은 "IT 업계의 유명 애널리스트들이 지속적으로 이런 보고서를 발표하고 있습니다…"

'나' 대신 '우리'라는 단어를 사용하면 판매자가 속한 조직에 공통된 경험을 상기시킬 수 있다. 이 개념은 단순해 보이지만 훈련이 필요하다. 우리는 개인적 관점을 공유하는 데 익숙하기 때문에, 다른 누군가의 경험을 바탕으로 이야기를 재구성했을 때도 고객을 대면하는 상황에서 자연스럽게 이야기가 흘러나올 수 있게 습관화해야 한다.

고객의 이야기는 판매 과정에서 신뢰성을 높이는 매우 뛰어난 소스이다. 하지만 이런 내용을 전달할 때 정말 신뢰성을 높이려면 그 이야기를 친숙하게 잘 알고 있어야 한다. 또 이야기를 엮을 때 고객이 구현한 가치와 그로부터 얻은 교훈을 분명히 제시해야 한다. 말이 자연스러울수록 당신의 신뢰도가 높아지고, 고객에게 더 많은 가치를 부여할 수 있으며, 더 자신감 있는 모습으로 고객과 교류하게 된다.

3. 확신을 가지고 주장을 펼쳐라

지금까지 이 책에서 확인했듯이 구매 경험은 (혹은 당신의 판매 방식은) 당신이 판매하는 상품보다 더 중요하다. 당신이 어떤 주장을 펼칠 때 당신이 무슨 말을 하느냐보다 어떻게 말하느냐가 더 중요한 이유도 이 때문이다. 그리고 모든 고객이 당신을 권위자로 여기지는 않을지라도 모두가 당신의 열정에는 반응을 보일 것이다. 확신을 가지고 주장을 펼치면 당신은 암기한 영업 피칭을 그저 읊는 것이 아니라 당신만의 확고한 지식을 공유한다는 인상을 줄 수 있다. 5장에서 제시했던 파급력이 큰 메시지의 개발은 이를 위한 탁월한 출발점이 된다. 그러나 아직 자신감이 부족하다면 당신의 열정을 북돋울 수 있는 간단한 방법이 있다.

이렇게 상상해 보자. 당신은 복권 협회 직원으로 당신의 직무는 1천만 달러 복권에 당첨된 사람들에게 당첨 사실을 알리는 것이다. 당신의 목소리는 어떨까? 당신은 어떤 말투와 몸짓으로 어떤 메시지를 전달할까? 이제 스스로에게 물어보라. 당신은 고객에게 전화를 걸어 회사 상품의 가치를 설명할 때도 그런 목소리로 말하는가? 아니면 자신이 그들을 방해한다는 생각에 정말 주눅 든 목소리로 그들을 대하진 않는가?

나는 고객들과 교류할 때 우리의 솔루션이 업계 최고일 뿐 아니라 그들의 사업에도 가장 적합하다는 확신을 갖는다. 상대가 나를 얼마나 신뢰하든 그런 확신은 대화를 할 때 빛을 발한다.

구매자와 교류할 때 스스로 자신의 경험과 가치가 부족하다고 인식하면 현대의 판매자로서 성공하기가 어렵다. 이는 판매자의 경력이 짧거나 조직에 합류한 지 얼마 안 된 경우에 더욱 그렇다. 고객에 비해 부족한 경험의 격차를 해소하는 것은 까다로운 일이지만, 그렇게 했을 때 얻는 보상은 고객과의 일회성 교류를 뛰어넘어 당신의 판매 과정과 커리어를 가속화하는 데 도움이 된다.

경험의 비대칭에 직면하면 그것이 보통은 존중의 문제라는 점을 명심해라. 잠재 고객이 당신을 신뢰하기를 바라는 것만큼 고객도 당신이 자신의 경력과 연륜을 인정하는지 알고 싶어 한다. 영업의 다른 요소와 마찬가지로 말하는 것보다는 듣는 것이 더 중요하기 때문에 질문을 많이 해야 한다. 그리고 당신이 그들의 답변을 통해 배우고 있다는 사실을 상대가 깨닫게 하라. 그런 태도를 많이 보일수록 당신이 가치를 전달할 수 있는 사람이라는 그들의 신뢰가 더 커질 것이다.

당신과 고객 사이의 감정적 격차 해소하기

영상의학과는 의학에서 가장 외로운 분야라고 할 수 있다. 영상의학과 전문의들은 대부분의 시간을 어두운 방에서 엑스레이나 CT, MRI로 찍은 고해상도 영상들을 보며 지낸다. 그들은 환자와 직접 대면할 일이 별로 없고 환자가 단지 무미건조한 기록과 영상으로 대변되는 곳에서 아주 중요한 임상 업무들을 주로 처리한다. 2008년으로 거슬러 올라가, 예호나탄 터너Yehonatan Turner라는 이스라엘의 한 영상의학과 전문의는 실험 하나를 해 보기로 했다.[4] 환자 300명의 동의를 얻어 그들의 얼굴 사진을 방사선 스캔 영상에 첨부한 것이다. 실험 결과, 환자의 얼굴 사진이 첨부된 경우에는 그러지 않은 경우보다 영상의학과 전문의가 부수적인 소견(원래는 요청되지 않았던 영상의 이상 소견)을 전한 비율이 80퍼센트 증가했다.

이런 현상이 나타나는 원인은 **추상화**abstraction라는 개념 때문이다. 간단히 설명하면 사람들은 어떤 상황을 둘러싼 환경이나 세부 정보에 인격이나 실재성이 떨어질 때 행동이 달라진다는 것이다. 예를 들면 당신이 어느 날 출근하기 위해 운전하고 있는데 어떤 얼간이가 갑자기 차 앞으로 돌진하는 바람에 급정거하게 됐다고 상상해 보자. 당신이라면 어떤 반응을 보이겠는가? 다혈질 성격의 소유자라면 소리를 빽 지르거나,

호통을 치거나, 욕을 하거나(조수석에 누가 타고 있느냐에 따라 다르겠지만), 심지어 주먹을 휘두를 수도 있다. 흥미로운 점은 이런 행동 대부분이 당신이 일상생활에서 다정한 사람으로서 보이는 일반적인 행동들과 일치하지 않는다는 점이다. 이번에는 상황을 바꿔 보자. 만약 당신의 차로 돌진한 사람이 당신이 아는 사람이었다면, 그때도 똑같은 반응을 보이겠는가? 아주 잘 아는 사람이 아니라도 직장의 다른 팀 동료이거나, 지난주 파티에서 만난 사람이거나, 같은 헬스장 회원이라면 어떨까? 아까와 같은 다혈질 반응을 자제할 가능성이 크다. 익숙함이라는 맥락으로 인해 과잉 대응을 차단하게 된다.

구매자와 판매자의 상호작용이라는 맥락에서 추상화 개념은 영업인을 싫어하는 구매자들이 그들을 쉽게 비방하는 원인이 되기도 한다. 추상화는 구매자들로 하여금 판매자를 자신을 도우려는 고객 중심의 정직한 전문가가 아니라, 전형적이고 진부하고 사리사욕만 채우는 중고차 판매원으로 생각하게 한다. 반면 판매자 입장에서는 추상화가 고객의 니즈에 대해 잘못된 가정을 하게 만들 수 있다. 이는 판매자의 확증 편향에 불을 붙이며 앞에서 확인했듯이 가치가 높은 고객과의 대화를 설계할 때 침묵의 살인자 역할을 한다.

추상화로 인한 이런 감정적 격차를 줄이고 고객과 좀 더 친밀하게 교류하는 방법을 육성하고 싶다면, 여기 유사품의 바다에서 익사하지 않을 수 있는 세 가지 방법이 있다.

1. 고객과 직접 대면하라

세일즈포스에서 일하던 2014년 말, 나는 50명의 재기 넘치고 열정적인 영업팀 직원들을 지휘하는 관리자가 됐다. 본격적으로 일을 시작하기에 앞서 나는 부서원들과 친해지고 담당 지역을 더 잘 파악하기 위해 그들과 일대일 면담을 했다. 내가 직원 개개인에게 했던 질문 중 하나는 "만약 자네가 영업이란 직무를 처음 시작한 날로 돌아가서 자신에게 조언 하나를 한다면 무슨 말을 하겠는가?"였다. 가장 흔한 대답은 "제 담당 지역으로 가서 가능한 빨리 고객을 직접 만나겠습니다!"였다.

전화 속 당신이 얼마나 카리스마가 넘치든 간에 누군가와 직접 만나면 그 이상의 마법 같은 일이 벌어진다. 추상화라는 가상의 더께와 거리가 없어지면 고객은 더 이상 CRM 시스템 속 필드 하나로 남지 않고 당신이 더 깊이 있게 이해하고 관계를 쌓을 인간이 된다. 전화나 이메일 커뮤니케이션과 달리 고객과 직접 만나면 그들은 자신의 사업과 당신의 솔루션에 투자하려는 잠재적 동기에 대한 개인적, 전략적 인사이트를 더 쉽게 공유하게 된다. 그래서 다음 번에 당신과 통화할 때는 개인적 책임감마저 느낄 가능성이 커진다!

2. 영상으로 발견을 수행하라

고객과 직접 만나는 일이 사정상 여의치 않거나 사업 모델에 맞지 않는다면 영상통화로 똑같은 효과를 볼 수도 있다. 요즘에는 괜찮은 가격에 쉽게 접속할 수 있는 영상 관련 툴들이 많아서 구매자와 판매자의 친밀도를 실제로 고객을 방문했을 때처럼 상당히 높여 준다. 영상통화는 고객 발견용 전화를 할 때 특히 효과적이다. 왜냐하면 고객 발견용 대화의 가치와 효율성은 양쪽 당사자가 신뢰와 친밀감을 빠르게 형성할수록 극대화되기 때문이다. 비판적 통찰력 또한 양 당사자가 실시간으로 서로의 적합성을 평가할수록 더 잘 발휘된다.

경우에 따라서는 영상통화가 대면 회의보다 더 효과적일 때도 있는데 이유는 단순하다. 배경 때문이다. 혹시 음성통화를 할 때 흔히 사람들이 날씨 같은 소재로 대화를 시작한다는 것을 눈치챈 적이 있는가? 시각적 신호가 없을 때는 친밀감을 쌓는 대화를 시작하는 데 날씨만큼 인간적인 주제가 별로 없기 때문이다. 그러나 영상통화를 할 때는 상대방 뒤에 뭔가 호기심을 돋는 일이 벌어질 때가 종종 있다. 흥미로운 예술 작품이나 창밖 풍경, 아니면 사무실 환경처럼 말이다. 그 대상이 뭐든 그들 주변에서 벌어지는 일은 최악의 경우에도 대화의 좋은 출발점이 될 수 있고, 최선의 경우라면 전화로 밝혀낼 수 있는 것들에 인간적인 깊이를 더해 줄 것이다.

그런 점에서 공닷아이오 연구팀이 발견한 내용은 그리 놀랄 일이 아니다. 이들이 웹 중심으로 수행된 영업 회의 12만 1,828건을 분석한 결과, 계약에 성공한 거래는 실패한 거래보다 웹 캠을 41퍼센트 더 많이 활용하는 것으로 나타났다![5] 연구팀은 또한 최상위 영업 담당자들은 영상 회의에 더 많은 시간을 쓴다는 사실도 밝혀냈다.

아직도 확신이 안 서는가? 그렇다면 스스로에게 물어보라. 당신도 고객과 음성 전용 통화 대신 영상으로 교류할 때 상대의 주변 환경에 대해 더 허물없이 정보를 공유하고 고객과 더 강한 친밀감을 느끼지 않는가?

아, 그리고 덧붙일 말이 있다. 영상통화를 할 때는 양쪽 당사자 모두 웹캠을 켜야 한다. 한쪽만 영상통화를 하는 것만큼 소름 끼치는 일은 없다.

 고객과 친밀감을 형성하는 데 있어서 모든 것을 전화로 수행해야 한다는 고정관념을 가진 판매자들이 너무 많다. 영상을 활용하는 것 외에도 가치를 더하고, 신뢰를 쌓고, 관계를 더 진전시키는 데 활용할 수 있는 채널은 많다.

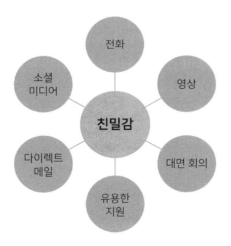

3. 고객이 자신의 경험을 직접 공유하게 하라

펜실베이니아 대학, 와튼 경영대학원의 교수인 아담 그랜트^{Adam Grant}는 추상화를 제거해서 청중에게 더 가까이 다가가는 효과를 강조하는 실험 하나를 수행했다.[6] 그는 동문 기부금으로 마련된 장학금을 받은 학생들에게 어떤 일을 겪었는지, 그들의 인생 역전 스토리를 모금을 한 동문 대표들에게 직접 전하게 했다. 결과는 어땠을까? 한 주에 모금되는 기부금이 평균 400퍼센트 증가했다!

사례 연구나 테스티모니얼testimonial(특정인을 써서 상품의 효용성을 증언하는 홍보 방법), ROI 계산은 모두 솔루션의 가치를 고객에게 전달하는 데 아주 효과적인 도구들이다. 그러나 영업 활동에 필요한 중독성 있는 확신을 끌어모으기 위해서는 그 가치를 직접 경험한 사람이 들려주는 고객의 이야기만큼 강력한 소스는 없다. 사이먼 사이넥은 저서 《리더는 마지막에 먹는다》에서 비슷한 논리를 제시한다. "사회적 동물로서 우리의 일에 의미를 갖고 스스로 더 잘하도록 동기부여를 하려면 그 일에 들이는 시간과 노력의 실질적이고 가시적인 효과를 직접 확인해야 한다."[7]

판매자로서 우리의 솔루션이 점차 유사품의 바다에 휩쓸리는 사태를 목격하는 가운데 구매자와 판매자 사이에 정말 의미 있는 연결고리를 만드는 것은 점점 더 힘들어지고 있다. 당신과 고객 사이의 감정적 거리가 너무 멀어졌다면 지금까지 설명한 세 가지 팁을 활용해 보라. 또 양쪽을 소원해지게 하는 추상화의 더께를 제거하면 중요한 관계를 다시 되돌리는 데 도움을 받을 수 있다.

얻고 싶다면 먼저 주어라

최근 몇 년간 호텔에 숙박했던 사람이라면 화장실 세면대나 탁자 위에 놓인 작은 카드 하나를 본 경험이 있을 것이다. 환경에 대한 투숙객의 책임감에 호소하는 짧은 요청문 말이다. "물과 전기 절약을 위해 수건을 재사용해 주시기 바랍니다." 당신이 이 요청대로 했든 아니든, 이 문구를 본 순간 잠시 생각해 보진 않았는가? 《설득의 심리학 2》의 저자들은 이런 카드의 문구를 바꾸면 사람들의 의사결정에 어떤 영향을 주는지 알아보고자 실험을 했다. 더 구체적으로 말하면 호혜성이라는 설득 이론에서 가장 오래되고 강력한 힘 중 하나에 호소하는 종류였다.[8]

호혜성이란 동일하게 제공되는 상호 혜택을 통해 행동을 촉진하는 힘이다. 쉽게 말하면, 내가 당신에게 무언가를 받고 싶어서 그 대가로 나도 무언가를 주는 것이다. 예를 들어 내 딸들이 이를 잘 닦고 제시간에 군말 없이 잠자리에 들게 하고 싶다고 치자. 이때 나는 그 대가로 다음날 아이들의 TV, 혹은 아이패드 시청 시간을 늘려 줄 수 있다. 또 다른 예로는 가구를 옮길 일이 있어서 친구에게 우리 집으로 와서 좀 도와주면 피자와 맥주를 쏘겠다고 할 수도 있다. 간단하지 않은가? 그런데 밝혀진 바에 따르면 이런 호혜성에 있어서 일의 순서가 생각보다 중요하다고 한다.

다시 《설득의 심리학 2》로 돌아가 보자. 연구팀은 일단 기준 데이터 확보를 위해, 수건 재사용을 통한 환경 혜택을 부각하는 카드를 호텔 객실에 두되 요청에 응한 고객에게 인센티브를 제공하지 않는 실험을 했다. 다음으로는 카드에 쓴 문구를 바꿔서, 고객이 수건 재사용 요청에 응하면 호텔이 절감한 금액의 일부를 비영리 환경보호 단체에 기부하겠다는 내용을 담았다. 그야말로 내 아이들의 잠자리 규칙과 비슷한 "당신이 이렇게 해 주면, 나도 이렇게 해 주겠다" 식의 제안이다. 흥미롭게도 단순히 인센티브만으로는 요청에 응하는 사람의 수를 높이지 못했다! 그러나 호텔이 예상되는 에너지 절감액 중 일부를 비영리 환경보호

6 진심을 다한 고객 발견

단체에 이미 기부했다고 함으로써 인센티브 지급 순서를 바꾸자 놀라운 일이 벌어졌다. 요청에 응하는 사람의 비중이 45퍼센트나 늘어난 것이다!

기억이 날지 모르겠지만 우리는 호혜성 원리를 경청이라는 맥락에서 4장에서 다뤘었다. 즉 고객의 말에 귀를 기울이고 그들의 감정에 관심을 보이면 호혜성을 촉발해서 고객도 우리의 말을 더 잘 듣게 된다는 것이었다. 이 원리를 현대의 판매라는 영역으로 확장하면 판매자로서 우리는 고객에게 무언가를 요청하기 전에 그들에게 가치를 더할 방법을 우리가 먼저 지속적으로 모색해야 한다.

구매 과정에는 고객들이 그들의 구매에 대해 심사숙고하거나, 다른 우선순위로 인해 관심이 분산되거나, 단순히 흥미를 잃는 침묵의 기간이 종종 발생한다. 끈질긴 영업인들은 이런 시기에도 고객에게 다시 불을 지피려고 애를 쓴다. 하지만 이런 시도는 대부분 아주 익숙한 "그냥 확인차…" 식의 이메일이나 전화 형태로 고객에게 전해진다. 이는 효과가 있을 때도 있지만 사실상 가치가 거의 없는 전술이다. 당신이 뻗는 손길, 즉 **아웃리치**outreach가 고객에게 실질적인 혜택이 되는지 고민해야 한다.

나는 개인적으로 호혜성의 최고 모범사례를 어떤 독특한 온라인 업체 창업자의 아웃리치를 통해 경험했다. 당시 나는 한 소프트웨어 회사의 영업 상무였다. 그리고 그는 고객사의 주요 담당자가 회사를 옮기면 그 사실을 판매사 영업팀 직원들에게 알려 주는 서비스로 사업을 하고 있었다. 가령 알파라는 회사의 마케팅 전무인 클레어가 당신이 판매하는 제품의 열렬한 지지자라고 해 보자. 그러다 클레어가 알파 사를 그만두고 당신 회사가 오랫동안 공을 들여온 베타 사의 신임 최고마케팅책임자^{CMO}가 되면 당신에게 그 사실을 알려서 이제부터는 당신이 베타 사에서 그녀와 교류하게 돕는 것이다. 그도 다른 대부분의 업체들처럼 자기네 솔루션의 장점을 최대한 부각하며 내게 접근할 수도 있었을 것이다. 게다가 그 회사의 솔루션은 가치 제안이 워낙 단순해서 그 자체로도 명확하게 전달하는 데 무리가 없었다. 하지만 그의 접근방식은 달랐다. 그는 우리 회사의 웹사이트에 들어가서 거기에 올려놓은 테스티모니얼 속 고객들을 모두 기록했다. 그런 다음 자신의 솔루션으로 그중 최근에 회사를 옮긴 가장 중요한 고객을 파악해서 관련 내용을 내게 이메일로 보내 줬다. 사실 우리는 그 고객이 이직한 사실조차 모르고 있었다! 전술 자체만으로도 그의 솔루션이 지닌 강력한 가치를 입증하기에 충분했지만 그의 아웃리치 방식 역시 우리의 관심을 끌고 제품에 대한 궁금증을 유발하는 데 강력한 힘을 발휘했다.

제프리 기토머$_{Jeffrey\ Gitomer}$는 영업 전문가로 뉴욕타임즈 베스트셀러인 《The Sales Bible(영업 바이블)》과 《The Little Gold Book of YES!(골드 세일즈북)》 등 15권의 책을 집필한 작가이다. 언젠가 한 학회에서 그의 강연을 들은 적이 있었는데, 그는 호혜성을 구축하는 일에 대해 아주 인상적이고 유용한 통찰력을 전해 줬다. "고객들이 모르는 당신에 대한 내용을 말하지 마세요. 그들이 자신에 대해 모르고 있는 내용을 말하세요."[9] 이 말의 전제는 간단하다. 우리는 판매자의 역할이 고객을 깨우치고, 어떤 제품을 팔든 고객이 그 가치를 이해하게 만드는 것이라고 여길 때가

6 진심을 다한 고객 발견

너무 많다. 하지만 이보다 훨씬 더 강력한 판매자의 목표는 고객이 자신의 상황에 대해 미처 깨닫지 못하고 있는 어떤 사실을 알도록 돕는 것이다. 나는 창업자의 이메일을 통해 그 교훈을 몸소 깨달았다.

하지만 호혜성을 촉진하는 전술이 항상 우아할 필요는 없다. 가령 고객에게 그들이 좋아할 만한 기사나 경영학 서적을 제안하는 것도 아주 좋은 출발점이 된다. 아니면 고객에게 도움이 될 만한 비슷한 처지의 구매자나 외부 전문가를 소개해 줘도 된다. 정보나 콘텐츠를 공유할 때는 당신의 브랜드나 회사와 상관없는 것이 더 낫다. 예컨대 고객에게 회사 웹사이트에 있는 백서를 전달하는 것보다는 하버드 비즈니스 리뷰에 실린 적절한 기사를 공유했을 때 상대가 더 진정성을 느끼면서 더 큰 호혜성이 발휘될 가능성이 크다.

고객에게 가치를 더하고 호혜성을 확립하기 위해 당신이 할 수 있는 일은 그 밖에도 많지만, 핵심은 무엇을 하든 사업으로만 엮지는 말라는 것이다. 물론 언젠가 상대가 당신의 노력에 응답하면 좋겠지만(즉 당신에게 사업 관련 기회를 주거나 궁극적으로 구매를 하는), 그들이 그렇게 하든 아니든 당신의 행동은 고객에게 가치를 더하는 경험으로 담백하게 끝나야 한다.

대화를 위한 질문 마스터

"아, 그거 좋은 질문이네요!" 이렇게 말하는 고객의 얼굴에 기분 좋은 미소가 떠오른다.

고객이 이런 반응을 보이면 대부분 판매자의 마음에 서광이 비칠 것이다. 이는 구매자와 판매자 모두 뭔가 가치 있는 것을 발견한 동시에 서로에게 꼭 필요한 신뢰감이 구축됐다는 것을 의미하기 때문이다. 그러나 안타깝게도 판매자가 하는 질문은 대부분 이런 반응을 얻지 못한다.

현대 판매자들이 생산적인 고객 발견 활동을 벌이는 과정에서 의도치 않게 만들어내는 큰 장애물 중 하나는 그들의 질문 방식과 관련돼 있다. 허브스폿 HubSpot 설립 당시 최고리스크책임자이자 베스트셀러《세일즈 성장 무한대의 공식》의 저자인 마크 로버지 Mark Roberge 는 하버드 경영대학원에서 현대 영업 과목을 가르친다. 그는 수업 중 영업 상담이라는 상황을 가지고 역할극을 해 보면 전체 학생 중 80퍼센트가 '드러내고 쏟아내는' 전략으로 일관하는 우를 범한다고 밝혔다. 이는 곧 잠재 고객에게 구매를 요청하기 전에 상품에 대한 특징을 일방적으로 설명하고 질문을 퍼붓는 것을 말한다.[10]

당신이 고객이라면 그런 판매자로부터 상품을 구입하겠는가? 나는 절대 아니다! 고객 발견용 전화는 점잖은 고문이 아니라 대화라는 사실을 기억하라. 그럼 이런 질문이 나온다. 왜 그런 고객 발견 방식이 아직도 그렇게 흔한 걸까?

이런 안타까운 행동이 나타나는 주된 원인은 많은 영업인들이 특정 검증 방법으로 준비한 질문 목록을 가지고 고객 발견 대화에 나서기 때문이다.

예를 들어 이런 유형 중 가장 오래되고 인기 있는 방법으로 1960년대에 IBM에서 회사 영업팀이 영업 리드를 보다 효과적으로 선별할 수 있도록 도입한 BANT가 있다. 이는 다음 내용의 약자이다.

- **예산(B**udget**)**: 구매자에게 제품 구매에 필요한 충분한 자금이 책정 돼 있는가?
- **권한(A**uthority**)**: 구매 결정 권한은 누구에게 있는가?
- **니즈(N**eeds**)**: 제품이나 서비스로 고객의 어떤 니즈나 고통을 해결할 수 있을까?
- **시점(T**iming**)**: 언제까지 솔루션이 설치되어야 하는가?

이런 접근법 중 더 최근 것으로는 1990년대에 B2B 판매자들을 위해 고안된 MEDDIC이 있는데, 내용은 다음과 같다.

- **지표(M**etrics**)**: 솔루션의 경제적 효과를 어떻게 측정할 것인가?
- **경제권을 가진 구매자(E**conomic Buyer**)**: 제품을 구매할 수 있는 자금줄은 누가 쥐고 있는가?
- **결정 프로세스(D**ecision Process**)**: 구매 결정은 어떤 프로세스를 통해 내려지는가?
- **결정 기준(D**ecision Criteria**)**: 구매 결정에 있어 고객이 정한 기준은 무엇인가?
- **확인할 고통 (I**dentity Pain**)**: 상품이나 서비스가 고객의 어떤 니즈와 고통을 해결해야 하는가?
- **내부 옹호자(C**hampion**)**: 고객사 안에서 우리 대신 누가 상품을 옹호할 것인가?

이 방법론은 앞서 논의했던 중요한 인사이트를 획득하는 연습에 활력을 주면서 확실히 도움이 된다. 하지만 이런 방법론을 설명한 그대로 적용하면(흔히 그렇게 한다) 구매자와 판매자 사이에 강압적이고 어색한 추측 중심의 상호작용이 일어날 수 있다. BANT 방법론에 기반한 다음과 같은 발견용 대화를 살펴보자.

판매자 "혹시 회사에 이 제품을 구매할 예산이 책정돼 있나요?

고 객 "예산 책정은 제품 가격대에 따라 달라서요."

판매자 "아, 그렇군요. 괜찮습니다. 그럼 계약서는 누가 서명하나요?

고 객 "그것도 그때그때 다릅니다. 제가 서명할 때도 있지만 비용이 커지면 회사 CFO의 서명이 필요합니다. 귀사의 솔루션은 비용이 얼마나 되나요?"

판매자 "패키지 구성에 따라 몇 가지 가격이 책정돼 있는데, 그 부분을 논의하기 전에 선생님 회사에는 대금 청구 솔루션이 있나요?"

고 객 "아, 그런데 저희는 그런 솔루션이 없습니다. 아직은 그냥 엑셀이나 이메일로 대금 처리를 하고 있습니다."

판매자 "알겠습니다. 그러면 대금을 주고받으실 때 인보이스 처리에 시간이 오래 걸리지 않나요?"

고 객 "네, 그렇긴 하죠. 그런데 몇 년 동안 그런 식으로 처리하다 보니 저희는 괜찮습니다."

판매자 "완벽하네요. 혹시 신규 시스템을 언제까지 설치하고 싶은지 생각해 두신 날짜가 있나요?

고 객 "글쎄요. 솔루션이 우리 상황과 잘 맞는다면 시기는 그때 확인
해 보겠습니다."

판매자 "좋습니다. 다음에는 저희 시스템이 선생님 회사에서 실제로 어
떻게 활용될 수 있는지 직접 시연해 드리겠습니다. 괜찮으세요?"

고 객 "네, 괜찮을 것 같은데… 그 전에 다른 솔루션 업체도 몇 군데
확인해 봤으면 합니다. 그런 다음에 다시 연락 드리겠습니다."

이런 대화가 끝난 후, 판매자는 아마 고객에게 다시는 연락을 받지
못했을 것이다.

이렇게 스크립트를 가지고 고객 상담을 하면 기계적이고, 유연성이
떨어지며, 사업 관련 지식과 인간적 교류를 더 심화할 수 있는 기회들을
놓치게 된다. 다시 말해 상담이라는 상호작용이 두 사람 사이에 오가는
일상적인 대화처럼 자연스럽게 전개되지 않으므로 상대에게서 실질적으
로는 알게 되는 게 거의 없다.

반면에 우리가 대화를 흥미롭고, 자연스럽고, 약간의 재미까지 살려
서 설계하면 구매자와 판매자의 관계와 상호작용의 전반에 걸친 역학이
바뀐다. 이보다 더 근사한 사실은 우리가 적절한 질문들로 대화를 설계
하면 구매자들이 더 마음을 열고 훨씬 더 개인적이고 유용한 정보를 공
유한다는 것으로서, 이미 과학적으로 입증됐다.

자기 표현의 과학

하버드 대학 연구원인 다이애나 타미르Diana Tamir와 제이슨 미첼Jason

Mitchell은 연구를 통해 우리의 일상 대화 중 30~40퍼센트가 자신의 주관적인 경험을 남들에게 알리는 데 쓰인다는 사실을 밝혔다.[11] 실제로 생후 9개월쯤 된 아기들도 자신이 특별히 흥미를 느낀 주변 요소를 다른 사람들이 주목하도록 알리는 것이 관찰됐다. 어떤 사회든 성인이라면 자신의 지식과 견해를 남들과 자주 공유하려 한다.

실험에서 연구원들은 참가자들에게 다음 세 가지 유형의 정보를 공개하는 데 선택권을 부여했다.

1. 자신의 믿음과 주장 (즉, "당신은 스키 같은 겨울 스포츠를 얼마나 즐기세요?")
2. 다른 사람의 믿음이나 주장에 대한 생각 (즉, "버락 오바마 대통령은 스키 같은 겨울 스포츠를 얼마나 즐긴다고 생각하세요?")
3. 사실 (즉, "레오나르도 다빈치가 모나리자를 그렸다는 것은 사실일까요, 아니면 거짓일까요?")

각 질문마다 실험 종료 후 참가자들에게 금전적 보상이 주어졌고 보상액은 실험마다 달랐다. 이 실험의 가설은 이랬다. 인간이 본질적으로 자기 자신에 대한 정보를 공유할 때 보람을 더 많이 느낀다면 다른 유형의 질문에 답하는 것이 금전적으로 더 유리할지라도 스스로 보람을 느낄 수 있는 질문 위주로 답한다는 것이었다. 그리고 실험 결과도 정확히 일치했다!

보상액이 질문 유형에 상관없이 같았을 때 참가자들은 남에 대한 질문과 사실을 묻는 질문 대비 자기 자신에 대한 질문에 각각 69퍼센트와 66퍼센트 더 많이 답했다. 실제로 자신에 대한 질문에 더 많이 답하려는 이런 편향 때문에 참가자들은 잠재적으로 벌 수 있었던 수익을 평균 17 퍼센트나 놓쳤다. 즉, 사람은 자기 자신의 주장을 공유하는 질문에 답하기 위해서라면 얼마간의 손실은 기꺼이 감수한다는 것이다.

여기서 한 발 더 나아가 연구원들은 피실험자들이 자신의 주장을 드러내거나 남의 주장을 판단하는 질문에 답해야 할 때 어떤 일이 벌어지는지 확인하기 위해 MRI로 그들의 머릿속 뇌파를 관찰했다. 그 결과 다른 사람의 주장을 판단할 때보다 자기 자신의 주장을 공유할 때 뇌에 있는 보상 센터에서 훨씬 더 많은 뇌파가 생성되는 것이 목격됐다. 즉 발견의 과학으로 보자면 사람들은 특정 주제에 대한 자신의 견해나 주장을 진술하도록 요구하는 질문에 과학적으로나 감정적으로 더 잘 대답하는 경향이 있다. 다른 사람들의 견해와 사실은 우리에게 그만큼 흥미롭지 않다.

이런 과학적 사실에 입각해서 발견용 대화에서 고객으로부터 가치 있는 인사이트를 끌어낼 수 있는 개인의 견해를 기반으로 한 효과적인 질문에는 어떤 것들이 있을지 알아보자.

먼저 유념할 것은, 상대의 귀가 솔깃할 이런 유형의 질문들이 보통은 이차적인 질문에 속한다는 점이다. 즉 고객의 현 상황을 파악하는 사실 중심의 일차적인 질문들에 뒤이어 묻는 후속 질문들이라는 뜻이다. 일차적인 질문으로도 개인의 견해에 초점을 맞춘 질문에 상응할 만큼 유용한 정보를 얻을 수 있지만, 일차적인 질문 역시 더 신중한 태도로 접근하는 게 중요하다. 좋은 방법은 고객의 상황에 대한 세부 정보를 더 깊이 있게 파악하기 위해 질문을 레이어링layering하는 것이다.

예를 들면 이런 식이다.

> 선생님이 겪는 문제를
> 제게 말씀해 주시겠어요?

> 그와 관련된 예를
> 하나 들어 보시겠어요?

> 그 문제를 겪은 지
> 얼마나 되셨나요?

> 그 문제를 해결하기 위해
> 어떤 시도를 하셨나요?

> 그 방법이
> 효과적이었나요?

이런 일차적인 질문들과 그와 관련된 인사이트를 바탕으로 지금부터는 이보다 한 단계 높은 본질적인 동기를 끌어내는 질문들로 눈을 돌려 보자.

왜 그렇게 생각하세요?

앞서 확인했듯이 사람들은 어떤 주제에 대한 사실보다 자신의 견해를 묻는 질문에 답하기를 좋아한다. 안타까운 점은 많은 판매자들이 자기 딴에는 최선을 다하지만 상대의 견해를 묻는 질문을 의도치 않게 사실에 근거한 질문으로 둔갑시킨다는 점이다. 가령 고객이 당신에게 아직 조직이 탈피하지 못한 낡고 고루한 프로세스로 인해 겪고 있는 사업상 문제를 토로했다고 가정해 보자. 그러면 당신은 상황을 더 깊숙이 파악하고자 이런 질문을 할 것이다.

- 왜 아직도 그런 구식 프로세스를 사용하고 있는 건가요?
- 왜 프로세스가 그렇게 비효율적인가요?
- 낡은 프로세스로 인해 초래되는 비용 손실은 얼마나 되나요?

표면적으로는 이런 질문들이 좋은 발견용 질문인 것 같고 실제로도 그럴 수 있다. 하지만 더 가까이 들여다보면 이런 질문은 사실 기반의 인사이트를 끌어내고 있다. 다시 말해 고객에게 그들의 견해가 아닌 당신의 질문에 대한 사실을 말하게끔 요청하는 것이다. 하지만 질문 방식을 조금만 바꾸면 질문의 취지를 훌륭하게 살릴 수 있다. 그 방법은 당신이 하는 일련의 질문에 "−라고 생각하세요?"라는 문구를 삽입해서 문제에 대한 고객의 견해를 밝히도록 명시적으로 묻는 것이다. 예를 들면 이런 식이다.

- 왜 회사가 아직도 그런 구식 프로세스를 사용하고 있다고 생각하세요?
- 왜 프로세스가 그렇게 비효율적이라고 생각하세요?
- 낡은 프로세스로 인해 초래되는 비용 손실이 얼마나 된다고 생각

하세요?

이 짧은 문구를 질문에 더하면 틀림없이 당신이 바라는 대로 (그리고 고객 스스로도 말하고 싶어 하는) 고객의 견해를 전해 들을 수 있을 것이다. 그렇다고 해서 사실 기반의 질문을 적절히 사용할 기회가 아예 없어진다는 말은 아니다.

어떻게 아세요?

앞서 보았듯이 과학은 사람들이 어떤 상황에 대해 자신의 견해를 말하도록 질문받는 것을 좋아한다는 사실을 알려 준다. 이때 사실에 기반한 올바른 질문을 하는 것이 중요하며, 특히 고객들이 해결하려고 하는 문제가 무엇인지 그 뿌리를 밝히는 데 도움이 되는 사실에 근거한 질문이 중요하다.

고객이 현재 겪고 있는 문제나 니즈를 물으면서 발견용 대화를 시작한다고 해 보자. 예를 들면 다음과 같다.

판매자 "연락해 주셔서 고맙습니다. 아시다시피 저희 회사는 직원 피드백을 위한 현대적인 온라인 플랫폼을 제공하고 있습니다. 어떻게 도와드릴까요?

고 객 "네, 저희 회사도 새로운 유형의 고과 평가 솔루션을 찾고 있습니다. 저희는 수년간 1년에 한 번씩 실시하는 전통적인 평가 프로세스를 운영해 왔는데 이제 바꿀 때가 된 것 같아서요."

판매자 "알겠습니다. 왜 그런 생각을 하게 되셨나요?"

고 객 "글쎄요. 최근 몇 년간 밀레니얼 세대 직원들을 많이 채용했는데, 제가 보고 들은 바로는 그런 젊은 직원들이 연말 고과 평가 프로세스를 정말 싫어하는 것 같아서요."

이쯤 되면 "좋습니다! 저희도 똑같은 얘기를 늘 듣습니다. 저희 솔루션이 그 문제를 어떻게 해결할 수 있는지 전부 알려 드릴게요." 같은 응답을 단도직입적으로 하려는 유혹에 걸려들기 쉽다. 하지만 그렇게 하면 고객에게 깊숙이 파고들어 그들의 귀중한 인사이트가 담긴 금괴를 찾고, 의미 있는 대화로 그들과 교류할 수 있는 엄청난 기회를 놓치게 된다.

따라서 당신의 열정을 일시적으로 억누르고 이런 태도로 응답하는 것이 좋다.

판매자 "아 네. 저희도 다른 고객들로부터 그런 말을 많이 들었습니다. 실례가 안 된다면, 선생님 회사의 밀레니얼 세대 직원들이 연말 고과 프로세스를 싫어한다는 사실을 구체적으로 어떻게 알게 되셨나요?

물론 당신 스스로도 이 질문에 대한 답을 알고 있을 가능성이 크다. 비슷한 고객들과 이야기를 하다 보면 이런 이야기에 익숙해지기 때문이다. 하지만 이런 경우에는 그들의 관심과 자기 표현 의지를 유발하기 위해 당신이 얼마나 현명하고 경험이 많은지는 일시적으로 자제할 필요가 있다.

고객에게 "어떻게 아세요?"라고 묻는 것은 그들의 주장을 뒷받침하는 중요한 증거를 찾는 데 도움이 되므로 미묘하지만 아주 강력한 후속 질문이 될 수 있다. 이런 증거는 당신의 솔루션을 고객에게 설득하는 사례를 개발하거나 고객사 내부에 그 사례를 더 널리 알리는 데 활용할 수도 있다.

- "제가 책에서 읽은 바로는 실시간 피드백은 밀레니얼 직원들이 보편적으로 바라는 것이고 업계에서도 그런 특징이 확실히 보였습니다."
- "밀레니얼 직원들은 이직률이 높고 퇴직 면담 내용을 보면 피드백 과잉이나 부족이 중요한 이슈로 드러나고 있었습니다."
- "저희 회사에서 최근 직원 참여도에 대한 설문조사를 했는데 저희 팀에서도 피드백 문제가 분명하고 크게 부각됐습니다."

여기서 주의할 것은 고객의 진실성에 의문을 제시하고자 그의 견해를 묻거나 내용을 더 명확히 파악하는 것은 아니란 것이다. 즉 고객이 거짓말을 했다거나 방금 전한 이야기나 고통을 꾸며냈다고 따지는 의도는 없다. 그보다는 당신이 했던 일차적인 질문에 대해 좀 더 상세한 설명과 더불어 그 내용을 확장해서 맥락을 제공해 달라고 요청하는 것이다. 고객도 자신의 니즈를 인식하고는 있지만 문제의 근본적인 원인이나 증거를 파악하지 못하는 경우가 많다. 이런 간단한 질문을 하면 그런 문제를 해결할 뿐 아니라 고객의 마음속에 미래의 손실을 피하려는 니즈와 욕구를 한층 더 확고히 할 수 있다.

10점 척도로 나타내면…?

"1점에서 10점까지 척도로 나타내면?" 같은 질문은 그 자체로 완전히 주관적이면서 개인의 의견을 바탕으로 하기 때문에 발견용 대화에서 할 수 있는 최고의 질문 중 하나다. 공식은 간단하다. 다음 내용을 그대로 따라하면 된다.

1. 고객에게 그들이 느끼는 고통을 1점에서 10점 척도로 매겨 달라고 요청하라.
2. 기준 점수들이 뜻하는 의미를 제공하라. (예: 1＝전혀 심하지 않다, 5＝보통이다, 10＝매우 심하다)
3. 고객의 답변을 듣고 그 점수를 택한 이유를 물어라.

예컨대 영업에서는 척도 평가가 다음과 같은 질문으로 일어날 수 있다.

- "그러니까 선생님께서는 현재의 운동 방식을 개선하기 위해 PT에 등록하고 싶다는 말씀이시네요. 그런 니즈를 10점 척도로 물어보겠습니다. 10점은 '나는 헬스장에 매일 간다'이고 1점은 '나는 소

파에서 일어나기조차 힘들다'라면 선생님은 현재 몇 점에 해당하나요?"

- "그러니까, 선생님 말씀은 팀원들이 정례적인 고과 평가를 싫어해서 좀 더 잦은 피드백을 원한다는 거네요. 회사 상황을 10점 척도로 평가하면 어떨까요? 여기서 10점은 '우리 회사 관리자들은 팀원들에게 매일 피드백을 제공한다'이고 1점은 '우리 회사는 연말 고과 평가라도 실제로 하면 다행이다'라면 현재 선생님 회사는 몇 점에 해당할까요?"

- "그러니까 선생님은 자녀가 셋이고 개도 키우다 보니 공간이 비좁고, 그래서 더 큰 집을 찾고 있다는 말씀이시네요. 만약 현재 상황을 10점 척도로 매긴다면 몇 점일까요? 10점은 '이 상태로 하루만 더 살면 미쳐 버릴 것 같다'이고 1점은 '때로는 힘들지만 아이들이 독립할 때까지 그럭저럭 버틸 수 있을 것 같다'라면 선생님은 현재 몇 점에 해당할까요?"

일단 고객이 점수를 하나 선택하면 당신이 해야 할 일은 상대가 왜 그 점수를 택했는지 더 파고드는 것이다. 고객이 이유를 말하면 당신은 세 가지 옵션 중 하나로 대응할 수 있다.

첫째로는, 그냥 고객에게 그 점수를 준 이유를 물어라. 이를테면 고객이 "현재 운동 상태로 보면 저는 10점 척도에서 6점 정도 되겠네요." 라고 한다면 당신은 이렇게 말하는 것이다. "네. 6점을 주신 이유는요?" 이 질문을 통해 더 유용한 대화가 계속될 것이다.

두 번째 대응 방법은, 고객은 10점 척도에서 보통 자신을 높게 평가하는 경향이 있기 때문에 판매자로서 그 점수를 압박해 보는 것이다. 예를 들면, "알겠습니다. 10점 중 6점을 주셨는데, 7점이나 8점이 안 되는 이유는 뭔가요?"라든지 "어떻게 하면 선생님 점수가 7점이나 8점으로 높아질 수 있을까요?" 같은 질문을 하는 것이다.

이는 분명 유효한 접근법이고 효과적일 수도 있지만 의도치 않게 역효과를 일으킬 때도 있다. 구체적으로 "왜 더 높은 점수를 주지 않았나요?" 같은 질문을 받은 고객은 방어적 태도를 보일 수 있고 특히 고객이 당신에게 '영업'을 당하고 있다고 느끼는 경우에는 그런 경향이 더 심해진다. 다시 말해 누군가에게 왜 더 높은 점수를 주지 않았냐고 물으면 상대는 자신이 뭔가 부족하다는 느낌을 받을 수 있다. 이런 경우 반직관적이고 비이성적인 접근법이 필요하다.

마이클 판탤론Michael Pantalon은 예일 의과대학 교수이자 《순간 설득》의 저자이며 '동기 강화 상담motivational interviewing' 분야의 대표적인 권위자다. 판탤론의 연구 결과는 이성적인 질문이 방어적인 사람들에게는 동기부여를 하는 데 오히려 효과적이지 않다는 주장을 뒷받침한다. 구매자가 '영업'을 당하는 데 저항감이 있다면 현재 그들의 처지와 그들이 도달하고자 하는 지점 간의 격차에 초점을 맞추는 합리적인 접근법은 효과적이지 않다는 것이다.

그는 오히려 반직관적이고 비이성적인 접근법을 제안한다. 이것이 우리의 세 번째 접근법이다. 가령 고객이 10점 척도에서 자신이 현재 6점이라고 말한다면, "왜 더 높은 점수는 안 되나요?"라고 묻기보다는 "왜 더 낮은 점수는 안 되나요?"라고 묻는 것이다. 처음에는 질문이 좀 이상해 보이겠지만 상대에게 3점이나 4점처럼 더 낮은 점수를 주지 않은 이유를 물으면 그들은 자신이 목표를 달성하기 위해 현재 하고 있는 긍정적인 것들에 대해 이야기할 것이다. 긍정적인 면에 초점을 맞추고 그런 토대를 구축하면 고객은 자신의 견해를 공유함으로써 기분이 좋아질 뿐 아니라 당신이 제시하는 향후의 모습과 그것을 달성하는 데 필요한 행동 변화를 더 자유롭게 탐색할 것이다.

미래로 돌아가기

이번 장 초반에 논의한 것처럼 고객이 해결하려고 하는 문제의 규모를 파악하는 능력은 고객의 행동을 유도하는 데 아주 중요하다. 문제가 얼마나 큰지, 그리고 그 문제가 개인이나 조직에 미치는 영향력이 어느 정도인지를 확실히 모르면 손실을 회피하려는 구매자의 동기가 촉발되지 않고 현상 유지 편향만 계속될 것이다. 그럼 고객이 가진 문제의 규모를 어떻게 알 수 있을까? 일단 고객의 견해를 직접 묻는 방법이 있다. 이를테면 다음과 같다.

- "직원들에게 일상적인 피드백을 주지 않아서 회사가 입는 손실이 얼마나 된다고 생각하세요?"
- "선생님의 몸 상태가 최상이 아니라서 미치는 영향력이 어느 정도라고 생각하세요?"
- "선생님이 보내는 인보이스를 고객들이 온라인에서 신용카드

로 지불하지 못해서 생기는 손실 비용이 얼마나 된다고 생각하세요?"

이런 질문에 따르는 문제는 때로는 이런 식의 질문이 고객의 심기에 거슬릴 수 있다는 점이다. 그들이 가진 고통이 실제로 사업에 손실을 끼칠 수 있지만(그렇지 않으면 애초에 당신과 상담을 하지 않았을 것이다), 이전에는 그 누구도 그들에게 고통의 정도를 수량화하거나 그에 대한 의견을 달라고 요청하지 않았을 가능성이 크다. 이에 따라 고객 자신도 그런 질문에 어떻게 답해야 할지 익숙하지 않을 수 있다.

똑같은 정보를 대화로 더 쉽게 얻는 방법이 있는데, 내가 '미래로 돌아가기'라 부르는 전술을 활용하는 것이다. 이 전술에는 두 가지 방법이 있다.

1. 돌이켜 보기

이 방법은 고객에게 과거 특정 기간을 돌이켜 보게 한 다음 그때 발생한 문제의 영향이 어느 정도였는지 개인적인 의견을 요청하는 것이다.

가령 이런 식이다.

- "그러니까 선생님께서는 팀원들의 조직 참여율을 높이기 위해 현재 회사의 고과 평가 프로세스에 대한 대안을 찾고 계신 거군요. 만약 최근 몇 년간을 돌이켜 본다면 성과에 대한 피드백 부족으로 회사를 그만둔 직원들이 몇 명이나 되나요? 회사 경영진은 이

문제를 얼마나 심각하게 인식하나요?"

- "그러니까 선생님께서는 이제부터는 출장이 적은 일을 하고 싶은 거군요. 과거 몇 년간을 돌이켜 보면 얼마나 자주 출장을 가셨나요? 잦은 출장이 선생님의 사생활에 미치는 가장 큰 영향은 무엇인가요?"

- "그러니까 선생님께서는 온라인 인보이스 처리 시스템으로 바꾸는 게 타당한지 알고 싶으신 거네요. 과거 몇 년간을 돌이켜 봤을 때 고객들의 인보이스를 처리하기 위해 매달 업무 시간의 어느 정도를 할애하셨나요? 선생님은 현재의 인보이스 처리 방식이 회사의 발전을 늦추는 큰 원인 중 하나라고 생각하세요?"

- "그러니까 선생님께서는 자동화 급여 시스템에 투자를 고려하고 계시군요. 지난 몇 년간을 돌이켜 봤을 때 직원들이 급여가 전액 안 들어왔다고 불만을 제기한 횟수가 몇 번이나 있었나요? 현재 급여 시스템의 경우에는 급여 미지급금 이슈가 선생님께 가장 큰 문제인가요? 아니면 더 큰 문제가 있나요?"

2. 전망하기

이 방법은 고객에게 미래를 그려봤을 때, 현재 당면한 문제가 해결된다면 어떻게 변해 있을지 의견을 요청하는 것이다.

예를 들면 이런 식이다.

- "고객들에게 인보이스 대금을 독촉하는 일로 시간을 너무 소모한다고 말씀하셨는데요. 그 시간의 90퍼센트를 돌려받을 수 있다면 업무 생산성이 얼마나 더 높아질까요? 선생님께서는 실제로 그 시간에 무슨 일을 해서 회사를 더 빨리 발전시키고 싶으세요?"
- "업무 성과에 대한 피드백이 부족해서 실망한 직원들 일부가 퇴사했다고 말씀하셨는데요. 향후 전망했을 때, 직원들이 지금보다 더 잦은 피드백을 받을 수 있다면 그런 일을 얼마나 낮출 수 있을 것 같으세요?"
- "잦은 출장이 사생활에 너무 큰 지장을 준다고 하셨는데요. 만약 지금보다 출장이 적은 회사에 들어가신다면 그렇게 생긴 여유 시간에 개인적으로 무엇을 할 것 같으세요?"
- "선생님께서는 PT가 몸매를 회복하는 데 도움이 될 것으로 기대하시는 것 같은데요. 만약 향후 1년 후로 가서 선생님께서 바라시는 결과를 어느 정도 달성했다고 한다면 개인적으로 어떤 장점을 기대하세요? 시간과 비용을 투자한 보람이 있을 것 같으세요?"

이 접근법에는 참고해야 할 몇 가지 사항이 있다.

1. 전망하기 기법에는 질문하는 방식에서 고려해야 할 아주 중요한 점이 있다. 항상 초반에 고객이 처한 고통이나 손실을 상기시켜야 한다는 점이다. 대화 초반이나 중반에 고객의 고통을 말하지 않으면 미래의 혜택에만 초점을 맞추게 되고, 그렇게 되면 고객의 행동을 유도하는 손실 회피의 심리적 효과를 얻지 못한다.
2. 돌이켜 보기와 전망하기 질문을 연속해서 결합해도 된다. 이렇게 하면 고객이 현재와 미래 상황을 극적으로 대비해서 보는 효과를 얻을 수 있다.
3. 만약 고객이 예민한 성향 때문에 이런 질문에 불편해하는 느낌이 언제라도 감지되면 질문을 하는 이유를 제시하거나 일반적인 대답의 예를 명명해서 고객의 두려움을 상쇄할 수 있다(이 두 방법은 이번 장 앞부분에서 이미 설명했다).

마지막으로 당신이 어떤 전술의 대화형 질문을 사용하든 유도 질문, 즉 고객이 특정 방식으로 대답하도록 억지로 유도한다고 느끼게 하는 질문은 경계해야 한다. "미래를 전망했을 때, 선생님 사업에 현대적이고 자동화된 대금 청구와 인보이스 시스템을 사용하면 시간과 비용을 절약할 수 있을 것 같으세요?" 같은 질문이 그에 해당한다. 이번 장 앞부분에서 리액턴스 개념을 다루면서 이미 확인했지만 고객이 어떤 함정으로 몰린다는 느낌을 받으면 그들은 즉시 상대에게 저항하면서 마음의 문을 닫고 대화에서 물러서게 된다.

질문 순서에 숨겨진 놀라운 과학

지금까지 확인한 것처럼 질문은 높은 가치의 발견은 물론, 설득의 과학에 있어서도 강력한 동맹군이 될 수 있다. 그리고 이제는 많은 판매자들이 제품의 가치 제안을 확립하기 위해 앞에서 확인한 것처럼 여러 질문을 종합적으로 능숙하게 연결하고 레이어링하게 됐다. 그런데 올바른 질문을 하는 것도 중요하지만, 올바른 질문 순서를 고려하지 않으면 고객의 마음속에 강렬한 감정적 대비 효과를 일으키는 중요한 기회를 놓치게 된다. 다른 표현을 빌리자면 올바른 질문을 하면 생각을 촉발할 수 있고, 올바른 순서로 질문을 하면 감정까지 촉발할 수 있다!

대니얼 카너먼은 《생각에 관한 생각》에서 독일 학생들을 대상으로 실시했던 한 설문조사를 언급하는데, 조사 응답자들은 다음 두 가지 질문을 받았다.

1. 당신은 요즘 얼마나 행복한가?
2. 당신은 지난 달에 데이트를 몇 번 했는가?

실험은 이 두 질문에 대한 대답 사이에 상관관계가 있을 것이라는 가설에 따라 수행됐다. 어쨌든 데이트를 많이 하는 학생들은 그 방면으로 어려움을 겪는 학생들보다 전체적으로 더 행복할 것이라는 가정은 타당하다. 하지만 놀랍게도 이 두 질문에 대한 대답의 상관관계는 거의 0이었다! 왕성한 데이트는 개인의 행복 수준을 물었을 때 바로 떠오르는 요인이 아니었던 것이다.

그러나 또 다른 그룹의 학생들은 똑같은 두 질문을 역순으로 받았다.

1. 당신은 지난 달에 데이트를 몇 번 했는가?
2. 당신은 요즘 얼마나 행복한가?

이 경우에는 두 질문의 답 사이의 상관관계가 엄청나게 높았다! 그렇다면 두 접근법의 결과가 왜 그렇게 달랐을까? 비밀은 카너먼이 **어림짐작 문제 바꿔 치기** substitution heuristic 라고 말한 원리 때문이다.

문제 바꿔 치기의 개념은 간단하다. 인간의 두뇌가 대답하기 어려운 문제에 부딪히면 그 문제와 관련이 있으면서 대답하기 더 쉬운 문제를 찾는다는 것이다. 이를 어림짐작 heuristic 문제라고 부른다. 예를 들어 내가 당신에게 17 곱하기 24의 답이 뭐냐고 물으면 금방 계산하기가 어렵다. 하지만 당신에게 문제를 계속 풀라고 압박하면 당신의 뇌는 20 곱하기 20의 답을 17 곱하기 24에 '충분히 가까운' 지름길로 여길 것이다. 즉 어림짐작 문제는 400이라는 쉬운 답을 내놓은 반면, 원래 문제는 더 어렵지만 408이라는 크게 다르지 않은(정확히 2퍼센트 차이가 나는) 답을 산출한다.

이와 같은 현상이 앞서 설명한 실험의 두 질문에서도 나타났던 것이다. 누군가에게 전반적인 행복 수준을 물으면 대답하기가 어렵다. 결국 사람의 행복에는 많은 요소가 결부돼 있기 때문이다. 그러나 학생들에게 데이트 횟수를 물으면 데이트 생활에 대한 만족감이 최우선으로 떠오른다. 그런 감정이 전반적인 행복도를 묻는 두 번째 질문의 답에 영향을 준다. 다시 말해 전반적인 행복 수준은 산출하기 더 어렵기 때문에 응답자들의 두뇌는 최근에 경험한 데이트 생활의 만족도를 두 번째 질문에 답하기 위한 어림짐작 문제로 사용했던 것이다!

이런 중요한 통찰을 가지고 사람들의 정보 처리 방법을 생각한다면, 똑같은 접근법을 영업 관련 질문에서도 대비 효과를 한층 더 높이는 데 활용할 수 있다. 다음에 열거한 두 쌍의 질문을 고려해 보자.

1. 선생님은 자신의 전반적인 건강 상태에 만족합니까?

2. 선생님은 지난 한 달간 헬스장에 얼마나 자주 갔습니까?

---

1. 선생님은 업체 X로부터 받는 서비스에 얼마나 만족합니까?

2. 선생님은 올해 업체 X에 얼마나 자주 도움을 요청했습니까?

---

1. 귀사 직원들의 참여 수준에 대해 어떻게 생각합니까?

2. 귀사의 직원들은 회사의 고과 평가 프로세스에 대해 어떻게 생각합니까?

---

1. 귀사에서 생산하는 제품들의 전반적인 품질에 만족합니까?

2. 귀하의 팀은 지난 분기에 고객 지원 전화를 몇 번이나 받았습니까?

---

1. 귀사 영업팀의 고객 교류 능력에 대해 어떻게 생각합니까?

2. 선생님은 영업인들과 이야기하는 것을 좋아합니까?

대부분의 판매자들은 이 각각의 예에서 첫 번째 질문을 먼저 하는 경향이 있다. 첫 번째가 생각을 촉발하고, 더 고차원적이며, 전략적이기 때문이다. 이런 질문은 세부적인 질문으로 이어지는 좋은 발판이 된다. 문제는 이런 질문들은 미묘하고 대답하기에 더 어렵기 때문에 빠른 감정적 대응을 낳기 어렵고, 그래서 구매자가 느끼는 고통과 손실에 대한 인식을 활성화하지 못한다는 점이다. 물론 두 질문 모두 구매자가 행동을 취하도록 동기를 부여하는 데 중요하다.

일단 보편적인 느낌과 감정이 더 쉽게 떠오르는(다음에 짝을 이룬 두 질문 중 첫 번째에 해당하는) 좀 더 구체적인 질문을 먼저 하면 더 전략적인 질문에 대한 답이 당신에게 유리한 방향으로 향하게끔 영향을 준다. 예를 보자.

---

1. 선생님은 지난 한 달간 헬스장에 얼마나 자주 갔습니까?
2. 선생님은 자신의 전반적인 건강 상태에 만족합니까?

---

1. 선생님은 올해 업체 X에 얼마나 자주 도움을 요청했습니까?
2. 선생님은 업체 X로부터 받는 서비스에 얼마나 만족합니까?

---

1. 귀사의 직원들은 회사의 고과 평가 프로세스에 대해 어떻게 생각합니까?
2. 귀사 직원들의 참여 수준에 대해 어떻게 생각합니까?

---

1. 귀하의 팀은 지난 분기에 고객 지원 전화를 몇 번이나 받았습니까?

2. 귀사에서 생산하는 제품들의 전반적인 품질에 만족합니까?

---

1. 선생님은 영업인들과 이야기하는 것을 좋아합니까?

2. 귀사 영업팀의 고객 교류 능력에 대해 어떻게 생각합니까?

이 전술의 의도는 고객의 마음속에 있는 니즈나 고통을 새롭게 만들어 내거나 조성하는 것이 아니다. 실제 의도는 이렇다.

1. 고객이 이미 겪고 있는 문제에 대한 인식을 높인다.
2. 고객이 당신의 가치 제안에 부합하는 정보를 더 빨리 내면화하도록 돕는다.

5장에서 양극화 메시지를 다루면서 확인한 것처럼, 만약 고객이 그 질문을 통해 자신이 당신의 가치 제안의 정반대 상황에 있다는 것을 알게 되면(가령 이미 헬스장 방문 횟수에 만족하거나 분노한 고객으로부터 고객 지원 전화를 받는 일이 거의 없는 경우처럼), 당신의 솔루션에 대한 관심이 줄어들 것이다. 이는 앞에서도 설명했지만 궁합이 맞지 않는 고객들을 판매 과정에서 스스로 걸러지게 하므로 좋은 일이다.

따라서 다음 번에 잠재적 구매자와 발견용 대화를 할 경우에는 질문 순서를 고려해서 감정을 불러일으키는 질문을 먼저 하라. 그러면 고객의 마음속 감정에 큰 대비 효과를 일으킬 수 있다.

시간을 너무 허비하지 마라!

이번 장에서 확인한 것처럼 고객 발견용 대화의 질과 내용은 거래 성공률에 막대한 영향을 미칠 수 있다. 그러나 이 논의를 끝내면서 우리가 꼭 고려할 점은, 발견이라는 상호작용의 특징 자체가 우리의 영업 성공률에 미치는 영향이다. 더 구체적으로 말해, 나는 영업 관리자라는 역할을 두 번 하면서 내 팀원들이 판매 과정의 발견 단계에서 들이는 시간과 팀의 성공률 사이에 높은 상관관계가 있다는 것을 발견했다. 실제로 담당 지역이 다른 십여 명의 영업 담당자들을 아울러 살펴보니 그 관계가 더 명확히 드러났다. 발견 단계에서 고객을 더 효율적으로 움직일수록 성공률은 더 높아졌다.

특히 마지막 회사에서 알게 된 사실이 있었다. 우리가 결국 경쟁사에게 뺏긴 거래(혹은 고객이 현상 유지 편향이나 '아무것도 안 하는' 옵션을 택한 경우)의 경우, 우리가 궁극적으로 성공한 거래보다 발견 단계에 투입한 시간이 평균 3배나 더 많았다는 점이다! 더욱이 판매 과정 중 발견 단계에 쓰는 시간이 하위 3분위에 속하는(즉 발견에 시간을 가장 적게 쓰는) 직원들의 거래 성공률이 48퍼센트 더 높았다.

그렇다고 성급하게 기획한 발견 과정으로 고객을 무조건 밀어붙이는 것이 거래 성사 확률을 높이는 비밀이라는 뜻은 아니다. 하지만 통계 결과를 보면서 왜 그런 상관관계가 존재하는지 의문이 들었다. 부서 직원들과 함께 조사를 해 보니 이유를 알 수 있었다. 우리가 성사시키지 못한 거래 중 발견 과정이 길어지는 경우에는 일관된 특징이 있었다.

1. 고객의 상태를 헤아리기 어렵거나, 고객이 '상담을 중단했거나', 다시 전화하지 않은 경우
2. 고객이 관심을 표명했지만 이후 발견 상담 요청을 계속 거부한 경우
3. 고객이 조직 내 다른 담당자에게 상담을 넘겼지만 접촉할 수 없었던 경우
4. 고객이 우리의 가치 제안을 이해하지 못했거나 관심이 없었던 경우

다시 말해 우리와 거래를 진척시키지 않은 고객들은 우리와 거래한 고객들이 보인 긍정적 관심과 반응, 구매 시그널을 보이지 않았다.

이런 결과가 영업 담당자의 부실한 실행 능력이나 끈기 부족에서 나온 경우도 있었을까? 당연히 있었다. 하지만 그 밖의 모든 경우에, 통계적 증거를 확인한 담당자들은 자신들이 성사시키지 못한 거래에 필요 이상으로 오래 매달려 있었다는 사실을 인정했다. 즉, 당신의 영업 활동이 올바른 행동을 통해 이행되고 있는데도 주어진 판매 과정 중 발견 단계에 너무 많은 시간이 투입되고 있다면 이는 당신의 관심을 다른 곳으로 돌리는 게 낫다는 확실한 시그널이 된다.

나는 이 내용을 IT 서비스 회사들에 네트워크 인프라 소프트웨어를 공급하는 고객사와 공유했고, 이후 그 회사 영업 담당자 중 한 명이 영업 파이프라인 정리에 착수했다고 한다. 그는 '대책 없이 낙관적인' 태도

를 버리고 자신의 고객 명단을 객관적으로 들여다본 다음, 발견 단계에 시간 소모를 너무 많이 한 고객들을 파악해서 잠재 고객 명단을 300개에서 75개로 줄였다. 그는 정말 중요한 기회들에 초점을 맞췄고 그다음 달에 아주 흥분한 얼굴로 내게 결과를 전했다. "효과가 바로 나타났습니다!" 그가 말했다. "처음부터 저희에게 확실한 관심을 보인 구매자들 위주로 공을 들였더니 결과가 그대로 나오더군요. 지난달 제 영업 목표를 304퍼센트 초과 달성했습니다!" 이런 놀라운 추세는 이후로도 계속됐다.

집중을 위한 반직관적인 접근법

희소식이 있다. 판매 과정 중 당신이 궁합이 맞지 않는 고객들을 얼마나 효과적으로 선별하고 있는지 확인하고 인사이트를 얻을 수 있는 간단한 방법이 있다. 이에 대해 많은 영업 관리자들은 거래를 성사시키는 데 걸리는 시간을 중점적으로 측정하지만 일부 리더들은 비직관적이지만 아주 유용한 접근법인 '낭비된 효율성'을 분석한다.

내 친구 중 한 명은 전자상거래 공룡 기업인 쇼피파이^{Shopify} 영업팀의 고위 임원이다. 그녀는 영업 활동의 질을 높이고 꾸준한 개선을 꾀하기 위해 '실패하기까지의 시간^{Time to Lose}', 일명 TTL이라 불리는 지표를 측정한다. 어떤 영업 기회를 다음 단계로 넘기거나 반대로 영업 파이프라인에서 제거하기 전에 얼마나 오래 살려 둘지를 통계적 표준 지표로 결정해서 팀의 업무 효율성에 대한 객관적인 자세를 유지하는 것이다.

6 진심을 다한 고객 발견

이의를 다루는
최적의 솔루션

7

"문제가 생겼습니다!"

영업 담당자 중 한 명이 슬그머니 다가와 다급한 어조로 말했다. 그해 첫 번째 분기가 끝나가는 중이었고, 그는 우리 팀 담당 지역에서 거래 규모가 월등히 큰 고객사를 담당하고 있어서 몇 달째 그쪽 담당자와 협의를 하고 있었다. 원래 그 회사와의 계약은 다음 달에 예정돼 있었지만 우리 팀은 매출 극대화를 위해 (늘 그렇긴 하지만) 영업팀 특유의 추진력으로 어떻게든 그 계약을 한 달 앞당겨서 이번 분기를 우리의 기억 속 최고의 순간으로 만들고 싶었다. 그런 희망을 갖는 데는 충분한 이유가 있었다. 그 회사에는 분명 수량화된 사업상의 문제가 있었고, 그 문제에 우리의 솔루션이 가장 완벽하다고 인정했으며, 우리 팀 담당자와 그쪽 주요 임원들과의 관계도 좋았다.

"무슨 일인데?" 내가 말했다.

"그게요." 영업 담당자가 말을 이어갔다. "제가 고객에게 전화를 해서 이제 일이 많이 진척돼서 다음 달에 최종 계약을 할 만큼 정상 궤도에 올랐다는 사실을 알려 드리고, 혹시 이번 달에 계약을 체결할 방법은 없을지 여쭤 봤거든요. 그런데 좀 불편해하시더라고요. 지금까지는 저랑 일하는 게 좋았는데, 갑자기 거래를 우리 쪽 일정에 맞추느라 분기 말 압박을 본인들에게 전가하고 있다고… 자신은 신경 쓰지 않겠다고 했습니다."

"음, 좋은 신호가 아니군." 내가 답했다.

"불행히도 그게 다가 아닙니다." 직원이 말했다. "고객이 화를 내면서 우리 회사 회계연도 말이 언제냐고 묻더라고요. 그래서 내년 1월 31일이라고 말씀드렸더니 그분이, '글쎄요. 이 거래는 그때까지 보류하는 게 낫겠네요. 제가 1월 말에 연락해서 그때는 지금보다 나은 조건으로 거래할 수 있는지 확인해 보죠.'라고 하고는 그냥 전화를 끊어 버렸습니다."

잠시 우리 직원의 입장이 돼서 당신이라면 어떻게 할지 고민해 보라.
어떻게 하면 고객의 마음을 돌려서 다시 관계를 맺고 거래를 원래
상태로 되돌릴 수 있을까?

나는 영업 교육을 할 때면 이 시나리오를 공유하고 참석자들에게도
같은 질문을 한다. 그들이 제안한 접근법의 80퍼센트 정도에는 다음
두 가지 요소가 포함돼 있었다. 첫째, 고객에게 우리 솔루션의 가치와
그들이 우리와 계약 체결 직전까지 온 이유를 다시 한번 일깨워
준다. 둘째, 고객이 분기 말까지 거래를 체결할 경우에는 일종의
'원-원'이라는 취지로 금전적 혜택을 제공한다. 본질적으로 추가
할인을 해 주는 것이다.

꽤 타당한 접근법으로 들리지만 이번에는 잠시 고객의 입장에
서 보라. 이 시나리오에서 그들이 진짜 원하는 것이 무엇인지
생각해 보라. 그들은 당신의 실수를 핑계 삼아 할인을 더 받으려는
속셈이었을까? 더 나은 조건을 얻으려고? 아니면 그들의 반응으로
봤을 때 또 다른 무언가를 원하는 걸까? 상처 입은 자신의 감정을 더
깊이 치유할 수 있는 무언가를 위해?

구매자의 관점을 파악하기 위해 이 시나리오를 당신이 언젠가 겪었을
가능성이 큰 내용으로 재구성해 보자.

특별한 날을 기념하기 위해 당신은 근사한 식당에서 식사를 하기로
했다. 그 식당은 처음 가 보지만 워낙 훌륭하다는 평을 많이 들어서
두 달 전에 이미 예약을 해 뒀었다. 마침내 그날이 왔고, 당신과
연인은 근사하게 차려 입고 그곳으로 향한다. 그런데 식당에 도착하니
식당에 체계가 하나도 없고 당신의 예약을 찾는 데만 15분이 걸린다.
마침내 자리에 앉았지만 웨이터는 무례하고, 서비스는 느려 터진

데다, 주문한 음식도 차갑게 식어버린 채로 서빙된다. 짜증과 분노가 폭발한 당신은 환불을 요구하며 매니저를 찾는다. 당신의 테이블로 온 매니저는 당신이 식당에서 겪은 불행한 경험들을 전부 듣게 된다. 그는 잠시 미안한 기색을 보이더니 빠르게 테이블 위를 훑어본 다음 당신에게 무료 디저트를 주겠다고 제안한다.

그럼 당신의 기분은 어떻겠는가? 매니저의 제안이 당신의 짜증을 풀어줄 수 있을까?

그럴 가능성은 적을 것이다.

왜 그럴까? 무료 디저트나 할인된 소프트웨어 정도면 언뜻 나쁜 경험(경우에 따라서는 나쁘다고 할 수도 없는)에 대한 적절한 보상처럼 보일 수도 있지만, 구매자들은 그 이상을 원한다. 지금까지 영업 메시지와 고객 발견 전략을 다루면서 확인했듯이 구매자들은 연결되기를 갈망한다. 그들은 자신의 목소리를 들려주고, 인정받고, 이해받길 원한다. 구매자는 경험과 느낌을 구매하며, 그래서 판매자가 그런 감정적 니즈를 충족시켜 주지 않으면 다른 사업 파트너를 찾아 나선다. 그렇다면 앞서 소개한 두 시나리오에서 구매자가 가장 원하는 것은 무엇일까?

그들이 원하는 것은 **진심 어리고, 간곡한, 사과**이다! (첫 번째 시나리오에 대한 이야기는 뒤에 더 나온다.)

이어지는 내용에서는 구매자가 표출한 이의objection라는 주제를 좀 더 자세히 살펴볼 것이다. 먼저 이의가 제기됐다는 것을 어떻게 감지하고, 구매자가 그런 이의를 표출한 이유를 어떻게 확인하는지, 방법들을 논의할 것이다. 그런 다음 거래 체결을 막는 이의를 해결하기 위해서는 상황을 어떻게 해명하고 대응해야 하는지에 대해서도 알아볼 것이다.

EQ의 사각지대

다들 구매자로서 '우리를 이해 못 하는' 흐리멍덩한 판매자를 만나 본 적이 있을 것이다. 그런 판매자는 우리의 상황과 동기를 모르고, 의문이나 불만을 제기하더라도 우리가 원하는 만큼의 지원과 관심을 주지 못한다. 그럼 구매자의 불만에 적절하게 대응하지 못하는 판매자가 왜 그리 많은 걸까? 그것은 감정지능(EI), 또는 감정지수(EQ)로 알려진 특징과 관련돼 있다.

EQ는 자신은 물론 타인의 감정을 인지하고, 그 감정을 적절히 명명하고, 감정 정보를 이용해서 사고와 행동을 이끌고, 상황에 입각해 적절히 대응할 수 있는 개인의 능력을 말한다. 즉 EQ는 우리가 감정의 노예가 되지 않고, 구체적인 감정을 의도적인 방식으로 읽고 반응할 수 있게 해 주는 능력이다.

이의 처리라는 영역에서 보면 EQ가 높은 사람은 고객이 제기한 이의 뒤에 숨겨진 감정적 동인을 더 쉽게 인식하고 그것을 충족시키기 위해 필요한 조치를 취한다. 트래비스 브래드베리Travis Bradberry와 진 그리브스Jean Greves는 그들의 저서인 《감성지능 코칭법》에서 비판적 능력에 대한 연구를 바탕으로 의외의 결론을 제시한다.[1] 감정이 표출되는 전형적인 상황에서 사람들이 어떻게 반응하는지 확인하기 위해 50만 명 이상의 사람들을 대상으로 실험한 결과, 타인이든 자신이든 간에 누군가에게 어떤 감정이 나타났을 때 그것을 정확하게 파악할 수 있는 사람은 36퍼센트에 불과했다. 이는 고객이 제기한 이의를 처리하는 데 있어서 두 가지 사실을 말해 준다.

1. 적어도 우리 중 3분의 2는 고객이 제기한 이의의 본질을 이해하는 데 큰 맹점을 갖고 있다.
2. 고객이 하는 말은 그들이 가진 이의 중 빙산의 일각일 뿐이다! 구매자라고 자신의 감정을 항상 말로 잘 표현할 수 있는 것은 아니므로 우리의 목표가 고객의 우려를 진심으로 해소하는 것이라면 그들의 니즈를 더 깊게 파악하고 거기에 맞춰 대응해야 한다.

의도 이해하기

고객의 이의 처리에 관한 한, 우선 고객이 왜 이의를 제기했는지 동기를 정확히 알아야 한다. 이것이 왜 중요한지 보여주는 간단한 예가 있다.

업계, 제품 카테고리, 지역을 아울러 판매자들이 가장 흔히 듣는 이의 중 하나는 아마 비용과 관련돼 있을 것이다. 즉 "너무 비싸다"라는 식의 이의다. 판매자가 이런 불평을 들으면 그들의 마음속은 매우 분주해지면서 온갖 방어 전술, 유연한 지불 조건, 고객의 예산에 관한 역질문 등을 떠올린다. 비용에 대한 고객의 이의를 충족시키지 못하면 결국 거래를 따낼 수 없기 때문이다. 안 그런가?

고객의 이의를 해결하는 데 있어서 감정의 격차라는 문제가 얼마나 어려운지 이해하기 위해 재미있는 연습 하나를 해 보자. "＿＿＿ 가격이 너무 비쌉니다."라는 문구를 쓰고 밑줄 위에 당신이 생각할 수 있는 이유를 가능한 많이 적어 보라(예: 회사 예산 대비 가격이 너무 비쌉니다).

아래 예들은 내가 업계에서 여러 해 일하면서 고객들을 통해 들었던 이유들이다.

"_____ 가격이 너무 비쌉니다."

- "경쟁사 솔루션과 비교했을 때"
- "다른 곳에서 판매하는 유사 제품보다"
- "저희가 직접 개발했을 때보다"
- "저희의 기존 방식도 그럭저럭 괜찮다는 점을 고려하면"
- "거기서 저희가 얻을 가치를 생각하면"
- "저희가 해결하려는 문제의 규모를 생각했을 때"
- "솔루션을 찾기 전에 주요 이슈를 더 조사해야 하는 상황이므로"
- "다른 영역의 솔루션에 들어가는 비용과 비교했을 때"
- "다른 고객사에서 귀사의 제품이 제대로 작동하지 않았다는 말을 들었기 때문에"
- "제 친구(사실 제가 구입하려는 제품을 만드는 회사에서 일하는)가 제시한 가격보다"

이제 당신이 열거한 이의 목록을 죽 훑어보면서, 당신의 구매자가 애초에 '왜' 그런 이의를 표출했는지 이유를 알아내도록 해 보자. 이의 뒤에 내재된 의도는 무엇일까?

예를 들면 그 고객은 아직 당신의 솔루션이 가진 가치를 확신하지 못해서 더 많이 알고 싶은 건 아닐까? 단지 결정 날짜를 며칠 더 미루려는 것은 아닐까? 아니면 당신과 구매 조건을 협상하고 싶은 걸까? 그냥 당신이 마음에 들지 않아서 여기서 상담을 끝내고 싶은 건 아닐까? 내심 경쟁 제품이나 서비스를 더 선호하기 때문에 당신이 어떤 가격을 제시하든 당신에게서 제품을 사지 않을 구실을 어떻게든 찾아내려는 것은 아닐까? 고객이 어떤 말로 이의를 제기했든 판매자는 문제를 처리하기 전에 의도부터 명확히 파악해야 한다.

하지만 근본적인 의도를 확인하는 여러 가지 방법을 탐색하기 전에 다음에 소개하는 개념의 핵심을 당신의 머리 깊숙이 새기는 것이 좋다.

의도의 스펙트럼

고객이 표출하는 대부분의 이의는 논리적이고 장점을 옹호하는 것부터 매우 감정적이고 적대감을 표하는 것까지 그 의도에 따라 5가지 범주로 구분된다. 판매자들이 이런 범주에 익숙해지면 상대가 제기한 이의의 의도를 재빨리 구분해서 적절한 대응 방법을 결정할 수 있다.

7 이의를 다루는 최적의 솔루션

의도 유형에 따라 이의가 어떤 형태로 표출되는지 당신의 이해를 돕고자 간단한 예를 하나 들겠다. 친구가 당신에게 어떤 식당에서 같이 저녁식사를 하자고 제안을 했는데, 가야 할지 확신이 안 선다. 지금부터 이 시나리오를 가지고 이의가 표출되는 5가지 유형에 대해 설명해 보겠다.

이해하기

이 유형의 의도로 표출되는 이의는 보통 고객이 당신의 제품이나 서비스를 더 잘 이해하려고 하는 것이다. 실제로는 이의보다 질문으로 간주되기 쉽다. 경우에 따라서는 의사결정자가 하는 질문도 이런 유형에 해당된다. 또 고객사의 구매 담당자가 당신의 솔루션을 다른 사람에게 옹호하는 과정에서 표출될 수도 있다. 이 또한 이의이므로 그 본질은 존중돼야 하지만, 이런 의도를 가진 사람의 말투는 논리적이며 대부분의 경우에는 당신과 고객 모두 결정의 결실을 거두기 위해 테이블의 같은 편에서 협력하게 된다. 구매자의 의도는 당신의 솔루션이나 접근법을 압박하려는 게 아니다. 그보다는 제품을 여러 각도에서 확인함으로써 당신의 솔루션에 대한 투자를 정당화하고 방어하려는 것이다.

[친구와 식당에 가는 사례의 경우]

"그 식당은 예약이 빨리 찬다고 하던데. 예약할 수 있을까?"

[다른 예]

"귀사의 솔루션을 회사에 설치하는 데 보통 얼마나 걸립니까?"

"저희와 비슷한 고객들은 이 솔루션을 얼마나 성공적으로 사용해 왔나요? 또 실패하는 이유는 무엇인가요?

"귀사의 솔루션으로 저희가 가진 문제를 어떻게 해결할 수 있는지 좀 더 쉽게 설명해 주시겠어요?"

결정하기

이런 의도의 이의는 당신의 솔루션을 구매하기 위한 프로세스를 고객이 계속 진행할 것인지 결정하기 위해 표출된 것이다. 솔루션의 운영적, 전술적, 전략적 한계를 검증하거나 또 다른 제품이나 서비스와 비교해서 평가하려는 의도일 수도 있다. 원래 쓰던 방식의 고수라든가 '아무것도 안 하기' 옵션이 고려되는 것도 바로 이 범주다. 따라서 당신의 답변에 따라 고객은 당신의 솔루션에서 더 멀어질 수도 있고, 더 가까워질 수도 있다. 이 범주에서 표출되는 이의는 감정이 좀 결부될 수 있지만 전체적인 스펙트럼에서는 여전히 논리적인 쪽에 속한다.

[친구와 식당에 가는 사례의 경우]

"그 식당에 채식주의자를 위한 메뉴도 있어?"

[다른 예]

"비용을 매달 납부하는 옵션도 있나요?"

"귀사의 솔루션은 다른 언어를 지원하나요?"

"귀사의 솔루션은 보통 ROI가 어느 정도인가요?

지연하기

비즈니스에서 일시 정지 버튼 역할을 하는 이런 유형의 이의는 구매자들이 가장 자주 표출하며 판매자들도 그만큼 가장 자주 접한다. 이 유형은 단순히 당신의 영업 프로세스를 지연시키거나 연기하려는 의도로 제기된다. 개인적 영역에서는 "이번 휴가만 끝나면 다이어트를 시작할 거야."라든지 "그 남자랑 헤어지는 게 맞지만 이번 한 번만 넘어가 주겠어." 같은 상황이 이 범주에 속한다.

[친구와 식당에 가는 사례의 경우]
"오늘은 너무 피곤하다. 다음 주에 가면 안 될까?"
[다른 예]
"다음 달에 다시 연락 주세요."
"결정을 내리기 전에 견적을 몇 군데 더 받아야 합니다(혹은 솔루션 몇 개를 더 알아봐야 합니다)."
"판매사를 만나 보기 전에 문제의 근본 원인부터 따져 봐야 할 것 같습니다."

만족하기

나는 이런 의도로 제기되는 이의를 개인적으로 가장 좋아하는데, 꽤 까다로워서 사람들이 제대로 인식하지 못하기 때문이다. 비즈니스와 개인적 관계 모두에서 일상적으로 일어나는 이런 이의는, 고객이 어떤 조건이나 상황에 대해 갖고 있는 불편한 감정을 상쇄하려는 의도로 표출된다. 돈이나 가시적인 결과와 관련된 경우는 드물지만, 감정적으로 고조된 경우가 많아서 거래에 엄청난 위협이 될 수 있다. 만약 대형 거래가 마지막 순간에 사소한 문제로 중단된 후 양측 모두 교착 상태에 빠졌다면 당신은 이런 유형의 이의를 경험하고 있을 가능성이 크다!

[친구와 식당에 가는 사례의 경우]

"그 식당에 또 가자고?!"

[다른 예]

"B사에서 일하는 친구랑 얘기해 봤는데 그 회사는 선생님께서 제시하신 금액보다 30퍼센트 더 낮은 가격을 낸다고 하더라고요."

"자동차 가격은 괜찮은데 왜 유지관리비를 300달러나 내야 하는 건가요?"

"귀사의 솔루션은 훌륭하지만 저희 경영진이 귀사와 같은 회사와 사업을 하는 데 우려를 표하고 있어서요." (당신의 회사가 작은 스타트업인 반면 경쟁사는 업계에서 오랫동안 안정적으로 사업 능력을 보인 대기업일 경우)

벗어나기

이런 유형의 이의는 누군가 당신의 제품이나 솔루션을 더 이상 진행하고 싶지 않고 당신의 거래 성사 가능성을 낮추려 할 때 표출된다. 즉 당신의 비즈니스 사례나 명성, 혹은 양쪽 모두를 훼손하려고 설계된 이의라고 볼 수 있다. 안타깝게도 이런 이의는 감정적으로 격앙돼 있으므로 논리적인 해결책에 더 이상 반응하지 않는 경향이 있다. 벗어나기 의도에서 제기된 이의가 보이는 분명한 징후는 '증오', '격노', '데이터 침해', '터무니없는', '실패', '소송', '침해', '역겨운' 같이 부정적인 감정을 보여주는 적나라한 단어들과 '절대/전부' 같은 최상급 표현이 자주 사용된다는 점이다. 그래도 희망은 이런 벗어나기 이의는 종종 의사결정 프로세스 안에서 한 사람에 국한돼 나타나며, 그래서 피할 수 있는 기회가 존재한다는 점이다.

[친구와 식당에 가는 사례의 경우]

"아, 안 돼! 그 식당, 지난 달에 쥐가 나와서 식품안전청에서 영업 중지시킨 데 아니야?"

[다른 예]

"지난번 귀사의 프로젝트에 예산을 너무 많이 써서 그 고객사가 파산했다는 이야기를 들었습니다."

"귀하의 솔루션이 여기에 설치될 일은 절대 없을 거예요. 왜냐하면…"

"이전에 비슷한 솔루션을 쓴 적이 있었는데 대참사로 끝났습니다."

판매 활동에서 이와 비슷한 사례들을 접하면 이의의 근본적인 의도를 어느 정도 알 수 있겠지만 명확하게 밝히지 못할 때도 있다. 추가 정보가 필요하다면 다음 두 가지를 고려하라.

1. **말투:** 근본적인 의도를 파악할 때는 말하는 방식이 큰 단서가 될 수 있다. 예를 들어 "귀하의 솔루션이 여기에 설치될 일은 절대 없을 거예요."라는 말로 표출된 이의를 살펴보자. 이 말은 자신은 당신의 제품이나 서비스가 마음에 들지만 조직은 그것을 구매할 정도로 사고가 전향적이지 않다고 여기는 고객이 말했을 수도 있다. 고객이 '여기'라는 말을 강조했다면 그 이의는 전체 스펙트럼 중 논리적인 쪽에 위치할 가능성이 있다. 반면에 똑같은 말을 당신과 통화를 빨리 끊고 싶어하는 고객이 했을 수도 있다. 상대가 '절대'라는 말에 힘을 실었을 경우(특히 단호한 몸짓까지 결합해서)에 그 이의는 벗어나기 범주에 속할 가능성이 크다.

2. **후속조치:** 단어와 말투만으로 충분치 않을지라도 걱정하지 마라. 꼭 독심술사가 될 필요는 없다. 게다가 그런 능력이 도움이 안 될 수도 있다. 모호함에 직면하면 단순하지만 실행하기 좋은 명료화 전략이 가장 좋다. 이어지는 내용에서는 바로 이 전략을 탐색할 것이다.

언짢은 사람에게 대응하는 방법

파티에서 누군가를 만났다고 해 보자. 당신은 그 사람과 가볍게 술도 한 잔하면서 즐거운 대화를 나눈 후, 전화번호도 받아냈다. 그다음 주 어느 날, 당신은 상대에게 전화를 걸어 토요일 밤에 만날 수 있냐고 묻는다. 그러자 상대가 이렇게 말한다. "토요일 밤이요? 아, 제가 그때는 바빠서요." 이제 당신의 마음은 초조해지기 시작한다. 정말 바쁜 걸까? 아니면 나랑 만나기 싫어서 그냥 둘러대는 걸까? 만약 그렇다면, 나와 데이트는 '결단코, 한 번도' 하지 않겠다는 걸까, 아니면 '토요일은 안 된다'는 걸까?

당신이라면 어떻게 하겠는가?

일단 상대의 이의를 인식했기에, 후속 질문을 한다. "아, 괜찮습니다. 그럼 다음 주 토요일은 어떠세요?" 상대가 어떻게 나오는지 떠보기 위한 테스트이다. 이런 명료화 전략은 유용할 뿐 아니라 최고의 영업인들이 하는 행동과도 일치한다!

공닷아이오 연구팀은 구매자가 이의를 표한 영업용 전화 6만 7,000건 이상을 분석했다.[2] 그런 다음 분석 결과와 영업 담당자 개인별 업무 실적의 상관관계를 확인했다. 그들이 발견한 것은 상위 실적자들은 고객이 표출한 이의를 더 명확히 파악하는 데 전체 통화 시간의 54퍼센트를 쓴 반면 평균 실적자들은 그런 질문에 고작 31퍼센트의 시간만 할애했다.

그렇다면 명료화 작업은 어떻게 하는 걸까? 여기 두 가지 전략이 있다.

전략 #1: 연성화와 질문하기

이 접근법을 개시하려면 **연성화 발언**softening statement의 도움이 필요하다. 《The Science of Selling(영업의 과학)》의 저자인 데이비드 호펠드David Hoffeld는 연성화 발언을 이의나 이견에 대응하는 온건한 방법이라고 설명한다. 호펠드에 따르면 구매자가 이의를 표하면 뇌에서 강한 감정 반응을 관할하는 편도체가 방어적 대치 상황을 준비하며 고도의 경계태

세에 돌입한다. 이때 연성화 발언이 진정제 역할을 한다. 고객은 자신의 우려가 유효하고 타당하다고 여기면서 판매자의 말을 더 열린 마음으로 경청하게 된다. 그렇다고 연성화 발언이 고객의 이의가 옳다고 승인하는 행위는 아니다.

예를 들면 이런 식이다.

구매자: "귀하의 제품이 마음에 들지만 가격이 너무 비쌉니다."
판매자: "그럴 수 있습니다. 이런 제품에 필요 이상으로 돈을 쓰시려는 분은 없으니까요."

구매자: "당장은 이 제품이 저희의 우선순위가 아닙니다."
판매자: "그럼요. 처리하실 일도 많으실 테고 제일 중요한 일에 먼저 신경을 쓰시는 게 당연합니다."

일단 이의를 누그러뜨렸다면, 질문을 시작해서 상대의 의도를 명확히 파악하고 구매자가 구체적인 맥락과 입장을 말하게 해야 한다. 예를 들면 다음과 같이 말이다.

판매자: "그럴 수 있습니다. 필요 이상으로 돈을 쓰고 싶어 하시는 분은 없으니까요."
"그런데 괜찮으시면, 왜 저희 제품을 그렇게 비싸게 여기셨는지 여쭤봐도 될까요?"

판매자: "그럼요. 처리하실 일도 많으실 테고, 제일 중요한 일에 먼저 신경을 쓰시는 게 당연합니다."

"괜찮으시면, 현재 가장 중점을 두시는 일이 무엇인지 알 수 있을까요?"

여기서 잠깐 질문을 해 보자. 보통 우선순위를 이슈로 들었을 때 진짜 원인은 예산 책정 시점, 이해관계자, 기술 자원, 혹은 완전히 다른 문제인 경우가 많다. 이 사례에서는 걸림돌이 무엇이라고 생각하는가?

"지난 달에 만나 뵈었을 때 저는 이 문제가 귀사의 최고 우선순위에 있다고 이해했습니다. 혹시 그 사이에 변한 것이 있나요?"

이때 고객이 뭔가 이야기하기를 꺼리는 것 같다면 앞에서 설명했던 '질문의 근거 제시' 기법을 사용해서 좀 더 설명을 요청해 보는 것도 좋은 방법이다. 예컨대 "괜찮으시다면, 현재 가장 중점을 두시는 일이 뭔가요? 제가 이렇게 묻는 이유는 이런 종류의 솔루션은 보통 고객들의 우선순위 명단에는 없지만 좀 더 미래 지향적인 회사들은 이미 진행 중인 다른 전략 프로그램들과 결합해서 크게 성공한 사례가 많았습니다."처럼 말이다.

전략 #2: 미러링

'연성화와 질문하기' 접근법은 아주 효과적이며, 고객을 안심시키는 한편 당신이 원하는 명료성과 구체성을 얻을 수 있다. 그러나 전직 FBI이자 최고의 인질 협상가인 크리스 보스는 단순하면서 이와 비슷한 또 다른 효과적인 접근법을 제안한다. 많은 사람들이 알고 있는 **미러링**mirroring이라는 의사소통 및 설득 전술이다.

미러링은 한 사람이 또 다른 사람의 행동, 몸짓, 자세, 태도, 화법을 따라 하는 경향을 설명하는 행동과학적 현상이다. 경우에 따라 미러링은 무의식적으로 일어난다. 가령 내가 맨해튼에서 고객과 영업 상담을 할 때 내가 말하는 속도는 자연스럽게 상대방을 미러링하면서 빨라질 수 있다. 반면, 텍사스나 조지아에서 영업 상담을 할 때는 같은 이유로 말의 속도가 느려지기도 한다. 의식을 하든 안 하든, 미러링은 당신에 대한 상대의 인식을 형성하는 데 놀라운 이점이 있다. 우리는 상대가 나와 같은 행동을 하는 모습을 보면 그들과 유대감을 느끼면서 더 빨리 친밀감을 형성한다. 실제로 2002년에 실시된 연구에서 네덜란드의 연구원인 릭 반 바런Rick van Baaren은 한 식당에서 서빙하는 종업원들이 고객이 한 말을 정확히 반복했을 때 고객에게 받는 팁이 70퍼센트까지 더 높아질 수 있다는 것을 발견했다.[3] 이런 의도적인 미러링이 처음에는 유치해 보일 수도 있지만 구매자와 같은 단어를 사용하면 엄청난 친밀감과 유대감을 촉진할 수 있다.

이의를 명료화하기 위한 미러링 전략은 간단하다. 고객이 이의를 제기했을 때 고객이 마지막에 말한 단어 몇 마디를 반복하되 마치 질문을

하는 것처럼 끝을 높이면 된다. 말을 할 때 먼저 "죄송합니다만…" 같은
말을 붙일 수도 있다.

예를 들면 이렇다.

> **구매자:** "이 문제가 지금은 제게 우선순위가 아닙니다."
> **판매자:** "죄송합니다만… 지금은 선생님께 우선순위가 아니라고요?"
> **구매자:** "귀사의 제품이 아주 마음에 들지만 너무 비쌉니다."
> **판매자:** "너무 비싸다고요?"

구매자 입장이 됐을 때도 미러링 방법을 쓸 수 있다.

> **판매자:** "상사를 통해 확인해 봤는데, 15퍼센트 할인율이 저희가 드릴
> 수 있는 최선인 것 같습니다."
> **구매자:** "죄송합니다만… 그 정도가 최선이라고요?"

이게 전부다! 일단 미러링을 실행했다면 상대방은 어쩔 수 없이 그들
이 취한 행동에 대해 좀 더 구체적인 입장과 전후 사정을 드러내게 된다.
그러면 이의가 제기된 의도를 유추하는 데 도움이 된다.

Tip 미러링 전략은 속도와 단순성, 고객의 의견을 끌어내기 위해 고
안됐다. 그러나 이 방법은 연성화 발언을 활용하지 않으므로 고
객에 대한 공감 능력을 보여줄 기회를 놓칠 수 있다. 좀 더 적극적
인 접근법이 필요하다면 연성화 방법이 더 적절할 수도 있다.

간단한 이의 처리 모델

지금까지 논의한 개념을 실제로 적용해 보기 위해, 먼저 이의가 표출될 때 대응하는 방법의 기본 골격부터 소개하겠다. 다음의 간단한 모델을 살펴보자.

이 모델의 첫 단계는 문제가 된 이슈를 정확히 파악하려는 목표에 따라 4장에서 이미 소개한 공감 어린 듣기 기술을 실행하는 것이다. 비용이 문제인가? 혹은 지불 조건이나 시점? 전달 능력? 마음의 준비? 아니면 경쟁자의 위협이 문제일까? 과학에 따르면 성급히 결론을 내거나 제기된 이의를 잘못 판단하면 이후 아무리 잘 대응해도 고객의 마음속에 불만만 더 키울 수 있다! 게다가 판매자로서 고객을 보조하는 당신의 역량에 대한 새로운 신뢰 문제를 일으킬 수 있다.

예를 들어 〈크레이지 토미 보이〉라는 영화의 주인공 토미(크리스 팔리 분)는 잘 나가는 브레이크 패드 제조사 회장의 아들이다. 그렇지만 회장이 죽자 회사는 파산 직전에 놓이고, 토미는 어쩔 수 없이 아버지 대신 사업을 책임지게 된다. 그리고 회사와 회사 덕분에 지탱되는 마을 공동체를 살리기 위해 가능한 한 많은 거래를 따내려고 미국 전역으로 영업 여정을 떠난다. 그러던 중 토미는 잘하면 회사에 큰 도움이 될 만한 고객사의 공장장 테드에게 영업 피칭을 하게 된다. 테드는 토미네 회사의 제품 라인과 가격이 마음에 든다고 하지만 구매 시 제품 보증서가 동봉되지 않는다는 이유로 거래를 거절한다. 하지만 토미와 사업 파트너는 보증서 문제와 그 이면에 있는 고객의 정서적 니즈는 파악하지 않고 계속해서 제품의 기술적 장점들만 주구장창 떠들어댄다. 장면은 짜증이 난 공장장이 토미에게 제품 상자를 돌려주며 "시간만 잡아먹었군!" 하고 걸어나가면서 절정을 맞는다.

일단 핵심 이슈가 올바로 확인됐다면 다음 단계는 제기된 이의 뒤에 있는 상대의 의도를 명확히 파악하는 것이다. 이 문제에 대한 고객의 입장은 무엇인가? 고객은 어떤 관점을 갖고 있는가? 어떤 결과를 원하는가? 간단한 명료화 질문을 하기 전에 연성화 발언 전략을 써서 고객의 이의를 인정하고 공감 어린 태도를 보여야 할 때도 바로 이 지점이다.

핵심 문제와 이의를 표출한 고객의 의도가 확인됐다면, 마지막으로 할 일은 우려 사항을 해결해 고객이 만족하도록 하는 것이다. 최선의 대응 방법을 선택할 때는 다음 두 가지를 고려해야 한다.

1. **전술**: 고객이 표출한 이의를 탐색하고 극복하기 위해 사용할 구체적 질문과 단어
2. **접근방식**: 선택한 전술들을 녹여 넣은 대응법의 전체적인 어조와 전략

이어지는 단락에서는 이 두 가지 요소를 살펴보도록 하자.

이의에 대응하는 10가지 전술

현대의 판매자들이 고객 이의에 대응하기 위해 사용하는 전술은 많다. 직관적이고 무의식적으로 동원하는 전술도 있고 의도적으로 사용하는 전술도 있다. 이번 단락의 목적은 가장 인기 있는 대응 전술 중 일부를 체계적으로 정리해서 그런 방법에 익숙해지고 본인의 이의 처리 전술집에 녹여 넣게 하는 것이다.

1. **만병통치약은 없다.** 모든 종류의 이의를 완벽하게 처리할 수 있도록 언제든 동원할 수 있는 한 가지 궁극의 전술이 있다면 얼마나 좋을까? "너무 비싸다고 하셨나요? 그냥 받아들이세요!" 그럼 모든 게 해결되는 것이다. 하지만 안타깝게도 그런 신묘한 해법은 사실상 존재하지 않는다.
2. **이의 대응 전술들은 결합될 수 있고 실제로 종종 결합된다.** 이의를 처리하는 것은 격투기의 스파링과 비슷하다. 경기에서 이기려면 상대의 공격에 따라 기민하게 킥과 펀치, 블로킹을 연발해야 한다. 이런 기술은 개별적으로 사용되기도 하지만 효과를 극대화하려면 서로 결

합하여 종합적으로 사용해야 할 때가 많다.

3. **주의하라-전술의 난이도는 다양하다.** 모든 전술이 강력한 효과를 내지만 실행의 용이성까지 같지는 않다. 어떤 전술은 꽤 단순하지만 어떤 전술은 적절히 사용하려면 용의주도한 생각과 설득력, 수완이 필요하다. 이의 대응 전술을 자연스럽게 적용하려면 다른 역량들과 마찬가지로 주의 깊은 학습과 연습이 필요하다.

아래는 지금부터 살펴볼 전술들을 요약한 것이다.

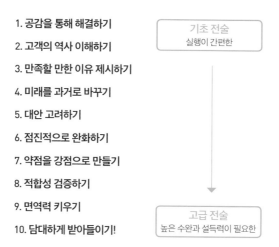

1. **공감을 통해 해결하기**
2. **고객의 역사 이해하기**
3. **만족할 만한 이유 제시하기**
4. **미래를 과거로 바꾸기**
5. **대안 고려하기**
6. **점진적으로 완화하기**
7. **약점을 강점으로 만들기**
8. **적합성 검증하기**
9. **면역력 키우기**
10. **담대하게 받아들이기!**

기초 전술
실행이 간편한

고급 전술
높은 수완과 설득력이 필요한

어떤 전술을 선택하든 실행에 앞서 발견 작업이 필요하다는 사실을 되새겨야 한다. 상대에 대응하기 전에 당면한 주요 이슈와 구매자가 이의를 표출한 의도를 제대로 파악해야 한다. 그럼 이제 시작해 보자!

1. 공간을 통해 해결하기

이는 단연코 이의를 처리하는 가장 단순하고 보편적인 전술이다. 이 전술은 잘 연결됐을 때 연성화 발언, 첫수 두기, 이의 처리라는 세 가지 임무를 수행한다. 이 전술은 숙련된 판매자라면 이미 익숙할 것이다. 이는 '느끼다', '느꼈다', '발견했다'라는 의미를 포함하는 세 가지 진술이 단순하게 결합된 형태로 발전했다.

1. **느끼다(feel)**: 고객이 느끼는 감정을 당신이 이해한다는 것을 고객에게 알려라. 이의를 연성화하는 공감 어린 방식이 필요하다.
2. **느꼈다(felt)**: 상대와 비슷한 고객들이 그런 상황에 처했을 때 비슷하게 느꼈다는 사실을 전하라.
3. **발견했다(found)**: 그런 이의가 결국 어떻게 해결됐는지 뒷받침하는 증거를 제시하라.

예를 들면 다음과 같이 말할 수 있다.

구매자: "이 양복이 정말 마음에 들지만 제가 생각한 예산에 비해 너무 고가네요."
판매자: "고객님 마음(feel)을 이해합니다. 좋은 양복이지만 필요 이상으로 돈을 쓰고 싶지는 않으신 거죠? 고객님 기분이 좀 좋아질지 모르겠지만, 제가 모신 다른 고객들도 비슷한 감정을 느끼셨어요(felt). 그런데 시간을 초월하는 좋은 디자인은 여러 해를 걸쳐 잘 입을 수

있기 때문에 돈을 조금 더 써도 그만큼 가치가 있는 투자라는 걸 알
게 되셨죠(found)."

이 전술을 더 효과적으로 실행하고 싶다면 6장에서 다뤘던 고객
발견 활동의 전술 일부를 결합하라. 가령 이런 말을 덧붙여도 좋
다. "이런 종류의 투자가 누구에게나 적합하지는 않기 때문에 이
가격이 타당하지 않다고 여기신다면 편안히 다른 상품을 둘러보
셔도 됩니다." 구매자에게 구매를 거부할 수 있는 옵션을 주면 혹
시 발생할 수 있는 리액턴스 감정을 피할 수 있다. 판매자가 자신
을 구석으로 몰고 있다고 느끼면 저항감이 생기기 마련이다.

2. 고객의 역사 이해하기

이 전술은 전통적인 사고방식이 강한 구매자에게 매우 효과적이다. 이들
은 특정 방식으로 일하는 데 익숙하거나 오래전부터 특정 유형의 제품
이나 프로세스에 투자해 온 경우가 많다. 문제는 이런 사람의 견해에 직
접 도전하면 그들의 자존심에 상처를 남기고, 그들이 오랫동안 고수해
온 신념을 건드려 불쾌하게 할 수 있다. 아이 엄마에게 "댁의 아기는 밉
상이네요."라고 말했을 때와 비슷한 반응이 돌아올지도 모른다! 이 전술
의 목표는 그런 사태를 미연에 방지하고 그들의 자존심을 살리는 동시에
개선 방향을 강조하는 것이다. 이 접근법의 마법 공식은 다음과 같다.

1. 연성화
2. 역사 인정하기

가령 당신이 회사 보안 네트워크에 바이러스 공격과 데이터 침해가 발생한 한 IT 기업의 임원을 만나 솔루션을 교체하도록 영업한다고 가정해 보자.

구매자: "저희가 몇 년 동안 써 온 솔루션도 흠잡을 데 없이 잘 작동해 왔거든요. 귀사의 솔루션이 꼭 필요한지 모르겠습니다."

판매자: "맞습니다. 현재 사용하시는 솔루션이 몇 년간 업계 표준으로 통했던 제품이니까요. 문제는, 요즘 해커들이 훨씬 더 교묘해졌다는 겁니다. 최근 많은 기업들이 이런 새로운 유형의 기술로 바꾸고 있는 추세입니다."

이런 유형의 이의를 처리할 때는 5장에서 설명했던 강력한 대조 효과를 노리는 메시지를 결합하면 좋다. 예를 들어 앞서 언급한 판매자의 말 앞에 이런 내용을 넣는 것이다. "사실 최근 CIO 매거진에서 실시한 연구 결과를 보면 작년에 데이터 침해를 당한 조직의 75퍼센트는 사건이 발생하기 6개월 전까지 회사 보안 인프라만으로 충분하다고 여긴 것으로 나타났습니다."

6장에서 우리는 단순히 "제가 이런 질문을 하는 이유는…"이라는 말을 붙여서 타인으로 하여금 좀 더 내밀하고 구체적인 정보를 공유하게 만드는 요령을 설명했다. 비슷한 원리로, 어떤 문장에 "왜냐하면"이라는 단어를 넣으면 단순한 접속사 이상의 역할을 하는 것으로 밝혀졌다. 이 단어는 마법 같은 방아쇠 효과를 지니고 있다. 대화에서 "왜냐하면"이라는 단어는 듣는 이의 두뇌가 '아, 지금부터 내가 방금 들은 이야기를 정당화하는 내용이 이어지겠군.'이라는 생각을 하게 만든다. 인간은 그들이 목격하는 임의의 것들에 대해 끊임없이 사유와 정당성을 찾으려 한다. 그렇게 하면 주변 세상에 실존적 질서를 부여할 수 있기 때문이다. 그런 질서를 찾으면 큰 정서적 만족감이 생기는 까닭에, 당신이 고객의 이의를 처리할 때 "왜냐하면"이라는 마법의 단어는 강력한 동맹군 역할을 할 수 있다.

이런 현상을 증명하기 위해 행동과학자인 엘런 랭거Ellen Langer는 실험 하나를 했다. 실험 내용은 복사를 하고 있는 사람에게 갑자기 낯선 이가 '끼어들어' 동작을 중단시키고는 먼저 복사를 해도 되겠냐고 묻는 것이다.[4] 낯선 이가 단순히 복사기를 먼저 사용해도 되겠냐고 묻는 경우(예: "실례지만 제가 다섯 장을 복사해야 하는데요. 복사기를 좀 써도 될까요?"), 피실험자의 60퍼센트가 요청에 응했다. 그러나 "왜냐하면"이라는 단어를 써서 이유를 설명했을 때는(예: "복사기를 좀 써도 될까요? 왜냐하면 제가 지금 많이 급해서요."), 요청에 응하는 비율이 94퍼센트로 치솟았다. 이보다 더 놀라운 일은 요청 이유가 엉성할 때조차(예: "복사기를 좀 써도 될까요?

왜냐하면 제가 복사를 할 게 있거든요."-와우!), 요청에 응하는 비율이 93퍼센트로 거의 비슷했다는 사실이다.

이 전술은 내가 수년간 영업 전선에서 직접 사용하고 수천 명의 영업인들에게 가르쳐 본 결과 정말 효과가 있었다! 다음번에 당신이 파는 제품의 가격을 정당화하거나, 회사 정책을 두둔하거나, 당신의 솔루션을 경쟁 제품 대비 포지셔닝하게 된다면 그저 그 이유를 제시하고(당연히 좋은 이유일 때가 언제나 더 좋다), 설명에 "왜냐하면"이라는 단어를 넣어라. 예를 들면 이런 식이다.

구매자: "저는 휴대폰 프로그램에 가입할 때마다 25퍼센트 할인을 받아왔습니다. 이번에 새로 프로그램에 가입할 때도 그렇게 해 주셨으면 합니다."
판매자: "죄송합니다. 그렇게 해 드리고 싶지만 불가능합니다. 왜냐하면 저희가 그 프로모션을 더 이상 제공하지 않거든요."

구매자: "귀사는 무료체험 기회를 주는 것으로 알고 있는데 당시 제가 너무 바빠서 기회를 이용하지 못했습니다. 무료체험 기간을 연장해 주실 수 있을까요?"
판매자: "무슨 말씀이신지 알겠습니다. 하지만 더 이상은 그렇게 하지 않습니다. 왜냐하면 당사의 고객관리팀이 기간 연장 요청을 너무 많이 받다 보니 정말 중요한 고객 지원 활동에 지장을 받아서요."

"왜냐하면"이라는 단어의 마법을 알게 됐으니, 일단 쓰고 결과를 확인하자!

4. 미래를 과거로 바꾸기

고객의 이의를 애써 해결했더니 상대방이 기다렸다는 듯이 또 다른 이의를 제기하는 경우가 있다. 예를 들면 고객이 당신의 제품을 너무 비싸다고 여긴다. 당신은 할인이나 융통성 있는 지불 조건을 제시하거나, 반대로 제품의 가치를 입증해서 기존 가격을 견고하게 유지하는 식으로 문제를 해결한다. 그러자 고객이 또 다른 이슈(또는 다른 여러 이슈)를 표출하면서 거래가 또다시 교착된다. 안타깝게도 판매자들은 이런 상황에 자주 처하며 헛된 기회에 귀중한 시간과 노력만 낭비하게 된다. 이 전술은 그런 사태를 피하기 위해 고안됐으며 실행도 아주 간단하다!

기본 개념은 시계를 앞으로 돌려 미래로 가서 이의가 해결됐다고 가정한 후 "어떻게 됐을까?"라고 묻는 것이다. 예를 들면 이렇다.

구매자: "귀사의 제품이 마음에 들지만 너무 비쌉니다."

판매자: "이해합니다. 이런 질문을 해도 될지 모르겠지만, 혹시 제품이 공짜였다면 어떻게 됐을까요? 물론 정말 공짜라면 좋겠지만, 정말 저희 거래를 가로막는 게 가격뿐인지 궁금해서요."

구매자: "귀사의 제품이 마음에 들지만 저희에게 현재 우선순위는 아닙니다."

판매자: "이해합니다. 이런 질문을 해도 될지 모르겠지만, 만약 이 문제가 선생님의 우선순위였다면 어떻게 됐을까요?"

구매자: "이 제품을 실제 써 본 사람과 이야기해 보고 싶습니다."

판매자: "좋습니다. 저도 어떤 방법이든 선생님께서 편안하게 느끼시고 이 솔루션이 정말 효과적이라는 것을 선생님이 확인하셨으면 합니다. 그런데 제품의 장점들을 전부 말해 줄 수 있고 선생님이 더 편안하게 여기실 분을 실제로 연결해 드리면 그때는 어떻게 될까요?"

이 전술의 기본 개념은 이의 내용을 잠시 접어 두고 구매자로 하여금 다음 단계에 일어날 일에 관심을 두게 하려는 것이다. 흥미로운 점은, 구매 고객 자신도 다음에 일어날 일을 모르는 경우가 많다는 것이다. 이는 다른 누군가가 고객에게 이의를 제기하라고 지시했기 때문일 수도 있고, 고객의 일차적인 의도(의식하든 아니든)가 구매를 미루려는 것이기 때문일 수도 있다. 이 전술은 사소한 일들은 차치하고 실질적으로 가능한 기회들을 평가할 때 아주 효과적이다.

5. 대안 고려하기

구매자는 보통 이의를 제기하면 판매자가 자신을 더욱 몰아붙이면서 구매를 설득할 것으로 기대한다. 실제로 연성화 발언의 일차적인 목적은 이런 긴장감을 피하기 위해서다. 대안을 고려하는 목적은 당신으로 하여금 영업에서 한발 물러서서, 구매자의 입장에서 강한 공감 능력을 발휘해 다른 옵션(아무것도 하지 않는 옵션을 포함해)을 고려하도록 요청하는 것이다. 이때 궁극적인 목표는 그들 입장에서 당신의 솔루션이 구매하기에 가장 타당하다는 결론에 이르게 하는 것이다. 그러나 주의할 것은 이 전술은 당신이 높은 확신을 갖고 있을 때(그리고 이상적으로는 그 증거도 있을 때), 즉 당신의 제품이 고객에게 가장 적합하다는 자신감이 있을 때 효과적이라는 점이다.

> **구매자**: "귀사의 제품은 기능이 많은 만큼 가격도 높은 것 같네요. 사실 저희는 저희에게 필요한 기능만 있으면서 더 단순하고 더 저렴한 제품이 맞을 것 같습니다.
> **판매자**: "충분히 이해할 수 있습니다. 별로 사용할 것 같지 않은 기능에 비용을 치르려 하지 않는 것은 합리적인 태도입니다. 지난주에 상담을 했을 때, 선생님께서는 회사와 사업 규모를 키울 공격적인 계획이 있다고 하셨거든요. 그렇다면 지금은 필요 없겠지만 6개월 후에는 그런 기능 없이 성장 목표를 달성할 수 없을지도 모릅니다. 또 선생님 사업이 생각보다 빨리 성장하면 어떻게 될까요?"

명심하라! 이 전략에서는 말투와 접근법이 차이를 만든다(이 전술이 전체 목록에서 5번째에 있는 것도 그 때문이다). 당신이 고객을 논리적 함정으로 유도하고 있다고 느끼면 그들은 즉시 방어 태세를 취할 것이다. 이런 상황에 처하고 싶지 않다면 당신의 고객 발견용 도구함을 열고 거기에 있는 전술 하나를 활용하라.

"제가 이런 질문을 하는 이유는 저희의 솔루션이 공격적인 사업 성장을 꾀하지 않는 고객에게는 맞지 않기 때문입니다. 하지만 저희 고객 중에는 사업 성장 초기에 이런 투자를 한 것에 현재 아주 만족하시는 분들이 많습니다. 그런 투자 덕분에 원래보다 더 빨리 규모를 키울 수 있었으니까요."

이런 전술을 활용한 가장 유명한 사례는 1980년대에 있었던 미국 대선이다. 그 대선 경쟁에서 공화당 후보였던 로널드 레이건은 당시 대통령이자 민주당 후보였던 지미 카터를 물리쳤다. 대선 캠페인에서 레이건이 우세하게 된 결정적 계기는 마지막 대선 토론에서 그가 던진 단순한 질문 덕분이었다. 레이건은 이런 말을 하며 연설을 마쳤다.

> 여러분은 4년 전보다 지금 더 잘살고 있나요? 매장에 가서 물건을 구입하는 게 4년 전보다 더 수월해졌나요? 미국의 실업률이 4년 전보다 감소했나요? 미국이 4년 전보다 세계에서 더 존경받고 있나요? 미국의 안보 상태가 4년 전보다 더 안전하고 국력이 세졌나요? 이런 질문들에 대한 여러분의 대답이 모두 "예."라면, 만약 그렇다면 여러분이 누구에게 투표해야 할지는 아주 명확합니다. 하지만 만약 동의하지 않는다면, 당신이 지난 4년간 겪은 일들을 앞으로 올 4년 동안 똑같이 반복하고 싶지 않다면, 이번 투표에서는 다른 선택을 해야 합니다.[5]

이 대선 토론 전에는 등록유권자 사이에서 레이건이 카터 대통령보다 8포인트 뒤지고 있었다. 하지만 토론 직후 레이건의 유권자 지지도는 카터보다 3포인트 앞질러 있었고 미국의 50개 주 중 44개에서 승리했다. 왜 이런 결과가 나왔을까? 레이건이 유권자에게 자신의 상대에게 투표한다는 생각 자체가 바람직하지 않다는 것을 확실히 설득했기 때문이다.

6. 점진적으로 완화하기

"제 옷장에 괴물이 살고 있어요! 한밤중에 갑자기 뛰어나와 저를 잡아먹을 거예요!"

부모라면 자녀를 재우려고 침대에 눕혔을 때 나오는 이런 이의를 다들 한두 번씩 들었을 것이다. 아이가 실제로 괴물에게 잡아 먹힐 가능성은 없다시피 하지만, 그 사실을 논리적으로 설명하는 것은 힘든 일이다. 사실 아이가 느끼는 두려움은 벽에 드리운 검은 그림자 때문이다. 안타깝게도 정서적 이의를 일으키는 가장 보편적인 동인은 두려움이다.

고객이 표출하는 이의 중 다수는 근본 원인이 두려움에 있다. 실패할 것 같은 두려움, 손실에 대한 두려움, 알려지지 않은 것에 대한 두려움, 심지어는 현상 유지에서 벗어나는 두려움까지 말이다. 그 제품을 실제 써본 사용자를 요청하는 고객도 이런 케이스다. 고객이 참고인을 요청하는 것은 기본적으로 "저는 제가 선택한 제품이나 서비스가 제대로 작동하지 않을까 두려워요. 그래서 모든 게 괜찮을 거라는 사실을 말해 줄 누군가와 이야기하고 나면 기분이 나아질 것 같아요."라고 토로하는 것이다. 앞서 예로 들었던 〈크레이지 토미 보이〉에 등장하는 테드라는 공장장을 기억하는가? 그가 제기한 이의 또한 밑바닥에는 두려움이 있었다. 제품의 포장 안에 보증서가 없다는 두려움이 너무 커서 그는 보증서를 제공하지 않으면 어떤 회사와도 사업을 하지 않으려는 이의를 표출했다.

그렇다면 이렇게 구매자의 두뇌에 있는 시스템 1이 두려움에 입각한 이의에 사로잡혀 있을 때에는 어떻게 해야 할까? 간단하다. 시스템 2를 작동시켜라! 두려움이 사라질 때까지 논리와 사유의 빛을 비춰서 그것을 제거해야 한다. 시스템 2가 시스템 1의 두려움을 완전히 없애면 원래 있었던 이의의 감정을 훨씬 더 쉽게 해소할 수 있다. 나는 이를 **점진적으로 완화하기**de-escalating라 부른다.

예를 들어 겁에 질린 아이의 경우에는 침실에 괴물이 없다는 것을 확실히 알리기 위해 아이와 같이 벽장에 들어가서, 불을 켜고, 옷들을 이것저것 들춰 보고, 마지막으로 침대 밑까지 확인하는 것이다. 고객이 참고인을 요구하는 경우에는 접근법이 이보다는 조금 더 세련될 것이다.

먼저, 고객이 표출한 이의의 근본 원인을 융통성 있고 공감하는 태도로 인정하기 위해 연성화 발언으로 대응하라. 가령 이렇게 말하는 것이다. "당연히 참고인을 만나 보실 수 있습니다. 저 또한 선생님께서 저희 솔루션을 통해 성공적 결과를 얻으실 수 있도록 저희가 제안한 솔루션과 접근법에 편안함을 느끼셨으면 합니다."

다음으로는, 고객의 요청에 응하는 체계적 방법을 논리적으로 전한다. 예를 들면, "여기서 희소식은 저희 제품에 만족하시는 고객이 많다는 것이고, 그중 적절한 분을 선생님과 연결해 드리고 싶습니다. 구체적

7 이의를 다루는 최적의 솔루션

으로 어떤 내용을 알고 싶으세요?"

이 순서로 접근하면 보통 고객의 정서적 틀(시스템 1)이 참고인 요청에 대한 타당성(시스템 2)을 스스로 재평가하게 되면서 자신의 요청이 논리보다는 두려움 때문이었다는 것을 깨닫고, 요청을 철회하게 된다. 왜 그럴까?

1. **당신은 요청에 응했다.** 당신은 참고인을 기꺼이 알아보겠다고 말했다. 고객의 요청을 거부하지 않음으로써 당신은 상황을 완화하는 데 도움을 줬다.

2. **당신은 긍정성을 발휘했다.** 당신이 사람들을 행복하게 하면, 그들의 감정적 부담이 줄어들면서 상대는 냉철한 결정을 더 빨리 내리게 된다.

3. **당신은 고객의 요청에 집중했다.** 당신은 손전등을 꺼내 들고 상대의 두려움이 서식하는 어두운 구석에 빛을 비춰 그 근본 원인을 들춰냈다(실제로 그 원인이 존재했다면).

이런 식의 대화가 끝나면 보통 고객은 두 종류의 반응을 보인다.

1. **그 문제에 대해 생각해 보겠다고 한다.** 가령 "음… 그거 좋은 질문이네요. 제가 내부적으로 좀 알아본 다음 그 문제에 대해 다시 연락 드려도 될까요?" 하지만 실제로 그렇게 하는 사람은 거의 없다. 다시 말하지만 그들이 게을러서가 아니다. 그들의 요청이 특별한 니즈나

근본적인 목적이 있어서가 아니라 두려움에 뿌리를 두고 있었기 때문이다. 따라서 두려움이 사라지면 요청에 대한 동기도 사라진다.

2. **무언가를 가지고 돌아온다.** 가령 "예, 감사합니다. 그렇게 도와주시겠다니 고맙습니다. 그런데 사실 제가 정말 알고 싶은 것은 ABC거든요." 이는 좋은 소식이다! 이제 당신은 진짜 질문, 혹은 다양한 방식으로 처리 가능한 이의를 받게 됐고, 그중 다수는 참고인보다 고객에게 더 효과적이고 유익할 것이다.

영화 〈크레이지 토미 보이〉의 경우에 토미는 테드에게 어째서 제조사가 제품 상자 안에 보증서를 넣는지 생각해 보라는 질문으로 점진적으로 완화하기 전술을 시작한다. 이 말에 테드는 호기심을 보이며 토미에게 더 자세한 설명을 요구한다. 토미는 보증서가 구매자를 기분 좋게 하는 건 사실이지만 보통은 제품의 실제 품질과 상관없이 그저 고객을 안심시키기 위해 사용된다고 설명한다. 극중 토미의 말을 빌리자면, "그들이 당신에게 파는 것은 그저 거지 같은 보증서 한 장이에요!" 그러자 잠시 테드는 생각에 잠겼고, 보증서를 둘러싼 구름이 걷히자 토미의 제품을 구매하기로 한다.

7. 약점을 강점으로 만들기

이 전술은 지금까지 살펴본 다른 전술보다 더 공격적이며 훨씬 더 많은 확신이 필요하다. 이 전술에서 당신은 고객을 직접 압박하고 그들이 표출한 이의의 근거를 오히려 그들이 이 사업을 진행해야 하는 중요한 이유로 만든다. 이 전술은 올바른 맥락으로 사용됐을 때 아주 강력한 힘을 발휘할 수 있다. 예컨대 이런 식이다.

구매자: "정신없는 휴가 시즌이 시작되기 직전에 공급업체를 바꾸는 것은 타당하지 않은 것 같습니다. 게다가 이때는 고객들이 저희에게 많이 의존하는 시기여서 운영상 리스크가 너무 큽니다."

판매자: "무슨 말씀인지 알겠습니다. 그렇지 않아도 1년 중 가장 바쁜 때에 이런 운영상의 문제까지 감수하고 싶지는 않으실 겁니다. 공교롭게도 저는 선생님과 비슷한 생각을 가진 고객들과 많이 일해 왔습니다. 그런데 성수기 전에 미리 공급업체를 바꿨더니 오히려 훨씬 더 나은 고객 경험을 제공할 수 있었고 원래 전망했던 것보다 매출도 더 올릴 수 있었습니다."

나는 고객의 기존 사업 운영 방식을 압박하는 것이 일반적이었던 고성장 스타트업 네 곳에서 영업 관리자로 일했기 때문에 이런 전술을 꽤 자주 활용했다. 예를 하나 들어 보겠다.

구매자: "귀사의 솔루션이 마음에 들지만 고성장 스타트업과 일하는 데 약간 불편한 마음이 있습니다. 좀 위험할 것 같거든요."

판매자: "무슨 말씀인지 이해합니다. 하지만 저희 고객 중에는 오히려 저희가 스타트업이라 같이 일하고 싶어 하는 회사가 많습니다! 그런 고객들은 저희가 몸집이 큰 기업들보다 더 빠르고, 민첩하고, 대응이

뛰어나다는 점을 좋아합니다. 또 저희 임원진과 직접 접촉할 수 있고 저희의 제품 로드맵에 직접 영향을 줄 수 있다는 점에 대해서도 아주 흡족해합니다."

재미있는 사실은 내가 몸담았던 세 번째 스타트업이 훨씬 더 큰 규모의 세일즈포스에 인수된 후에도 내가 반대 논리를 활용해서 이 전술을 계속 사용했다는 점이다. 이런 식으로 말이다.

구매자: "귀사가 시장 리더이며 이 분야에서 영향력이 크다는 것을 알고 있지만 다른 스타트업 솔루션도 한두 개 같이 보고 있습니다. 스타트업은 민첩하다는 것도 좋지만 우리가 그들의 제품 로드맵에 직접 영향을 줄 수 있다는 것도 마음에 들거든요.

판매자: "맞습니다. 따지고 보면 저희도 한때는 작은 스타트업이었으니까요! 흥미로운 점은 저희 고객 다수는 저희 같이 시장을 선도하는 대기업들이 데이터 보안이나 개인정보 보호, 가동 시간 등에 훨씬 더 집중한다는 점에서 저희와 같이 일하는 게 좋다고 말한다는 겁니다. 게다가 저희 플랫폼에서 다른 사업도 같이 운영할 수 있어서 여러 사업이 원활하게 함께 돌아가는 장점은 말할 것도 없고요."

이 전술은 판매자로서 당신의 제품이나 서비스의 경쟁우위를 절충하면서도 제품에 대한 깊은 확신을 드러낼 수 있다는 점에서 강력하다.

8. 적합성 검증하기

이 전술은 고객이 너무 많은 이의를 표출할 때, 혹은 이상적인 고객이라면 제기하지 않을 이의를 제기할 때 놀라운 효과를 낼 수 있다. 이 전술의 목표는 당신의 입장을 고수하고, 그 입장에 확신을 갖고, 다시 한번 그 결정이 옳은지 고객의 판단을 법정에 세우는 것이다. 이 전술은 6장에서 설명했던 "누구에게나 적합할 수는 없다"라는 접근법을 직접 응용한 것이다. 이 전술을 실행하려면 당신의 솔루션이 누구에게나 적합하지는 않다는 말을 공감 어린 태도로 전해야 한다.

예를 들어 나의 친구 한 명은 임원 대상의 작은 헤드헌팅 회사를 운영하면서 알 만한 기업들에 최고의 경영인들을 소개해 주고 아주 괜찮은 수수료를 받는다. 최근 그는 자신의 사업적 성공을 자화자찬하며 본인이 가장 애용한다는 전술 하나를 내게 알려 줬다. 친구는 고객 한 명과 영업 상담을 하고 있었다고 한다. 상대는 한 기업의 대표로 회사의 요직을 담당할 임원을 찾아 달라고 요청했는데 일이 워낙 까다로워서 한동안 고생을 하던 참이었다. 고객은 친구의 경력과 접근법에 아주 흡족해했지만 대화 주제가 수수료로 바뀌자 난색을 표했다.

"와! 비용이 제가 예상했던 것보다 훨씬 높네요!" 그녀가 외쳤다. 친구는 이런 식의 문제를 이미 여러 번 처리한 바 있었고, 회사 서비스 요율이 정당하고 비슷한 조건의 다른 고객사들이 지불한 비용과도 일치했기 때문에 차분한 태도를 유지했다. 그는 이렇게 대답했다.

"그러실 수 있습니다. 가끔 이런 헤드헌팅 서비스 비용을 들으시고 당황하시는 분들이 있습니다. 하지만 저를 찾는 고객들은 보통 뽑으려는 임원의 조건이 아주 독특하고 까다로워서 회사 자체적으로 해결하기 어려울 때 오십니다. 이 방면으로 제 능력이 뛰어나기도 하지만, 제 서비스가 누구에게나 적합하지 않은 것도 사실입니다. 대표님께서 저희 비용이 타당하지 않다고 여기신다면 불편해하지 않으셔도 됩니다. 이해할 수 있으니까요." 고객이 생각에 잠기자 친구는 자신의 말이 상대에게 스며들도록 잠시 가만히 있었다.

이 전술은 강력하고 판매자에게 힘을 실어 줄 수 있지만 앞서 소개한 전술과 마찬가지로 공감 능력을 갖추고, 고객에게 가장 유익한 결과를 내고 싶다는 진실한 바람으로 실행해야 한다. 맞다. 이 전술은 궁극적으로는 고객이 당신의 제품이나 서비스를 구매하지 않기로 결정할 수 있다는 것을 편안하게 받아들여야 쓸 수 있다. 고객이 당신과 거래를 하지 않는 것이 결과적으로 좋은 경우도 있다. 그건 어쨌든 상대가 당신과 좋은 궁합이 아닐 수도 있다는 것을 의미하기 때문이다.

당신의 판매 과정 중 80퍼센트 이상에서 표출되는 특정 유형의 이의가 있는가? 이를테면 업계에서 제일 고급 사양에 가장 비싼 솔루션을 제공하면서 계속해서 제품의 가격을 두둔하는 상황에 처하는가? 고객이 당신이 판매하는 유형의 서비스를 구매할 때면 거래를 계속 질질 끌면서 미루는가? 혹은 당신의 회사가 시장에서 최신의 솔루션을 제공하지만 아무도 회사 이름을 들어본 적이 없어서 계속해서 회사의 능력과 장기적인 전망에 의심을 받는가? 만약 그렇다면 이 전술은 바로 당신을 위해 존재한다!

면역효과 이론inoculation theory은 1961년에 사회심리학자인 윌리엄 맥과이어William J. McGuire가 처음으로 제시한 개념이다. 그의 목표는 누군가 당신의 태도나 신념을 바꾸려 할 때 어떻게 하면 그것을 계속 고수할 수 있는지, 그 방법을 설명하는 것이었다. 실제로 이 이론은 백신이 질병으로부터 우리 몸을 지키는 것과 정확히 같은 방식으로 작용한다. 즉, 인간의 신체를 동일 질병에 약한 형태로 노출시켜서 나중에 같은 질병이 등장하면 우리의 면역체계가 이를 식별해서 공격하게 훈련하는 것이다. 마찬가지로 우리에게 어떤 이의가 표면화될 가능성이 크다는 것을 알고 있고 그것을 피하고 싶다면, 문제가 나중에 표면화되거나 고객이 문제를 다른 곳에서 들었을 경우를 대비해 판매자가 먼저 적극적으로 이의를 제기해서 그에 대한 고객의 면역력을 키워 주면 된다.

판매자: "선생님의 니즈를 충분히 파악하고 제안할 가격을 준비하다

보니 저희 가격이 업계에서 낮은 축은 아니라는 점을 말씀드려야 할 것 같습니다. 아마 저희가 가격 면에서 가장 높을 수도 있습니다. 저희 가격이 다른 업체보다 높은 건 사실이지만 저희의 미션은 고객의 기대를 계속해서 뛰어넘는 고품격 종합 솔루션을 제공하는 것입니다. 저희 회사의 고객 보유율이 96퍼센트인 것도 그 때문입니다.

이 전술은 보통 변호사들이 재판에서 배심원들을 향해 처음 변론을 시작할 때 많이 쓴다. 상대편 변호사가 펼칠 가능성이 큰 주장을 먼저 제기해서 구멍을 내면 배심원들이 그 주장에 덜 휘둘리기 때문이다.

나도 예전에 담당하는 영업팀의 핵심 인재를 뽑을 때 이 접근법을 사용했고 놀라운 결과를 직접 경험했다. 영업은 현실적으로 힘든 일이고 워낙 바삐 돌아가다 보니 새로운 보직에서 바로 좋은 실적을 내지 못하면 쉽게 낙담하게 된다. 새로운 직원들이 업무를 시작한 처음 몇 달 동안 스스로에게 과도한 스트레스와 압박을 가하는 모습을 목격하면서(심지어 회사를 그만두는 사람들까지 생기고), 우리는 면접 과정에서 그에 대한 면역요법을 쓰기 시작했다. "이 자리가 처음 두세 달은 아주 힘들 겁니다!"라는 말을 하는 것이다. "그만두고 싶어질 수도 있고요. 하지만 저를 믿어 보세요. 우리 조직에서 만나게 될 최고의 영업인들도 똑같은 고통을 거친 후 여기까지 왔습니다. 그런 힘든 과정은 정상적인 일이고, 그런 어려움 속에서도 버티고 계속 배우면 꽤 탄탄한 기반을 다지게 될 겁니다!" 그리고 이 방법은 효과가 있었다! 이런 직설적인 말이 새 직원들을 유인하는 데 큰 공헌을 했고, 신입 직원들은 실제로 힘든 지점에 당면하자 저 건너편에 구원의 빛이 있다는 것을 알고 버텼다. 우리는 그들의 면역력을 키우는 데 성공했다.

10. 담대하게 받아들이기!

이 또한 우리의 일반적인 직관에 반하지만 강력한 전술로, 이의를 해결하기보다는 유도하는 것과 더 관련이 깊다. 이 전술은 구매자가 가진 이의가 전부 드러나지는 않는다는 원칙을 바탕으로 한다. 가령 당신이 영업 프레젠테이션을 하는데 뒷자리에서 가만히 수심에 잠겨 있는 침묵의 관찰자가 있다고 생각해 보라. 발표하는 동안에는 아무 말이 없지만 당신이 회의실을 떠나면 그 사람은 틀림없이 자신의 의견이나 주장을 동료들과 나눌 것이다. 아니면 당신이 고객사 직원 중 당신의 제품이나 서비스를 좋아해서 다른 이해관계자들을 설득하는 데 큰 역할을 해야 할 누군가와 이야기를 하고 있다고 치자. 이 경우에 당신은 다음과 같은 질문을 하고 싶을 것이다.

- X 제품에 대해 우려하시는 것이 있나요?
- 저희가 설명한 접근방식에서 혹시 놓친 게 있다면 무엇일까요?
- 저희 솔루션이 채택될 가능성에 대해 얼마나 확신하세요?
- X 제품에 대해 걱정하시는 게 있는 것 같은데요. 무엇인지 알 수 있을까요?
- 선생님과 비슷한 상황의 고객들은 대부분이 X에 대해 더 잘 이해하려고 하셨습니다. 선생님도 마찬가지인가요?

이 접근법이 효과적인 데에는 두 가지 이유가 있다. 첫째, 이렇게 하면 고객이 당신의 솔루션에서 멀어지는 계기가 될 수도 있었던 숨겨진 이의가 드러날 수 있다. 그런 불만 요소는 그냥 내버려 두는 것보다 당신이 그 자리에 있을 때 표면화해서 처리하는 게 더 낫다. 둘째, 고객의 반응이 긍정적이라면, 즉 고객이 당신의 솔루션을 지지할 경우에는 그런 입장을 공개 선언했을 때 당신에게 유리한 방향으로 강한 설득력을 발휘할 수 있다. 5장에서 확인했듯이 사람들은 자신의 인지 부조화를 낮추려는 욕구가 강하다. 다시 말해, 어떤 발언을 한 사람은 자신의 태도, 믿음, 행동을 그 말에 어떻게든 맞추려 한다.

의도-대응 페어링

이제 전술들로 채워진 도구함이 갖춰졌으니, 모든 것들을 종합하기 전에 의도라는 주제를 잠깐 다시 다루도록 하자. 고객의 이의에 대응할 때는 의도를 머릿속 최상단에 두고 있어야 한다. 그래야 당신의 전술 목록을 그 임무에 가장 적절한 것들로 좁혀 나갈 수 있다. 이는 와인 종류에 따라 어울리는 음식을 준비하는 페어링과 비슷하다.

예를 들어 한 고객에게 전화를 했더니 이런 말이 돌아왔다고 가정해 보자. "지금은 적절한 시기가 아니니 다음 달에 다시 연락해 주세요." 만약 고객에게 처음으로 연락을 했는데 이런 말을 들었다면 당신은 거래를 좀 늦추려는 의도로 추측할 수 있다. 그러나 고객에게 5번이나 전화를 했는데 상대가 매번 이런 식으로 매정하게 대화를 거부한다면, 당신을 영원히 피하거나 아예 다른 거래처로 옮기려는 의도일 수도 있다.

다음은 고객의 의도에 따른 대응 방법을 페어링한 메뉴이다.

이어지는 내용에서 이러한 페어링에 대해 더 자세히 살펴볼 것이다. 당신의 목표는 의도 유형에 따라 구매자가 제기한 이의를 적절히 해결하는 최고의 말투와 대응 요소를 선택하는 것이다.

1. 이해하기 → 지원하기

누군가를 돕는 최선의 방법은 그들을 순수하게 지원하는 것이다. 머리를 쓰거나 감정이 관여할 필요는 없다. 그냥 그들의 질문에 답변하라. 그러나 대부분의 구매 과정에는 여러 이해관계자가 얽혀 있으므로, 판매 과정이 전개되는 중 당신이 직접 상대하는 고객이 회사 이해관계자들에게 들을 법한 질문과 이의 내용을 더 잘 이해하고, 예상하고, 대비하도록 돕는 일이 중요하다. 예를 들어 중년의 위기를 겪고 있는 중년 남성에게 스포츠카를 판매하려는 영업 담당자라면 고객의 파트너까지 고려한 전략을 제공해야 할지 모른다.

당신의 고객이 지원받고 있다는 느낌을 갖고, 가능한 마찰 없이 구매 프로세스를 진행하는 데 필요한 모든 정보를 제공하는 것이 중요하다. B2B 영업의 경우에 고객사 담당자가 회사의 구매 과정에 익숙하다고 여기거나 전에도 그런 경험이 있을 것으로 지레짐작하면 안 된다. 그들이 확실히 모른다면 비슷한 조건의 다른 고객사에서 구매 프로세스가 어떻게 전개되는지 관련 정보와 의견을 적극적으로 제공해야 한다.

2. 결정하기 → 포지셔닝하기

이런 유형의 이의를 해결하는 핵심은 당신의 대처 방식에 따라 고객이 당신의 솔루션을 지지하는 결정을 내릴 수도 있고 반대로 저버릴 수도 있다는 것이다. 이 때문에 고객의 질문에 답하는 것도 중요하지만 당신의 솔루션을 고객이 가장 선호할 만한 방향으로 설득력 있게 포지셔닝하는 것이 관건이다. 이 대응법은 경쟁 솔루션이 아직 고객의 고려 대상에 있거나 고객이 현재 사용 중인 방식을 계속 고수하려는 경향이 강할 때 특히 효과적이다.

예컨대 고객이 당신의 제품을 좋아하지만 현재 솔루션에 없는 기능을 넣어 달라고 요청한다고 가정해 보자. 이럴 경우에는 고객이 요청한 기능을 추가하지 않아도 현재 사양으로 어떻게 그들이 바라는 결과를 낼 수 있는지를 부각해서 제품을 포지셔닝함으로써 고객의 니즈를 더 상세히 파악할 수 있다. 고객이 당신이 판매하는 솔루션의 ROI를 묻는다면 당신과 거래하는 가장 바람직한 고객들이 얻은 가치를 바탕으로 솔루션을 포지셔닝해서 고객의 니즈를 더 깊이 있게 발견하는 기회로 삼아야 한다.

하지만 주의하라! 다른 고객의 사례를 지나치게 많이 사용하거나 극단적인 공격이나 수비 태세를 취하면 안 된다. 당신의 대응이 공격적일수록 고객은 더 불편해할 수 있다. 그리고 고객이 당신을 불편해하면 당신의 주장이 얼마나 타당하든 중요하지 않다. 6장에서 "이것이 누구에게나 적합한 것은 아닙니다"라는 발견 전술을 다룰 때 논의했던 것처럼 당신이 정한 제품 포지셔닝에 고객도 만족하는지 항상 그들 입장에서 생각해 봐야 한다.

3. 지연하기 → 입증하기/상기시키기

지연하기 형태의 이의는 당신의 판매 과정을 늦추거나 피하는 것이

목적이므로, 이런 경우에는 판매자도 스스로에게 "그 고객과 거래를 계속 추진하는 게 타당한가?"라는 질문을 해 봐야 한다. 따라서 지연하기 유형의 이의에 대응할 때는 고객이 여전히 당신의 솔루션과 잘 맞는지를 따져 보고, 만약 그렇다면 고객에게 거래가 지연될 때 따르는 대가를 상기시켜야 한다. 가령 고객이 "다음 달에 다시 연락 주세요."라고 한다면 당신은 "그렇게 하겠습니다. 그런데 선생님의 시간이 귀중하고 선생님을 귀찮게 하면 안 될 것 같아서 드리는 말씀인데, 다음번에는 어떤 것들을 논의하게 될지 알려 드려도 될까요? 그러면 선생님께서도 정말 저와 추가 상담이 필요한지 결정하시기 쉬울 것 같아서요(미래를 과거로 바꾸기나 적합성 검증하기 전술을 활용할 수 있는 절호의 기회다)." 이때 고객이 "사실 제 생각에는 회사가 현재 방식을 계속 유지할 것 같습니다."라고 한다면, 당신은 "그런데… 지난 번에 상담을 했을 때는 선생님께서 현재 사용 중인 솔루션으로 인한 생산성 저하로 회사가 매달 5,000달러의 손실을 입고 있다고 추정하셨거든요. 혹시 그 사이에 바뀐 게 있나요? 현재로선 그것이 빨리 해결해야 할 만큼 큰 문제가 아닌가요(여기서는 대안 고려하기 전술도 활용되고 있다)?"

만족 문제로 인한 이의를 처리하는 데 가장 중요한 요소는 공감 능력이다. 고객의 입장에서 생각하고 이런 이의는 단순히 돈 문제가 아니라는 점을 상기하라. 이는 감정을 다뤄야 할 문제이기 때문이다! 다시 말해 이런 상황을 치유하려면 단지 사업적으로 유효한 요소(가격, 가치, 사업적 정당성 등)를 제공할 뿐 아니라 정서적 지지를 보여줘야 하고 후자가 오히려 더 중요하다. 이 때문에 만족하기 유형의 이의에 대한 대응은 대부분 판매자의 사과로부터 시작된다. 고의적인 잘못이 없었더라도 운영상의 문제나 혼동으로 고객이 실망했을 수 있다.

예를 들어 당신의 고객이 이렇게 말한다고 가정해 보자. "제 친구랑 이야기해 보니 귀사에서 그 친구네 회사에는 30퍼센트 할인가로 제품을 판매했다고 하더라고요. 그런데 저희에게는 10퍼센트 할인만 가능하다고 하셨잖아요! 저희도 그만큼 할인율을 적용해 주셨으면 합니다." 고객의 친구는 더 나은 조건으로 구매할 만한 충분한 이유가 있었을 것이라는 가정하에, 당신의 목표는 회사의 가격 정책 및 할인 전략을 가능한 투명하게 전달해서 구매자를 만족시키는 것이다.

일단 해당 구매자에게 그의 친구는 제품 계약 기간이 더 길거나, 다른 상품들도 같이 구입했거나, 가격 할인 조건으로 판매사가 참가하는 콘퍼런스 무대에 서 주기로 했을 거라는 정보를 공유하라. 또 다른 예로, 만약 구매자의 우려가 스타트업과 거래를 할 때 겪을 수 있는 리스크에 대한 인식 때문이라면 그들의 두려움을 일단 인정한 다음, 당신의 솔루션을 통해 상당한 가치를 얻었을 뿐 아니라 신생 기업 특유의 민첩성과 세심한 고객 서비스를 높이 사서 스타트업과 협력하는 것을 선호하는, 그들과 비슷한 처지의 다른 고객들의 사례를 공유하라.

5. 벗어나기 → 전략 세우기

　　당신에게서 벗어나겠다고 작정한 고객이 표출한 이의도 해결이 불가능한 것은 아니다. 하지만 과정이 복잡하고 시간이 많이 소모되며 언제나 충분히 숙고한 실행 전략과 대응이 뒤따라야 한다. 그러나 극복 방법을 고려하기 전에 먼저 자문해 봐야 할 질문이 있다. 바로 "이렇게 정성을 들일 가치가 있을까?"이다.

　　당신의 상대가 월등한 권력과 권위를 가진 단일 의사결정자인데 그의 마음이 당신에게서 완전히 빗나갔다면 어떨까? 거래를 뒷받침하려면 고객의 관점을 바꿔야 하는데 그럴 가능성이 너무 작다면(혹은 시간이 많이 걸릴 것 같다면) 어떨까? 이런 경우에 당신이 취할 수 있는 옵션은 고객이 보내는 시그널을 파악한 후, 귀중한 판매 여력을 낭비하면서 일을 더 진척시키려 하기 전에 상대에게 우아하게 작별을 고하는 것이다. 하지만 상대의 감정이 불합리하거나 고객 중 특정 개인(혹은 소수)에 국한돼 있다면 가능한 그들을 구매 과정에서 분리시키고 이의 내용을 해결하거나 회피해서 거래를 계속 추진할 수 있다.

이를 위한 첫 단계는 이의가 표출된 근본 원인을 최대한 이해하려 애쓰는 것이다. 이런 시도에 언제나 결실이 따르는 것은 아니지만 문제를 극복하는 데 큰 도움이 된다. 예를 들어 당신을 가로막는 사람이 당신의 경쟁사 고위 임원과 개인적인 친분이 있다는 사실을 알게 됐다고 해 보자. 아니면 고객사가 이전에도 당신의 솔루션과 비슷한 제품을 구매하려고 했는데 내부에 그 결정을 지지하는 임원이 없어 결국 불발로 끝났다는 정보를 들었다고 해 보자. 만약 현재 상황에 대해 입수한 정보로 미루어 봤을 때, 상대의 이의가 불합리하거나 더 이상 타당하지 않다면 그 점을 지적하되 무신경해 보이지 않도록 상대에게 공감을 보이고 감정적으로 확실히 지원하라.

어떤 이유로든 상대의 방패막을 뚫을 수 없다면 아예 회피하는 편이 낫다. 예를 들어 이의 당사자가 자신의 입장을 꼿꼿이 고수하고 있어 도저히 설득할 방법이 없을 것 같다면, 고객사의 조직도에서 당신에게 우호적인 이해관계자들을 찾아 당사자의 영향력이 가능한 적어질 수 있는 방법을 모색하라.

전술 조합하기

다시 한번 말하지만, 고객의 이의를 처리하는 것에 관한 한 만병통치약은 없다. 설사 있다고 해도 아주 드물다. 고객이 제기한 이의를 성공적으로 해결해서 고객 만족을 이끌어내려면 양측의 대화가 필요하다. 그리고 이런 대화는 서로의 생각을 주거니 받거니 교환하고 여러 견해와 전술이 한데 엮이는 가운데 전개돼야 한다. 한편, 개인적으로 이의 처리 전술집을 개발할 때 도움이 되는 훈련은, 이런 대화가 어떤 식으로 전개될지 미리 상황을 그려보는 것이다. 물론 이 또한 시뮬레이션일 뿐이지만 이런 연습을 하다 보면 이의 처리 전술들이 우리가 이미 다룬 메시지 개발 및 고객 발견 전술과 어떻게 자연스럽게 연계되는지 더 확실히 이해할 수 있다.

예를 들어 내 고객 중 한 명은 영업인들이 고객에게 맞춤화된 영상 메시지를 보낼 수 있는 온라인 플랫폼을 운영한다(6장에서 다뤘던 추상화의 부정적 영향을 줄이는 뛰어난 전략이다). 이런 솔루션의 경우에는 이의 처리 대화가 어떤 식으로 전개될 수 있을지 예를 들어 보자.

구매자 "그 솔루션의 아이디어는 마음에 드는데, 저희 팀원들이 실제로 사용할지는 잘 모르겠습니다."

판매자 "아, 그렇군요… 선생님의 팀원들이 제 솔루션을 실제로 사용할지는 잘 모르시겠다고요?[미러링 기법]"

구매자 "네. 직원들이 고객에게 자기 모습이 담긴 영상을 편안하게 보낼 수 있을지 잘 모르겠어요. 카메라 앞에 서는 게 일반 직원들에게는 좀 어색할 수도 있으니까요."

판매자 "그렇군요. 어떤 느낌인지 저도 알겠습니다. 저희 플랫폼을 사용하시는 고객들 중에도 처음에는 그렇게 생각하시는 분들이 많았으니까요. 그런데 나중에 보니 생각보다 직원들이 영상에 거부감이 없었습니다[공감을 통해 해결하기]. 사실 5년 전까지만 해도 전화와 이메일이 주된 커뮤니케이션 수단이었던 게 맞습니다. 영상은 별로 사용되지 않았고, 그래서 사람들도 익숙하지 않았거든요[고객의 역사 이해하기]. 하지만 요즘에는 사람들이 일상생활에서 페이스타임 같은 앱들을 자주 사용하고 근무할 때 영상 회의가 워낙 흔하다 보니[만족할 만한 이유 제시하기] 업무에도 영상을 아주 편하게 사용하고 있었습니다.

구매자 "무슨 말씀인지 알겠습니다. 그런데 우리 직원들은 고객들과 접촉할 때 아직도 대부분 전화나 이메일을 쓰거든요."

판매자 "그것도 드문 일은 아닙니다. 흥미로운 것은, 요즘에는 여기저기서 접촉하는 판매자들이 넘쳐나다 보니 많은 고객들이 그런 전화나 이메일을 잘 받으려 하지 않는다는 겁니다. 심지어 이메일은 한 단락도 읽으려 하지 않죠[강점을 약점으로 만들기]. 하지만 그런 사람들조차 유튜브 같은 사이트에서 영상을 즐겨 보기 때문에 60초짜리 영상을 보는 것은 문제가 없습니다[양극화 메시지]. 실제로 영상 메시지의 오픈율이 일반 이메일보다 7배나 더 높거든요[병렬화 메시지]."

또, 우선순위로 인한 이의는 어떻게 해결할까?

구매자 "저는 정말 이 PT에 등록하고 싶지만 지금은 할 일이 너무 많아서 그 정도로 열심히 할 수 있을지 모르겠어요."

판매자 "이해합니다. 저도 당사자가 100퍼센트 열심히 하지 않을 것 같으면 PT 같은 데에는 아예 투자하지 말라고 권합니다. 열심히 안 하면 원하는 성과를 얻지 못할 테고, 그렇게 되면 저나 선생님 누구에게도 좋을 게 없으니까요[연성화 발언]. 그런데 운동에 전념할 수 있는지 확신이 없는 분들을 보면 보통 비용이나 일정 때문에 그러시는 경우도 많더라고요. 선생님도 그런 경우에 해당하나요[고통 명명하기]?"

구매자 "글쎄요. 비용은 확실히 중요하긴 하죠."

판매자 "그렇죠. 전문적인 서비스가 다 그렇듯이 훈련에는 돈이 듭니다. 거기에 대해서는 제가 해 드릴 게 별로 없네요. 하지만 그냥 재미 삼아 여쭤보는 건데요. 혹시 강습이 무료라면 어떨 것 같으세요? 그러면 운동에 전념하실 수 있을까요[미래를 과거로 바꾸기]?"

구매자 "하! 글쎄요. 그럴 수만 있다면 정말 좋겠지만, 그래도 현재 일정으로는 시간을 낼 수 있을지 잘 모르겠습니다."

판매자 "요즘 정말 바쁘시긴 한 것 같네요. 일전에 상담했을 때는 선생님께서 철인 3종 경기에 참가할 예정이시고 건강한 체형을 위해 PT를 찾고 있다고 하셨는데요. 트레이너와 운동할 여건이 안 되시면 어떤 식으로 준비할 생각이세요[대안 고려하기]?"

구매자 "그러게요. 저도 잘 모르겠어요."

판매자 "제가 철인 3종 경기 준비하시는 분들을 다년간 트레이닝해 왔
는데 수강생이 정말 열심히 했을 때는 경기를 위한 몸을 만드는
데 절대 실패한 적이 없었습니다. 물론 저희 프로그램이 누구에
게나 적합한 것은 아니라는 것을 알고 있습니다. 저희 프로그램
이 선생님께는 적절하지 않다고 판단되면 걱정하실 필요는 전
혀 없습니다. 적당한 시간이 됐을 때 다시 만나 뵈어도 되니까요
[적합성 검증하기]."

구매자 [잠시 생각한 다음] "좋습니다… 그런데 이 PT 프로그램이 어떤 식
으로 진행된다고 하셨죠?"

보다시피 이런 식의 시나리오를 미리 작성해 보면 이의를 처리하는
대화가 어떻게 흐르고 그 과정에서 각 전술 요소들이 어떻게 제 역할을
하는지 확실히 이해하게 된다. 당신도 개인용 영업 전술집을 개발할 때
비슷한 방법을 시도해 보라고 적극 권장한다. 앞에서 보여준 예처럼 다
양한 전술을 명확히 인식할 수 있도록 각 전술이 활용될 때마다 꼭 표
시를 해 두자.

숨겨진 이의에 적응하기

지금까지 우리는 현대의 판매자들이 고객이 표출한 이의를 제대로 다루려면 구매자의 기능적이고 전술적인 니즈는 물론 그들의 정서적이고 전략적인 니즈도 파악해야 한다는 것을 확인했다. 게다가 표면상으로는 이의로 느껴지지 않는 이의가 많다는 점에서 고객의 말을 주의 깊게 경청하는 것은 물론 그들의 니즈에 당신을 맞추고 익숙해져야 한다. 가령 "제품이 너무 비싸요."라든지 "귀사의 솔루션이 저희에게는 효과가 없을 것 같네요." 같은 말은 확실히 우려와 이견을 드러낸다. 즉 교과서 같은 이의에 속한다. 그러나 일반적인 발언으로 가장한 이의도 많다. 보통 이런 식이다.

- "X사에 다니는 제 친구는 30퍼센트 할인을 받았다고 들었습니다. 저도 그 정도를 원합니다."
- "PT에 이렇게 큰돈을 쓰다니, 제 아내를 설득할 수 있을지 모르겠네요."
- "3년 계약에 서명해도 될지 자신이 없네요."
- "처음에는 무료 체험 기회를 활용하고 싶습니다."
- "당신의 상사와 얘기하고 싶습니다."

하지만 고객이 우려하는 것에 철저히 귀를 기울이고, 그들의 의도를 파악하고, 좋은 후속 질문을 하고, 당신의 대응법의 효과를 높일 최선의 전술을 선택하면 고객을 안심시키고 만족도를 높일 수 있을 것이다.

마지막으로 이번 장을 시작하면서 공유했던 개인적인 일화의 결말을 알려 주겠다. 계약서에 서명하는 데 압박을 받다 못해 짜증을 내며 내 부하직원에게 "당신네 회계연도 말은 언제입니까?"라고 물었던 고객을 기억하는가? 그 고객이 표출한 이의는 내년 1월에 다시 연락해서 연말의 좋은 가격으로 거래하겠다는 분노에 찬 발언으로 정점을 찍은 반면 우리는 그의 진짜 불만은 가격이 아니라는 것을 알았다. 무엇보다 우리는 그 고객이 불쾌하지 않을 만큼 괜찮은 가격을 이미 제시한 상태였기 때문이다. 그의 반응은 전적으로 만족에 관한 것이었다. 그 고객은 우리 직원과 좋은 관계를 유지해 왔지만 계약을 서두르는 그의 전술에 불쾌함과 배신감을 느꼈던 것이다. 그에게 필요한 것은 상황을 되돌릴 만큼 충분한 사과와 공감이었다.

직원에게 사정을 들은 바로 그날, 나는 직접 고객에게 전화를 했다. 내 목표는 협상 테이블에서 가격에 대한 이슈는 없애 버리고 공감을 전달하는 것이었다. 결국 이의가 표출된 원인은 가격 때문이 아니었고, 나 또한 가격을 협상의 지렛대로 사용하고 싶지 않았다. "정말 죄송하다고 말씀드리고 싶어서요." 나는 이렇게 운을 뗐다.

"그동안 아무개 직원과 좋은 관계를 유지하셨고 그도 선생님과 즐겁게 일해 온 걸로 알고 있습니다. 그는 저희 팀의 유능한 직원 중 한 명이고, 선생님을 어떤 식으로든 압박할 의도는 없었을 겁니다. 저희 일이 한 달 단위로 관리되다 보니 다들 계약을 앞당길 거래는 없는지 기회를 엿보는 게 사실입니다. 그럼에도, 저희에게 중요한 것은 고객을 편안하게 해 드리는 겁니다. 저희는 선생님 사업을 성장시킬 수 있는 계획을 같이 세워 왔고, 그에 따른 뛰어난 성과를 아주 자랑스럽게 여기고 있습니다. 선생님께서 거래를 원하시는 시기가 이번 달이든, 다음 달이든, 아니면 연말이라도 저희는 정말 괜찮습니다. 저희가 원하는 건 선생님께서 전적으로 이 거래에 대해 만족하시는 겁니다. 좋은 소식은 계약서에 제시된 가격 조건이 정말 좋다는 점입니다! 그리고 선생님께서 지금 계약을 추진하시든 나중에 하시든 그 가격은 계속 유효할 겁니다. 다시 말씀드리지만 저희가 어떤 식으로든 선생님을 짜증 나게 했거나 혼란을 일으켰다면 정말 죄송합니다. 그리고 언제든 선생님께서 적당하다고 여기시는 시기에 저희는 귀사와 협력하고 싶습니다. 시간을 두고 어떻게 하고 싶으신지 충분히 고민하신 다음 언제든 알려 주십시오."

그 회사는 통화가 끝난 지 한 시간도 안 돼 우리에게 전화했고 그날 오후에 계약서에 서명했다.

8

마지막 당부

THE

SALES
MAN

SELL THE WAY YOU BUY

나는 이런 질문을 자주 받는다. "개인적으로 어떤 영업 방법론이 최고라고 생각하세요?" 맥락상 영업 방법론은 영업인들을 위한 요리책과 같다. 요리책은 일반적으로 전채요리, 주요리, 디저트 등 음식 유형에 따라 선택한 수십 개의 개별 요리법들을 담고 있다. 하지만 요리책에 수록된 모든 요리법은 어떤 일관된 주제를 가지고 엮여 있다. 예를 들어 이탈리아 요리와 중동 요리처럼 특정 국가의 요리법일 때도 있고, 채식주의나 저탄수화물식처럼 특정 유형의 식단을 주제로 할 때도 있다. 영업 방법론도 마찬가지다. 이 책에서 설명한 항목들처럼, 판매자와 구매자가 결부된 주요 유형별 상호작용을 다루는 구체적인 접근법이라는 주제를 가지고 정리된 전략과 전술의 모음집이 바로 영업 방법론이다.

영업 담당자들은 보통 자신이 담당하는 제품 및 서비스, 산업, 그들의 영업 대상인 구매자의 특성을 바탕으로 특정 방법론을 선택한다. 조직의 고유한 특성에 따라 내부에서 개발된 방법론도 있고 상업적으로 거래되는 방법론도 있다. 이런 방법론들은 조직의 판매 과정에 일관성을 높이고, 팀원들이 공통된 개념을 공유하게 한다.

하지만 이 책에서 개괄한 과학과 공감에 기반한 접근법에 아주 친숙한 나도 누군가 가장 좋아하는 영업 방법론을 물을 때는 늘 같은 입장을 고수해 왔다. 그런 건 내게 없으면 당신도 마찬가지일 수밖에 없다!

내가 당신에게 라자냐를 만들어 달라고 부탁한다면 어떤 일이 일어날지 생각해 보라. 뛰어난 요리사가 아닌 한 당신은 적당한 요리법을 찾아 나설 가능성이 크다. 재빨리 인터넷에 접속해서 라자냐 요리법을 검색하면 수천 개의 옵션이 나올 것이다. 일단 페이지 상단에 나온 것 중 하나를 고르면 될 것 같지만 그대로 따라 하는 데 필요한 재료나 주방 기기, 기술이 부족할 수도 있다. 한편, 어떤 옵션 하나에 정착하기 전에 여러 사이트에서 다양한 요리법을 살펴본 다음 어떤 것이 가장 믿을 만한 정보인지 판단하고, 필요한 재료가 집 냉장고에 이미 있거나 쉽게 구할 수 있는지 고려하고, 어떤 조리 방법이 당신의 요리 스타일이나 집에 있는 조리 기구에 잘 맞는지도 확인할 것이다. 한 가지 요리법으로 바로 시작했든 여러 요리법을 참고했든, 아무리 정성껏 요리에 임해도 당신이 처음으로 만든 라자냐는 썩 훌륭하지는 않을 가능성이 크다. 하지만 당신은 요리하는 과정에서 많은 교훈을 얻었을 테고, 그런 교훈을 통해 다음 번에는 더 맛있는 라자냐를 만들 수 있을 것이다.

영업 전술을 연마하는 것도 이와 다르지 않다.

무언가를 판매하는 것은 의사소통을 훈련하는 것이다. 두 사람이 교류하게 됐을 때 그들의 소통에 영향을 줄 수 있는 수백 개의 변수를 고려한다면 어떤 상황에서든 효과가 보장되는 단일한 전술이나 접근법은 없다. 많은 영업 방법론이 저마다 유용한 전술들을 추천한다. 하지만 세계적으로 유명한 솜씨 좋은 요리사들이 그렇듯이, 제아무리 유능한 영업인일지라도 가능한 한 다양한 유형의 기법, 방식, 사상에 익숙해져야 한다. 그래야만 상황에 가장 적절한 접근법을 택할 수 있다.

다시 1장으로 돌아가서, 내가 세일즈포스에서 일하던 시절 어느 연말에 경험했던 깨달음을 되새겨 보자. 영업에서 가장 중요한 시기. 잠재 고객을 발견하려는 판매자들 덕분에 이곳저곳에서 끊임없이 밀려들던 영업 전화와 이메일. 나 자신은 이미 면역이 돼 있었는데도, 동일한 전술을 우리 영업팀에는 사용하라고 권장했던 일. 나는 기본적으로 우리 팀 직원들에게 영업 전술 및 기법을 적용할 때 그 방법에 유념하라고 독려하는 대신에 한 가지 요리법과 정해진 재료로 똑같은 요리를 준비하라고 지시했던 것이다. 현대의 판매자로서 우리는 모두 자신의 영업 기술을 육성하는 여정에 헌신하는 동시에 그 과정에서 고객이 어떤 경험을 하는지 의식해야 한다. 결국 판매자들 또한 자신이 파는 것만큼 무언가를 산다!

마지막으로 이런 전술들을 실제 현장에서 실행하는 경우에 아는 것과 행하는 것의 차이가 실제로 꽤 크다는 것을 강조하고 싶다. 당신이 이 책에서 읽은 내용을 전부 쉽게 이해했다고 해서, 마치 영업의 유단자처럼 실제 현장에서 능수능란하게 원하는 결과물을 얻어낼 만큼 모든 개념을 잘 소화한다는 보장은 없다. 내가 진행하는 영업 교육 참가자들에게도 늘 하는 말이지만, 새로 습득한 지식을 적용할 때는 "못해도 괜찮다!" 당신이 영업을 하면서 겪는 각각의 상호작용 결과를 점검하고, 결과가 성공적이었던 아니든 그 이유를 스스로 따져 보면, 그런 경험들이 쌓여 새로운 경로를 만들어 줄 것이다.

그 길을 따라가면, 영업이라는 매트릭스의 실체를 밝혀내고 코브라 카이 전술에서 벗어날 수 있다. 아주 유능한 현대의 판매자로 거듭나는 데 힘이 돼 줄 것이다. 과학과 공감의 원리로 무장해서 놀라운 기술을 실행하는 판매자. 고객의 마음속에 의식적, 또는 잠재의식적으로 작용하는 힘을 이해하는 판매자.

진짜 자신이 구매하는 방식으로 판매하는 판매자.

1장

1   Scott Brinker, "Market Technology Landscape Supergraphic (2019)," Chiefmartec.com, April 2019, https://chiefmartec.com/2019/04/marketing-technology-landscape-supergraphic-2019/.

2   Lori Wizdo, "The Ways and Means of B2B Buyer Journey Maps: We're Going Deepat Forrester's B2B Forum," (2017), *Forrester*, August 21, 2017, https://go.forrester.com/blogs/the-ways-and-means-of-b2b-buyer-journey-maps-were-going-deep-at-forresters-b2b-forum/.

3   Nicholas Toman, Brent Adamson, and Cristina Gomez, "The New Sales Imperative," *Harvard Business Review*, March-April 2017, https://hbr.org/2017/03/the-new-sales-imperative.

4   Miller Heiman Group, Selling in the Age of Ceaseless Change: The 2018–2019 Sales Performance Report, CSO Insights, https://www.millerheimangroup.com/resources/resource/selling-in-the-age-of-ceaseless-change-the-2018-2019-sales-performance-report/.

5   Daniel H. Pink, *To Sell Is Human: The Surprising Truth about Moving Others* (NewYork: Penguin, 2012), 44–45.

6   US Bureau of Labor Statistics, "Occupational Employment and Wages Summary,Table 1," March 29, 2019, https://www.bls.gov/news.release/ocwage.t01.html

7   Pink, *To Sell Is Human*, 19

8   Ibid., 22.

9   Susan Fogel, David Hoffmeister, Richard Rocco, and Daniel P. Strunk, "Teaching Sales," Harvard Business Review, July-August 2012, https://hbr.org/2012/07/teaching-sales.

10 Lynette Ryals and Iain Davies, "Do You Really Know Who Your Best Sales peopleAre?" Harvard Business Review, December 2010, https://hbr.org/2010/12/vision-statement-do-you-really-know-who-your-best-salespeople-are.

11 Chris Orlob, "Cold Call Opening Lines That Work, According to New Data," Gong, April 19, 2018, https://www.gong.io/blog/cold-call-opening-lines/.

12 Travis Bradberry, Jean Graves, and Patrick M. Lencioni, Emotional Intelligence 2.0(San Diego: TalentSmart, 2009), 21.

13 Jean Greaves, "How Emotional Intelligence Boosts Sales," TalentSmart, n.d., http://www.talentsmart.com/articles/How-EQ-Boosts-Sales-1925789504-p-1.html.

14 Gina Kolata, "Why Are We Still So Fat?" New York Times, November 19, 2018, https://www.nytimes.com/2018/11/19/health/obesity-genetics-surgery-diet.html.

15 Jeffrey Pfeffer and Robert Sutton, The Knowing-Doing Gap: How Smart Companies Turn Knowledge into Action (Boston: Harvard Business School Press, 2000), 4.

2장

1 Jack Knetsch, "The Endowment Effect and Evidence of Non-Reversible Indifference Curves," *American Economic Review* 79 (1989): 1277–84.

2 John T. Gourville, "Eager Sellers and Stony Buyers: Understanding the Psychologyof New-Product Adoption," *Harvard Business Review*, June 2006. See also DanielKahneman, Jack L. Knetsch and Richard H. Thaler, Journal of Political Economy98, no. 6 (December 1990), 1325–48.

3 "Sales Development (SDR) Metrics and Comp Report," 2018, *Bridge Group*, https://blog.bridgegroupinc.com/sales-development-metrics.

4 Kirsten Korosec, "Tesla Opens the Model 3 Reservation Floodgates," *TechCrunch,*June 28, 2018, https://techcrunch.com/2018/06/28/tesla-opens-model-3-reservations/.

5 Tom Huddlestone Jr., "How Casper's Founders Went from $100,000 in Debt toBuilding a Billion-Dollar Mattress Start-up," CNBC Make It, April 5, 2019,https://www.cnbc.com/2019/04/05/how-caspers-founders-built-a-billion-dollar-mattress-start-up.html.

6   Catherine Clifford, "Amazon's Jeff Bezos: Why Success Depends on Not BeingEfcient Sometimes," CNBC Make It, April 15, 2019, https://www.cnbc.com/2019/04/12/ amazon-jeff-bezos-why-success-depends-on-not-being-efcient-at-times.html.

7   Sheena S. Iyengar and Mark R. Lepper, "When Choice Is Demotivating: Can OneDesire Too Much of a Good Thing?" Journal of Personality and Social Psychology 79,no. 6 (2000): 995–1006.

8   E. Osnos, "Too Many Choices? Firms Cut Back on New Products," PhiladelphiaInquirer, September 27, 1997.

9   Toman, Adamson, and Gomez, "The New Sales Imperative."

10   Ibid.

3장

1   "Vaccine Effectiveness: How Well Do the Flu Vaccines Work?" Centers for DiseaseControl and Prevention, October 12, 2018, https://www.cdc.gov/flu/vaccines-work/vaccineeffect.htm.

2   Scott Magdis, Alan Zorfas, and Daniel Leemon, "The New Science of CustomerEmotions," *Harvard Business Review*, November 2015, https://hbr.org/2015/11/ the-new-science-of-customer-emotions.

3   Ash Turner, "How Many Phones Are in the World?" *Bank My Cell*, https://www.bankmycell.com/blog/how-many-phones-are-in-the-world.

4장

1   "Walt Disney World Statistics," Magic Guides, n.d., https://magicguides.com/disney-world-statistics/; "Walt Disney World Fun Facts," *Walt Disney World News*,n.d., https:// wdwnews.com/releases/walt-disney-world-fun-facts.

2   Sarah Perez, "Report: Smartphone Owners Are Using 9 Apps Per Day, 30 PerMonth," *TechCrunch*, May 4, 2017, https://techcrunch.com/2017/05/04/report-smartphone-owners-are-using-9-apps-per-day-30-per-month/

3   Salesforce, *State of Sales*, 3rd ed., 2019, https://www.salesforce.com/form/conf/state-of-sales-3rd-edition/.

4   Chris Orlob, "The Highest Converting Talk-to-Listen Ratio in Sales, Basedon 25,537 Sales Calls," *Gong*, November 17, 2016, https://www.gong.io/blog/talk-to-listen-conversion-ratio/.

5   Guy Itzchakov and Avraham N. Kluger, "The Power of Listening in HelpingPeople Change," Harvard Business Review, May 17, 2018, https://hbr.org/2018/05/the-power-of-listening-in-helping-people-change.

6   Chris Orlob, "This Is How Successful Salespeople Handle Objections,According to New Data," Gong, March 12, 2018, https://www.gong.io/blog/handling-sales-objections/.

7   Edelman, "Trust Barometer," 2019 Global Report, https://www.edelman.com/sites/g/fles/aatuss191/fles/2019-02/2019_Edelman_Trust_Barometer_Global_Report.pdf

8   Vala Afshar, "New Research Uncovers Big Shift in Customer Expectations andTrust," Salesforce.com, June 5, 2018, https://www.salesforce.com/blog/2018/06/digital-customers-research.html.

9   Gilad Raichstain, "B2B Sales Benchmark Research Finds Some PipelineSurprises," Salesforce.com, November 20, 2014, https://www.salesforce.com/blog/2014/11/b2b-sales-benchmark-research-fnds-some-pipeline-surprises-infographic-gp.html.

10   Johnny Cheng, "Marketo Data Tells Us: What Is the Top Conversion Rate byChannel?" Marketo (blog), August 2015, https://blog.marketo.com/2015/08/marketo-data-tells-us-what-is-the-top-conversion-rate-by-channel.html.

11   M. Shahbandeh, "Revenue of Vitamins & Nutritional Supplements Productionin the United States from 2018 and 2019 (in billion U.S. dollars)," Statista,August 9, 2019, https://www.statista.com/statistics/235801/retail-sales-of-vitamins-and-nutritional-supplements-in-the-us/; Matej Mikulic, "Totalnominal spending on medicines in the U.S. from 2002 to 2018 (in billion U.S.dollars)," Statista, June 26, 2019, https://www.statista.com/statistics/238689/us-total-expenditure-on-medicine/.

5장

1   Samuel Culbert, "Why Corporate Leaders Won't Abolish Performance Reviews," *Harvard Business Review*, September 21, 2010, https://hbr.org/2010/09/why-corporate-leaders-wont-abo.

2   Jim Harter, "Dismal Employee Engagement Is a Sign of Global Mismanagement," *Gallup*, n.d., https://www.gallup.com/workplace/231668/dismal-employee-engagement-sign-global-mismanagement.aspx.

3   William Grimes, "In a War Against No-Shows, Restaurants Get Tougher," NewYork Times, October 15, 1997.

4   Edelman, "Brands Take a Stand," 2018 Global Report, https://www.edelman.com/sites/g/fles/aatuss191/fles/2018-10/2018_Edelman_Earned_Brand_Global_Report.pdf.

5   Paul J. Zak, "Why Your Brain Loves Good Storytelling," Harvard Business Review,October 28, 2014, https://hbr.org/2014/10/why-your-brain-loves-good-storytelling.

6   "The Challenger Sale," Gartner, n.d., https://www.gartner.com/en/sales-service/insights/challenger-sale.

7   Steve Krug, Don't Make Me Think: A Common Sense Approach to Web Usability,2nd edition (Berkeley, CA: New Riders, 2006), 11.

6장

1   Justin Yang, Christopher Costas, Andrew Farioli, et al., "Association BetweenPush-up Exercise Capacity and Future Cardiovascular Events Among ActiveAdult Men," *Journal of the American Medical Association* 2, no. 2 (2019), doi:10.1001/jamanetworkopen.2018.8341.

2   Matthew D. Lieberman et al., "Putting Feelings Into Words: Affect LabelingDisrupts Amygdala Activity in Response to Affective Stimuli," *PsychologicalScience* 18, no. 5 (2007): 421–28

3   Nicolas Guéguen and Alexandre Pascual, "Evocation of Freedom and Compliance: The But You Are Free of . . . Technique," *Current Research in Social Psychology* 5, no. 18 (September 2000): 264–70.

4   Y. Turner, I. Hadas-Halpern, "The Effects of Including a Patient's Photograph tothe Radiographic Examination," (Radiological Society of North America 2008Scientifc Assembly and Annual Meeting, February 18–20, 2008, Chicago, IL.)

5   Chris Orlob, "If You're Selling without Video, You're Doing It Wrong,"*Gong*, November 27, 2018, https://www.gong.io/blog/if-youre-selling-without-video-youre-doing-it-wrong-this-data-explains-why/.

6   Adam M. Grant, "How Customers Can Rally Your Troops," *Harvard BusinessReview*, June 2011, https://hbr.org/2011/06/how-customers-can-rally-your-troops.

7   Simon Sinek, Leaders Eat Last: Why Some Teams Pull Together and Others Don't(New York: Penguin, 2014), 117.

8   Noah J. Goldstein, Steve J. Martin, and Robert B. Cialdini, Yes! 50 ScientifcallyProven Ways to be Persuasive (New York: Free Press, 2008), 56–59.

9   Jeffrey Gitomer, "The XyZs of Selling," (presentation at Sales Machine, June 14,2017, New York.)

10   Heather R. Morgan, "The Key to Asking Better Sales Questions Is Empathy,"Forbes, February 26, 2018, https://www.forbes.com/sites/heathermorgan/2018/02/26/the-key-to-asking-better-sales-questions-is-empathy-according-to-harvards-mark-roberge/.

11   Diana I. Tamir and Jason P. Mitchell, "Disclosing Information about the Self IsIntrinsically Rewarding," PNAS 109, no. 21 (May 22, 2012): 8038–43.

7장

1   Bradberry, Graves, and Lencioni, *Emotional Intelligence 2.0*, 13.

2   Orlob, "This Is How Successful Salespeople Handle Objections, According to NewData."

3   *Cornell Hotel and Restaurant Administration Quarterly* 46, no. 1 (February 1, 2005):79–84.

4   E. Langer, A. Blank, and B. Chanowtiz, "The Mindlessness of Ostensibly Thoughtful Action: The Role of 'Placebic' Information in Interpersonal Interaction," *Journal of Personality and Social Psycholog y* 36, no. 6 (1978): 635–42

5   "1980 United States Presidential Election," Wikipedia, updated October 2019, https://en.wikipedia.org/w/index.php?title=1980_United_States_presidential_electioN&Action=history

찾아보기